## 作者简介

**孙河川** 女，荷兰华侨，双硕士，荷兰国立格罗宁根大学博士，沈阳师范大学特聘教授、科协主席、国家二级教授、博士生导师。我国第一位教育效能领域的博士和首位当选为“国际学校效能与学校改进学会”常务理事的中国大陆学者。国务院国家教育督导团专家组专家、中国侨联特聘专家、教育部长江学者特聘教授评审专家、教育部学位办与评估中心专家、教育部与联合国儿基会合作项目专家、辽宁省人民政府督学、省侨联特聘专家委员会副主任、省侨联委员、省教育厅法律咨询专家、沈阳市科协常委、中国教育学会教育管理分会副秘书长、中国教育效能学术委员会副理事长、香港教育大学高级研究员、沈阳师大与香港大学联合培养博士生导师、荷兰格罗宁根大学博士答辩委员会成员、英国布里斯托大学教育研究生院评估研究中心国际成员、东北师范大学兼职教授、七个学术期刊的国际编委和评审专家、八个国内外学会的副理事长、常务理事或理事。曾荣获比利时鲁汶大学最优秀硕士学位，荷兰格罗宁根大学最优博士奖学金。发表中英文论文三百余篇，被国际SSCI、A&HCI检索收录13篇。出版中英文著作16部。论文曾荣获英国Literati Network卓越学术论文提名。已主持完成二十余项国内外课题，荣获四十多项奖励和荣誉称号。其中包括“中国侨联贡献奖”、“中国侨联特聘专家建言献策一等奖”、“辽宁省侨界科技创新人物”、英国“Emerald杰出评阅专家奖”、“全国教师教育优秀课程资源及推荐使用课程资源”、“辽宁省哲学社会科学成果二等奖”、“辽宁省哲学社会科学成果三等奖”、“辽宁省自然科学学术优秀成果一等奖”、“中国教育学会优秀论文一等奖”、“优秀教师”、“三育人标兵”、“优秀研究生指导教师”、“巾帼建功立业标兵”等。

本书系国家社会科学基金“十二五”规划教育学国家课题《教育督导评估指标体系的国际比较研究》（BDA120028）的阶段性研究成果

中国社科 大学经典文库

国家社科基金"十二五"规划教育学国家课题

# 教育督导与评估指标

Educational Inspection and Evaluation Indicators

孙河川等／著

中国社会出版社
国家一级出版社 全国百佳图书出版单位

**图书在版编目（CIP）数据**

教育督导与评估指标 / 孙河川等著. -- 北京：
中国社会出版社，2017.1
ISBN 978-7-5087-5542-7

Ⅰ.①教… Ⅱ.①孙… Ⅲ.①教育视导—研究②教育
评估—研究 Ⅳ.①G464②G40-058.1

中国版本图书馆 CIP 数据核字（2017）第 000442 号

---

**书　　名**：教育督导与评估指标
**著　　者**：孙河川　等

---

**出 版 人**：浦善新
**终 审 人**：李　浩
**责任编辑**：姜婷婷　陈贵红　　　**责任校对**：李若婷

---

**出版发行**：中国社会出版社　　　**邮政编码**：100032
**通联方法**：北京市西城区二龙路甲 33 号
**电　　话**：编辑部：（010）58124828
邮购部：（010）58124848
销售部：（010）58124845
传　真：（010）58124856
**网　　址**：www. shcbs. com. cm
shcbs. mca. gov. cn
**经　　销**：各地新华书店

中国社会出版社天猫旗舰店

---

**印刷装订**：北京天正元印务有限公司
**开　　本**：170mm×240mm　1/16
**印　　张**：20
**字　　数**：359 千字
**版　　次**：2017 年 1 月第 1 版
**印　　次**：2017 年 1 月第 1 次印刷
**定　　价**：78.00 元

中国社会出版社微信公众号

# 目　录

# CONTENTS

# 构建中国教育督导评估指标体系

孙河川

教育乃国家发展之基石和支撑国家政治经济发展的原动力。教育质量的高低乃国家发展成败盛衰之所系，全民族素质、综合国力和国家前途命运之所系。培养有强国使命、民族精神和国际视野的新一代，是关系我国未来国运的一件大事，也是各级各类教育的重要使命。俯瞰各国教育之历史，教育的评估和质量保障体系是决定教育高度与深度的前提，而在众多的评估与质量保障体系中，教育督导无疑最能代表一个国家和民族的意志，依法对教育机构、学校以及主管教育的各级政府部门行使监督、检查、评估和指导的功能。高效能、高质量的教育督导评估，离不开科学的、可操作的教育督导评估指标体系。它是每个国家对其学校教育的"质量国标"，是每个国家对合格学校要求的"底线"，是评估学校质量高低优劣的"标尺"，是学校开展教育教学活动的"规范"，是引领学校发展和改进的"准则"，对提升一个国家教育的整体水平具有重要价值和意义。

改革开放以来，我国的经济发展突飞猛进，中国国力的提升更是令世界瞩目。我国的民众也从解决温饱阶段的"有学上"大踏步迈入了小康阶段的"上好学"，即追求高质量的教育公平，让所有的孩子都能享受高质量的学校教育。在这一进程中，我国教育督导的力量也逐步加强，功能不断完善，取得了一定的成就。在组织机构方面，全国31个省、自治区、直辖市已全部成立了教育督导团或教育督导室，99%的地市建立了教育督导机构，2716个县建立了教育督导室。全国共有专（兼）职教育督导人员46245人〔1〕。在近年来我们考察过的省、市、地、县的督导队伍中，督导的作用和地位正在提升，督导工作也有着不少创新和亮点，尤其是在发达地区，如：北京、上海、天津、重庆、福建、江苏等省市。然而，我国大部分地区的督导工作还停留在"督政"阶段，翻阅我国各省市自行制定的教育督导评估指标

〔1〕 杨明方，熊少翀．督导，教育发展的推手（教育视界·关注教育督导〔上〕）．人民日报，2012年7月6日第18版。

体系,尽管在少数指标上存在差异,但几乎都是对学校办学硬件的规范和督导以及对中小学校内部管理的规范。以某直辖市对全市中小学的评估指标为例,在40多个三级指标中,学校队伍建设占了10个,学校行政工作管理占8个,德育工作占6个,这些指标很难检查出教师"如何教"和学生"怎样学",像这样的指标占了全部指标的一半以上。而发达国家的教育督导评估指标则聚焦于检查教师"如何教"和学生"怎样学"以及学校教育应当如何对每个学生实现最大化的增值培养上,即一所学校的质量主要体现在提升每个学生在学校所获得的知识、能力、创新力、适应力、公民责任感的进步幅度上。

本书作者直接参与了《全国中小学校教育评估指标体系框架》(征求意见稿)和《全国中小学校教育评估方法》(征求意见稿)的起草、调研和修订工作。但由于这两个文件是国家层面的教育督导宏观指导文件,因此只有一级和二级指标。需要各省(市、自治区)在不违背这些一级和二级指标的前提下,根据当地的实际情况,制定出更具可操作性的三级指标,各地县制定出四级指标,即督导行话中所说的"测评点"。如何使督导评估中的三级、四级指标高效、精准,既具前瞻性、科学性、可操作性,又符合当地的实际并能真正评估出学校的办学质量、学生的核心素养、学生在各方面的进步幅度,这已成我国从教育大国走向教育强国征途中面临的瓶颈之一,成为各省市自治区、各市县教育督导办当前所面临的热点和难点问题。这也是本书第一作者多次应邀到一些省市的督导培训班讲学,专门介绍国外最新教育督导评估指标体系的主要原因。根据我们收集到的材料和信息反馈,全国大部分省(市、自治区)的教育督导评估指标的科学性、高效精准性、可操作性、激励性、对教师和学生潜能的提升性还存在许多问题,对评估信度及效度的研究也很缺乏,评估结果缺乏影响力,更缺乏对教育督导评估指标体系的跨国比较研究。因而,从教育大国走向教育强国的征程中,对世界各国,尤其是发达国家中现存的教育督导评估指标体系进行比较研究具有重要的现实意义和社会意义。怎样有效地甄别学校办学质量?怎样有效地鉴别学校的整体效能?怎样公平地鉴别学校的管理效能、教学效能和师生的学习效能?如何评?由谁来评?用什么样的标准去评?如何有效地运用评估结果去达到甚至升华评估的目的和作用?发达国家或世界顶级的国际评估组织中,有哪些高效精准的评估指标可供我国借鉴?这些评估指标经本土化后,能否为我国所用?这已成为目前我国教育转型、督导工作创新和学校进一步发展过程中亟须解决的瓶颈问题。

## 1.1 核心概念界定

本研究的核心概念有三个:教育督导、评估指标体系、国际比较研究。以下是我们对这三个核心概念的界定。

教育督导:中国儿童中心(2002)对教育督导的定义是:“教育督导是教育行政部门根据国家制定的有关方针政策、法令和法规,对其下属教育行政部门和学校的工作进行监督、检查、评估和指导”〔1〕。黄崴教授(2011)则将它定义为:“教育督导是对教育工作进行的视察、评估、监督和指导,以促进教育不断改进与发展的过程”。〔2〕 刘淑兰教授(2000)的定义是:“教育督导是教育督导机关的人员依照党和国家的教育方针、政策,按照督导的原则和标准,使用科学的方法,对教育行政工作和学校工作通过精密的观察、调查和考核,进而做出审慎的分析和评估,指出成绩和缺点,并提出积极的改进意见,使教育工作质量不断得到提高的活动。”〔3〕

本书认为:任何概念的定义都不是永恒的、一成不变的,都受到时空和社会的局限。随着社会的发展,教育督导的内涵和外延也在变化和发展。教育督导制度是我国教育法明确规定的基本教育制度之一。教育督导指国家教育督导部门,在国家法律法规指导下,对下级教育行政部门和学校进行的指导、监督、检查、评估,以保障国家教育目标的实现。教育督导代表的是国家的意志,它的主体是国家教育督导部门以及受其签约委托并具有教育督导资质的第三方评估机构。督导的内容包括:督政→督查下一级政府部门和教育行政部门履行教育职责和落实教育方针政策的情况。督管→监督、检查、评估和指导学校的教学质量、办学行为以及学校管理等诸多方面的情况。督学→监测和评估学生的学业水平、学生全面的发展、教师的教学等。在国家层面,国家教育督导团被赋权制定教育督导与评估的方针、政策、规章制度和指标体系,等等。教育督导的目的在于加强国家对教育事业的管理,保证国家有关教育方针政策、法令和法规的贯彻执行,保证教育行政管理及教育、教学工作遵循客观规律,提高教育和教学质量。

评估指标体系:评估指标的集合或有机整体构成了评估的指标体系。〔4〕 教育督导评估指标体系是督导评估的纲领和准则。它从质和量两个方面规定着督导评估的内容和标准。具体从构成上讲,督导评估指标体系是由最能反映督导评估对象状态、属性的若干指标及反映每项指标在整个指标体系中的角色地位的权重构成。教育督导评估指标的科学与否,有效性如何,直接影响着评估结果的准

〔1〕 中国儿童中心编. 校外教育学[M]. 北京:学苑出版社,2002:580.
〔2〕 黄崴主编. 教育督导学[M]. 北京:中国人民大学出版社,2011:1.
〔3〕 刘淑兰. 教育评估和督导[M]. 上海:华东师范大学出版社,2000:241.
〔4〕 陶西平. 教育评估辞典[Z]. 北京:北京师范大学出版社,1998:410.

确性、可信度。[1] 合理、客观的评估指标体系不仅是评估活动科学性、有效性的保证,还是实际教育、教学工作、学校管理工作的指挥棒[2]。教育评估指标体系具有层次性,一般分为一级、二级、三级、四级指标。指标的层次越高,越原则、笼统,层次越低,越具体、明确。评估指标体系的形成有树状式、平铺式和公文式等。[3] 王斌华认为,评估指标体系是评估标准的载体和具体体现,它是一系列相关的、系统的、个体的评估指标的总和。[4]

国际比较研究:国际比较研究就是对一国以上的国家或地区所进行的对照和比较研究,其核心任务就是借鉴他国之长以补本国之短。本文将对几个发达国家、地区和著名国际评估组织:英国、荷兰、美国、澳大利亚、国际督联、国际经合组织的教育评估指标体系进行比较研究,以期为我国和各省市区教育督导评估指标体系的修订和完善提供借鉴。

## 1.2 国内外研究现状述评

本书拟选取中国、美国、英国、法国、德国、荷兰、澳大利亚、中国香港为研究对象,对其教育督导和评估指标进行研究。上述国家、地区选自四大洲,是不同教育督导与评估指标体系的典型代表。

中国的教育"视学"和"视导"历史悠久,早在《学记》中就有"天子视学","王亲视学","考校"学生德行和学业的记载。宋代开始建立教育视察监督机构,并设有专门官职,如:"学校官",又称督学使者,汉代形成了从中央到地方的"学官"直系体系。明代逐渐形成制度。但是,严格意义上的督导制度的建立却是在20世纪初,清政府派遣大量留学生去日本学习,从日本引进了近代教育督导的概念和制度。到清末,在学部设立了视学官,颁布了《视学官章程》,标志着近代视学制度在我国的确立。到了民国时期,又颁布了《督学规程》来规范督导工作和督学的行为。1949年11月,中华人民共和国中央人民政府教育部成立后设置了视导司。由于众所周知的原因,视导工作曾一度中断。邓小平1977年9月的讲话奠定了恢复教育督导机构的基础,1984年8月,国务院批准教育部设视导室。1986年10月,国务院批准教育部视导室更名为"国家教委督导司",当时督导司的工作重点是对下级政府教育工作的督导,即"督政"。1991年教育部出台了《教育督导暂行

---

[1] 刘淑兰. 教育评估和督导[M]. 上海:华东师范大学出版社,2000:241.

[2] 高洪源,刘淑兰主编. 庙算之道——教育管理的理论与方法[M]. 北京:中国铁道出版社,1997:164.

[3] 陶西平. 教育评估辞典[Z]. 北京:北京师范大学出版社,1998:112.

[4] 王斌华. 教师评估:绩效管理与专业发展[M]. 上海:上海教育出版社,2005:65.

规定》,对教育督导的任务、范围、教育督导机构的职责,督学的条件以及聘任、督学的职权划分等都做出了明确且具体的规定。1994 年 4 月,国家教育督导团成立,进一步加强了国家对地方政府教育工作的监督与指导。1995 年 3 月,《中华人民共和国教育法》第二十四条明文规定:国家实行教育督导制度和学校及其他教育机构教育评估制度。自 1986 年以来,我国建立了国家、省、地、县四级教育督导机构。截止到 2011 年 7 月,98.5% 的地(市)级建立了教育督导机构。为了实现"两基"目标,教育部制定了督导评估标准和指标体系,对普及程度、师资水平、办学条件、教育经费、教育质量、扫盲工作等提出了明确具体的要求,同时确定了七个"一票否决"指标。到 2011 年,全国所有县级行政区域全面实现"两基",成人文盲率下降到 4.08%,小学净入学率达 99.7%。我国教育发展已从规模扩张为重点转变到以内涵发展为核心,教育改革进入了深水区。面对社会上出现的择校热、乱收费、学前教育资源紧缺、学生课业负担过重等重大问题,我国急需强化教育督导的监督、检查、评估和指导的功能。2012 年 8 月 31 日,国务院宣布成立国务院教育督导委员会。其主要职责是研究制定国家教育督导的重大方针、政策;审议国家教育督导总体规划和重大事项;统筹指导全国教育督导工作;聘任国家督学;发布国家教育督导报告。这表明了我国政府对教育以及对教育督导的重视。自 2011 年 10 月以来,教育部不断加强教育督导工作的体制机制创新,相继出台了《学前教育督导评估暂行办法》《县域义务教育均衡发展督导评估暂行办法》等文件,它标志着中国教育督导工作的重心将从"督政"为主转向督政与督学并重,更多地转向以"督学"为主,督学工作将更加制度化、常态化、国际化,在指导和督促中小学校规范办学,提升教育教学质量、学校整体效能等方面发挥真正的作用。在这样的转型中,一个问题凸显,即:督导对学校评估的标准、评估指标体系、评估细则以及测评点等如何确定?如何找到高效、精准、科学的评估指标、评估细则和测评点?尽管教育督导研究在我国一直处于教育研究的边缘地带,但在我国学者和督导管理人员中仍不乏教育督导研究的佼佼者,如顾明远、陶西平、钱一呈、郭振友、程锦慧、林仕梁、线联平、陈玉琨、高鸿源、刘淑兰、黄葳、王璐、孙河川、李帅军、陈孝彬、李素敏、高玉琛、崔立双、杨润勇、杨颖秀、孙玉洁等人。但真正研究督导评估指标和评估指标体系的学者在全国少得令人吃惊。截止到 2012 年 9 月 9 日,维普期刊网上所有关于教育督导的文章共 1434 篇[1],有关教育督导评估的

〔1〕 维普网. 教育督导[EB/OL]. http://www.cqvip.com/main/search.aspx?k=%E6%95%99%E8%82%B2%E7%9D%A3%E5%AF%BC

文章13篇[1],有关教育督导评估指标的文章3篇[2],有关教育督导评估指标体系的文章只有1篇。[3] 而这最后两类的3篇和1篇均为孙河川教授课题组发表。由此可见此类研究何其匮乏！另有一个数字更是令人痛惜,在全中国没有专门的教育督导的正式期刊,只有两家内部刊物《教育督导》(北京市内部准印号)和《甘肃教育督导》(内部资料)。由于没有经费支持,《教育督导》于2012年被迫停刊！由此可见,我国现代教育督导和评估指标体系的研究不但可以说是难以想象的薄弱和匮乏,而且是刚刚起步,与我国教育大国的地位和"教育强国"之梦极不相称！

**英国**教育督导制度自1839年首次任命女王督学至今已有177年的历史。在英国政府对教育督导的高度重视下,这一制度经历了多次变革与改进,现已富有权威、成熟,居于世界各国教育督导旗舰的位置。1992年在英国的教育督导历史上是具有历史意义的一年,英国通过国会立法,使教育督导部门独立出来,成为一个与国家最高教育行政部门同级的、能够独立行使教育督导监督、检查、评估、指导权力的机构,并有着专门的财政拨款。它就是"英国教育标准局"(OFSTED),它直接对议会负责,对首相建言。每年发布教育督导报告,督导评估不合格的学校和地方教育局将面临被关闭、被"封杀"、全员解聘的结局。"教育标准局"由皇家总督学领导,女王任命,下设两个局长,在全国各地设有12个分部。标准局现有工作人员500人,在总部工作的250人,有皇家督学30人,其余在各地分部。[4] 教育标准局每年的财政预算是2亿英镑左右,其中约有一半用于标准局本身的开支,包括工资,另一半用于开展各种教育督导工作。英国的督导队伍由"皇家督学"、"注册督学"和"督学"三级构成。"皇家督学"由女王亲自任命,目前,英国在岗的"皇家督学"有300余人。"注册督学"具有授命组团和带领其督导团队到中小学校督导的权力,在英国约有2000余人,一般"督学"约有8000余人。[5] 此外,教育标准局与三家具有教育督导资质、实力雄厚的大型中介机构签

---

[1] 维普网. 教育督导评估[EB/OL]. http://www.cqvip.com/main/search.aspx?k=%E6%95%99%E8%82%B2%E7%9D%A3%E5%AF%BC%E8%AF%84%E4%BB%B7

[2] 维普网. 教育督导评估指标[EB/OL]. http://www.cqvip.com/main/search.aspx?k=%E6%95%99%E8%82%B2%E7%9D%A3%E5%AF%BC%E8%AF%84%E4%BB%B7%E68C%87%E6%A0%87

[3] 维普网. 教育督导评估指标体系[EB/OL]. http://www.cqvip.com/main/search.aspx?k=%E6%95%99%E8%82%B2%E7%9D%A3%E5%AF%BC%E8%AF%84%E4%BB%B7%E68C%87%E6%A0%87%E4%BD%93%E7%B3%BB

[4] 郭振有著. 教育督导与素质教育[M]. 人民教育出版社. 2006:291.

[5] 刘永和. 英国教育督导的再认识和启示[J]. 教育测量与评估(理论版),2009(3)

订了合约，具体的督导任务由这三家中介机构承担，这三家中介机构拥有约6000名签约的、具有督学资质的专职和兼职督导人员。英国的泰博教育集团便是其中之一。另外苏格兰还有150名督学，专门承担苏格兰的教育督导任务。[1] 在英国，大约4000人中就有1名督学，督学的队伍非常庞大。现在的英国教育标准局已经成为政府对全国教育管理和教育质量进行监控、极具权威的部门，在国家法律的保障下能真正为英国教育的改革与发展保驾护航。2010年4月，英国教育标准局颁布了一套学校督导评估指标。该评估指标自2009年夏季在英国试点使用后，经过反馈和修改，2010年4月正式在英国推广。它针对英国五种不同类型学校的教育督导（普通中小学校、学前教育、大学预科、寄宿学校、特殊学校）分别制定了各自的评估指标，既有共性也有各自的特性。此外，指标中还给出了英国对各级各类学校进行整体督导评估时所使用的整体评判标准。英国对"普通中小学校"的督导评估有3项一级指标、19项二级指标、39项三级指标。对"学前教育"的督导评估共有3项一级指标、8项二级指标。对"大学预科"的督导评估有3项一级指标、12项二级指标。对"寄宿学校"的督导评估有1项一级指标、2项二级指标。"整体评判标准"中有2项一级指标、4项二级指标。从评估指标中可以看到，英国教育督导评估一所学校主要是评估学校的效能。在对学校的整体效能进行评估时，主要看两个大维度：(1)个人和学生群体的成果；(2)学校持续改进的潜能。对这两部分评出等级，然后对学校在哪些方面需要改进给出具体的建议，对被评估学校是否需要采取特殊措施或给予警示做出结论。

在对普通中小学校进行评估的指标中，共有3个一级指标，依次排序为"学生的成果和效能"、"学校教育效能"、"学校领导与管理的效能"。在这3项一级指标下，相应衍生出19项二级指标，39项三级指标。上述指标的特点是将受教育者学生放在了学校最瞩目的位置，从他们全方位的成长、核心素养的养成和所取得的成就反观学校和教师的核心素养、效能和质量。关注每一个学生，尤其是特教生和残疾生的学习和进步。关注学生在校的乐学程度、安全感、生活方式、行为表现，对学校和社区的贡献，精神、道德，社交和文化的发展，关注他们的未来，走出校门后能否在竞争和复杂的社会中立足，能否具有适应未来工作的能力，是否学会了未来保障经济无忧的技能。另一方面，也十分关注学生在认知方面取得的成果和成绩，关注学生的出勤率，对此进行了详尽的规定，如：学校必须提供16岁学生（相当于中国高二年级学生）的各种成绩，如：基于国家标准的统考成绩，达到特

---

〔1〕 教育部：对英国、法国教育督导和教育评估制度考察的报告［EB/OL］. http://www.moe.edu.cn/publicfiles/business/htmlfiles/moe/moe_626/201108/122815.html

定国家基准线的学生人数百分比，不同层次的通过率和完成率，学生测试和考试成绩(包括未验证的和未列入国家基准的)，所有不同学生群体的成绩，科目达标情况，学校连续三年的成绩，非强制性的标准化考试成绩、普通中等教育资格证书考试成绩、适当的作业成绩、学校对成绩达标的评估记录、包括先前预期等级的精准度和教师的评估质量，等等。在“学校的教育效能”这个一级指标中，包含 3 个二级指标和 5 项三级指标。在“学校的领导与管理效能”这个一级指标中，包含 8 个二级指标和 17 项三级指标。而四级指标，即教育督导行话中常说的“测评点”则多达 159 项，在本书中将有专文解读和介绍。

**荷兰**的国家教育督导局成立于 1801 年，是整个欧洲乃至全球历史最悠久的国家教育督导局，比 1839 年出现的英国督导体制还要早 30 多年。它的核心使命是对荷兰全国学校的质量进行评估。荷兰的教育督导制度职责范围很广，包括对初等教育、中等教育、职业技术教育、成人教育以及特殊教育的督导与评估。[1] 目前教育督导局设有一名总督学，四名副总督学，分别负责小学与特殊教育督导、中等教育督导、成人与职业教育督导和高等教育督导。荷兰国家教育督导局是一个半独立性政府部门，是教育科学文化部设立的 10 个独立的行政机构之一，负责对教育质量的监察和督导。教育督导局虽然隶属于教育科学文化部，但为了保证其独立性，教育督导局设在距离教育科学文化部所在地海牙 100 公里以外的乌特勒支市，有自己独立的办公大楼和 442 名全日制督学和工作人员，[2] 并设有 12 名地方督导官员具体负责管理基础教育督导机构。[3] 同时还有若干省市地区督导办公室，均有独立的办公大楼，直接受教育督导局总督学管辖。总督学对荷兰教育科学文化部部长负责，并由四位副总督学分工具体负责各项事务，如其中一位负责全国的初等教育，一位负责全国的中等教育，一位负责全国的成人和职业教育，一位负责公共关系、财政、人事、ICT 服务等。该机构有许多合作督导人员，具体负责督导项目和撰写报告。荷兰宪法规定教育监控和教育质量评估是教育督导人员必须完成的主要任务。荷兰教育督导人员职责与作用主要有：监控、评估、激励/提升、报告和建议。荷兰国家教育督导局新的改革举措主要体现在修订

---

〔1〕 教育部.《教育督导制度与教育质量监测考察团赴西班牙、德国、荷兰考察报告》[EB/OL]. http://www.moe.edu.cn/publicfiles/business/htmlfiles/moe/moe_626/201012/113449.html

〔2〕 教育部. 教育督导制度与教育质量监测考察团赴西班牙、德国、荷兰考察报告[EB/OL]. http://www.moe.edu.cn/publicfiles/business/htmlfiles/moe/moe_626/201012/113449.html

〔3〕 郑丹，宗菲菲，孙河川. 关于中国与荷兰教育督导制度的比较研究[J]. 教育前沿，2008(1/2)

后的“2009年全荷中小学教育问题预警督导方案”中(Risk - Based Inspection as of 2009, Primary and Secondary Education),[1]此次修改对督导对象进行了系统核定,规定如果学校发现问题或问题的前兆(Failure signals),则对其进行专项督导或者定期督导,而对于未发现明显问题的学校,只进行常规督导,即每四年进行一次。督导结果报告在督导工作结束后的5个星期后,在荷兰教育督导网上挂出。具体到督导范畴,根据荷兰教育督导法,督导的质量范畴则聚焦在9个核心维度上:

1. 学校的教育成果和学生的成就;
2. 学校的课程设置;
3. 学习时间的有效利用;
4. 校风和安全;
5. 教师的课堂授课效能;
6. 教师调节学生之间差异的能力;
7. 监控学生的学习过程;
8. 对有特殊需求学生的特殊关爱;
9. 学校的质量保障举措。

在每个核心维度中,又有多个评估指标。如:重新修订的小学督导框架(Core Framework for Primary Education)共有5个一级指标,分别是成果、教与学的过程、特殊需要和保障、质量保障和法律法规,二级指标9项,三级指标45项,系统涵盖了督导的各个方面。荷兰《中学督导框架》的一级评估指标与小学的相同,也是5项。而二级指标是10项,三级指标是48项。

**美国**的教育行政体制为地方分权制,在联邦层面没有统一独立的教育督导机构。教育督导被称为“学监”,分别由州、市或郡(县)、学区乃至学校来承担,联邦负责宏观调控与指导。2009 - 2010年度,美国共有公立中小学92699所。[2] 私

[1] 荷兰教育、科学、文化部. Risk - Based Inspection as of 2009, Primary and Secondary Education[EB/OL]. http://www.onderwijsinspectie.nl/binaries/content/assets/Actueel_publicaties/2010/Risk - based + Inspection + as + of + 2009.pdf,孙河川教授课题组引自荷兰教育、文化和科学部官方网站并翻译、整理而成。

[2] 美国中小学校数据库[EB/OL]. http://eddataexpress.ed.gov/data - element - explorer.cfm/tab/data/deid/1/

立中小学33366所[1]。教师720万人。[2] 各州都有一支由总学监领导的学监队伍(Instructional Coordinators & Supervisors),美国现有51300名学监。[3] 主要采取指导与服务的督导方式,开展协助、培训及研究方面的工作。各州教育厅一般下设初等教育、中等教育、职业教育、高等教育等部门,负责对各学区的督导工作。学区作为美国教育督导的最基层单位,负责地方一级的教育督导,负责本学区的日常性工作。以纽约州为例,纽约州教育厅有五大部门:中小学及继续教育的办公室;高等教育办公室;文化教育办公室;职业教育办公室;残疾人士教育职训办公室。各部门有其独特的督导体系、职责运作方式及机构设置,每个部门的运作方式都不尽相同。"中小学及继续教育办公室"的督导职责具体包括以下4个方面:(1)标准、评估与报告;(2)学校改进与社区服务;(3)课程与教学支持;(4)学校运作及管理服务。近年来,美国加强了对各州教育质量的监督。布什总统于2001年签署的"不让一个孩子掉队"法案("No Child Left Behind" Legislation),着力于实现教育公平,使每个学生都享受优质教育,缩小甚至消除教育结果差距。法案要求各州建立学科评估标准,制定学生年度进步标准,每年对核心科目进行考试,检查学生是否达到该标准,尤其关注缩小少数族裔学生、母语非英语学生的学习差异,各州每年向社会公布对学校评估的结果。在美国,联邦政府利用"全美教育发展评估中心"(National Assessment of Educational Progress, NAEP)这样的第三方中介机构,调控与指导各州的教育行政与督导工作。全美教育发展评估中心对12门国家课程都建立了专门的评估指标,包括艺术、公民意识、经济、外语、地理、数学、阅读、科学、科技、美国史、世界史和写作。以数学为例,将4年级、8年级和12年级划分为三个级段,从22个维度对学生的课堂行为进行评估。[4]

**澳大利亚**的教育督导源自英国,后来又带有美国特色,澳大利亚的教育督导与教育行政制度相融于一体。澳大利亚除高等教育外,其他各类教育均由州教育厅统一管理。州政府对学校的管理主要体现在:制定方针,负责拨款(对中小学),请专家委员会制定教学大纲,为公立中小学选派合格教师,政府派一名代表与教

---

〔1〕 美国国家教育统计中心[EB/OL]. http://nces.ed.gov/surveys/pss/tables/table_2009_14.asp

〔2〕 美国人口普查局[EB/OL]. http://www.census.gov/newsroom/releases/archives/facts_for_features_special_editions/cb11-ff15.html

〔3〕 美国国家教育统计中心[EB/OL]. http://nces.ed.gov/programs/coe/tables/table-scs-1.asp

〔4〕 NAEP网站[EB/OL]. http://www.nagb.org/content/nagb/assets/documents/publications/frameworks/math-2011-framework.pdf

师代表、教师工会代表、家长委员会代表组成四人小组选聘校长,每年督察一次学校财务,每年督导一次学校。督导人员往往由教育行政管理人员担任,也称"学监"。澳大利亚联邦政府在20世纪90年代开始实行"学监制度"。概括而言,是以州为单位,以学校为对象的区域性教育管理与监督制度。具体做法是,州教育厅在所辖范围内划分学区,学区设学监,学监按照州教育厅要求,具体负责对本学区内学校的管理、监督、指导与评估。新南威尔士州按人口的十分之一划定了10个地区,每个地区设总监1名,由州教育厅任命,设学监5-6人,每个学监负责一个学区(约30所中小学),学监在总监领导下履行职责,开展工作。[1] 总体上看,澳大利亚的教育督导更为侧重督学,工作内容多为检查和指导中小学校具体实在的教学事务,如教学质量、教师的专业素质和校长绩效水平等,指导性的服务居督导活动的主导地位。联邦和州政府对基础教育发挥着指导和服务功能,主要通过巨额投入、实施一系列计划、出资立项等来提高基础教育的质量。例如,2009年12月,澳大利亚政府制定了幼教与保育的国家质量评估框架(简称"国家质量框架"),这是该国对幼教与保育的国家质量基准,这个基准包含7个核心维度,分别是教育项目与实践、儿童健康与安全、物理环境、人事安排、与儿童的关系、开展与家庭和社区间的合作以及领导与服务管理,18个二级指标,58个三级指标。国家质量评估框架中设定了5个评定等级,分别为优秀、高水平达标、达标、有待改进、需要大幅改进(否则将被撤校),自2012年1月开始实施。[2]

除去上述几个国家之外,有两个国际教育评估组织很有必要提到,一个是国际督联(The Standing International Conference of Inspectorates,SICI),另一个是世界经合组织(Organization for Economic Cooperation and Development, OECD)。

"**国际督联**"作为整个欧洲地区的国家官方督导组织,建有自己的网站,成员由来自欧洲36个国家和地区的官方督导部门组成。[3] 从国际督联网站的信息中,我们可以看到所有成员国的教育督导评估指标,经研究分析欧洲36个国家和地区的督导评估指标体系后,发现这36个国家和地区的教育督导评估指标体系中,共有的指标有9项,分别是:(1)考试成绩;(2)效能;(3)教学过程;(4)课程设置;(5)德育;(6)校园氛围;(7)对学生的关怀;(8)学校领导和管理;(9)学校发

〔1〕 陶涛. 澳大利亚的学监制度及其启示[J]. 吉林教育,2008,(33)91-92.

〔2〕 Australian Children's Education & Care Quality Authority. Guide to the National Quality Standard[R], 2011

〔3〕 SICI. Who we are and what we do[EB/OL]. http://www.sici-inspectorates.eu/About-us/Who-we-are-and-what-we-do

展规划。[1]

**世界经合组织** OECD 是当今世界上最具权威的教育评估机构，它建立了一套成功的监控和评估各国教育质量和教育发展的指标体系，通过对教育人口、社会和经济的关系、教育经费投入、教育人力资源投入、教育机会、毕业生供给、学生学习成绩、教育水平的评估、把重视对各国教育的“投入”转变为重视评估各国教育的“产出”，即对整个教育过程进行系统的评测和研究，从而完整地呈现出一个国家教育发展的状况和趋势。这套评估指标体系采用的是“背景－投入－过程－产出”的教育效能分析模式。以2011年的评估指标体系为例，共有四个核心维度和30个二级指标：(1)教育产出和学习的影响，11个二级指标；(2)投入教育的人、财、物力，7个二级指标；(3)受教育的机会、参与与深造，5个二级指标；(4)学校的学习环境和组织管理，7个二级指标。[2]

从以上指标可看出，世界经合组织的教育发展评估指标体系重视教育的社会和经济背景，能够为政府制定有关教育政策、监控教育发展提供大量宝贵的重要信息。但它是一种从社会学和大教育观视角对整个教育过程进行监测和对其发展进行的宏观分析，并没有对教育的某一具体阶段、某一具体学校的发展进行检测与评估。

教育督导制度是现代化教育管理体系中必不可少的组成部分。它不仅对教育政策的形成与实施，对监督教育行政、学校办学行为和教育质量提升等方面，代表着国家和纳税人的意志，发挥着专业问责及监督评估的作用，而且对一个国家教育发展的方向起到制衡与导向作用。随着我国国力的提升，国民素质的提高，我国教育发展转变到以内涵发展和质量提升为核心，更迫切需要教育督导给力，教育督导体制和机制改革创新，教育督导评估观念、理论和实践创新。国际比较研究有助于开阔视野和思路，丰富我国教育督导评估理论和督导评估指标体系的建构和提升！有助于攻克我国教育督导当前面临的瓶颈问题和焦点难点问题，解决国家急需，社会急需，学校急需。借鉴他国的经验和教训，少走弯路，可以更快捷地建成既有中国特色又符合科学规律，适应我国国情、高效精准的中国教育督导评估指标体系！

---

[1] SICI. Inspectorates of Education in Europe; some comparative remarks about their tasks and work[EB/OL]. http://www.sici－inspectorates.eu/en/87754－inspectorates－of－education－in－europe

[2] OECD. Education at a Glance 2011: OECD Indicators[EB/OL]. http://www.oecd.org/edu/highereducationandadultlearning/educationataglance2011oecdindicators.htm

# 教育国策·教育督导·教育评估

孙河川

**摘　要**:在建设一个和谐、民主、平等和具有强大经济实力国家的进程中,政府作为一种文化的产物同时又是形成该文化的“原子核”,扮演着极其重要的角色。政府的视野,尤其是一个国家政府对教育目标的定位和采用的主要教育国策对一个国家的兴衰至关重要。近年来,英国政府为建设经济强国采用了两大主要的教育国策,即实行更多的功能性中央集权和推行以教育督导为主推力的层层教育问责制。通过对英国政府两大教育国策产生的背景、具体内容、贯彻实施及其所产生成效的述评,期许能对我国教育的结构性变革、主要教育国策的制定、教育督导的执行力和教育评估等诸多方面提供借鉴与思考。

**关键词**:教育问责制;功能性中央集权;教育督导;教育评估;英国

在建设一个和谐、民主、平等和具有强大经济实力国家的进程中,毫无疑问,政府作为一种文化的产物同时又是形成该文化的“原子核”,扮演着相当重要的角色。政府的视野,尤其是一个国家政府对教育目标的定位和采用的主要国策对一个国家、一个民族、一国经济的兴衰至关重要。在教育领域,有什么样的视野就有什么样的国家教育目标定位,有什么样的教育目标定位就会制定出什么样的教育国策。当今各国之间的较量不单单是经济的较量,不单单是国力的较量,也是核心竞争力的较量,教育国策的较量,国家教育目标定位的较量,未来教育发展方向的较量。以英国为例,18 世纪的英国成为世界上第一个工业化国家,开创了自由主义经济模式,并建立起了一个横跨五大洲四大洋的“日不落帝国”,在随后的一个多世纪里傲居全球霸权之首。20 世纪见证了英帝国全球霸权的衰落。但是,英国作为大国和强国的历史并没有落幕,今天,人们依然能看到它在世界舞台上扮演的重要角色。英国历届政府重振昔日雄风的梦想从来都没有泯灭。极其重视教育、重视教育对于提高国民整体素质、提升国家经济竞争力的重要作用,这已成为历届英国政府的共同视野。

## 一、英国政府的教育目标

英国政府在其官方网站上公布的英国国家教育目标是“通过教育、培训和就业,给予每个人机会使他们的潜能得以最充分的发挥,进而建立一个包容、公平和具有强大经济竞争力的社会”。[1]就其实质而言,这一国家教育目标的核心,强调英国的教育必须为提升英国国力、使英国成为一个具有强大竞争力的世界经济强国服务。“为实现这一目标,英国的学校应培养出具有高技能和受过优良教育的各方面人才。这一教育目标秉承了自 1988 年以来历届英国政府的主张和思想”。[2]1979 年自撒切尔政府上台以后,英国迅速而坚决地转入一个推崇自由市场经济思想的时代。这种思想在 20 世纪的最后二十年间一直占据主流地位。[3]受哈耶克、弗里德曼等新右派思想家的影响,撒切尔政府推动了一系列改革措施,包括实行决策与执行相分离的执行机构改革等。工党政府上台后,一方面继承撒切尔时期的市场化机制,另一方面将其限制于某些领域,强化政府干预,以最佳模式改革取代强制性竞标,强调合作与协同治理。工党政府与保守党政府虽然在改革思路和方法上侧重点不同,然而共同点则在于充分加强和保障中央政府的权威和权力,实行更多的中央集权。首相卡梅伦上台后,他的集权主义情结更胜于撒切尔和布莱尔,他倾向于把地方政府看作是中央政府在地方的一只手,而不是在地方社区的服务机构。[4]从撒切尔政府、梅杰政府、布莱尔政府、布朗政府到卡梅伦政府,都反复强调英国政府的视野是建设具有强大竞争力的世界经济强国,在这种视野之下的国家教育目标必然让追求卓越的学校教育(Excellence in Schools)成为英国政府所有教育发展的纲领。[5]

## 二、英国政府采用的两个主要教育国策

为了实现建设具有强大竞争力的世界经济强国的国家目标,自 1998 年以来,英国政府在教育领域中采取了两个重大和关键的教育国策,即:(1)实行更多的功能性中央集权;(2)推行以教育督导为主推力的层层教育问责制。

### (一)实行更多的功能性中央集权

功能性的中央集权(functional centralization),不同于纯粹的中央集权。功能性的中央集权往往与功能性的中央分权(functional decentralization)紧密相连。简单地说,就是在某些领域实行集权,在某些领域实行分权。欧盟八国的高效能学校改进研究指出,在国家培养目标、课程大纲、课程标准、质量评估和监测标准、校长评估标准、教师评估标准、教育经费的投入、中小学校的硬件和生均投入等领域,应当实行更多的功能性中央集权。而在具体如何办学、怎样办好学、课程的具

体日常安排、教师的聘任、课堂使用的教学法、学校的管理、教师的管理、学生的管理、办学经费的具体使用、家校的合作等方面则应实现更多的功能性中央分权。[6]

在英国,功能性中央集权体现最明显的地方是1988年以后的国家课程大纲。1988年以前,英国没有统一的国家课程和课程标准。1988年英国通过了《教育改革法案》,其中最重大的改革就是制定了全国统一的国家课程大纲,规定了全国中小学校课程的共同标准(课标),规范了基本的教学内容,为政府对教育质量的监测、监控和评估奠定了牢固的基石,为英国中小学校教育质量的提升迈出了具有历史意义的关键一步。1994年,为了确保在任何一所学校就读的学生都能够获得法定的学科知识和技能的学习,英国采用了修订后的全国课程大纲。一旦有了全国共同的课程标准和大纲,建立以它为基准的教育质量监测、监控和评估标准才有可能。因而,全国的教育质量监测和评估机构也应运而生。接踵而来,英国政府采用了更多功能性集权的举措:对不同级段的学生采用不同级段的标准化测试、成立英国教育标准局(Office for Standards in Education),相当于中国现有的国务院教育督导委员会。英格兰所有的学校都必须接受英国教育标准局的督导和评估,对未达标的学校进行整改甚至是封校、杀校(关闭学校)。在教育部官网上每年都公示所有公立中小学校的国家统测结果、公示英国教育标准局发布的中小学校教育督导评估报告,让纳税人和家长都清晰明了政府对教育的投入,以及这些投入在学校办学过程中所产生的效益、效能和效果。

在体现更多集权趋势的国家课程中,英国政府明确强调学生的学习成果,尤其强调学生语文、数学、科学这三门国家核心课程的学习成效。英国义务教育阶段的学制由三个关键级段构成(见表1),政府对每个关键级段结束时,学生应当达到什么样的培养目标均有着明确的规定。这与我国本科生英语应达到4级,研究生英语应达到6级的规定类似。根据2015年1月英国教育部官方网站上的信息,凡年满7周岁的学生,在第一个关键级段结束时(7岁是英国小学的二年级),学生的语文和数学课程应当达到国家2级的标准。年满11周岁的学生在第二个关键级段结束时(英国的小学毕业),学生的语文、数学、科学课程应达到国家4级的标准。年满14周岁的学生在第三个关键级段结束时(英国的初中毕业),学生的语文、数学、科学应达到国家5-6级的标准。年满16周岁的学生到第四个关键级段结束时,应参加全国性的General Certificate of Secondary Education考试,即"普通中等教育证书"考试,简称为GCSE考试(相当于我国高中毕业生的会考)。毕业生应达到国家普通中等教育证书所要求的水平(见表1)。如果想要考大学,在获得国家普通中等教育证书后,还需要参加两年A-Level(高级证书考试)的学习,然后才能参加A-Level考试。(A-level考试相当于我国的高考),只有通过

A－Level 考试后才能获得申请大学就读的资格。表 1 展示了英国教育部规定的英国儿童上学年龄、就读年级、所属级段、要求达到的国家课程标准等级，等等。

**表 1 英国政府规定的儿童上学年龄、就读年级、所属级段、要求达到的国家课程标准等级**

| 年龄（周岁） | 6 | 7 | 8 | 9 | 10 | 11 | 12 | 13 | 14 | 15 | 16 |
| --- | --- | --- | --- | --- | --- | --- | --- | --- | --- | --- | --- |
| 就读年级 | 1 | 2 | 3 | 4 | 5 | 6 | 7 | 8 | 9 | 10 | 11 |
| 所属关键级段 | 1 | | 2 | | | | 3 | | | 4 | |
| 要求达到的国家标准等级 | 2 级 | | 4 级 | | | | 5/6 级 | | | GCSE（普通中等教育证书） | |

注：2015 年 1 月孙河川根据英国教育部官网 www. education. gov. uk/schools/翻译整合。

（二）推行以教育督导为主推力的层层教育问责制

从表 1 可以看到，学生要达到如此明确规定的国家课程标准等级，如果没有一个强有力的国家监测、评价、反馈、强化系统，没有体制和机制监管的保障，无论多么明确、细化、可行的国家目标也不过是一纸空文。[7] 为了使这些国家目标“长牙”（有效）和“长腿”（可行），英国政府为建设经济强国所推出的另一个教育国策是推行以教育督导为主推力的层层教育问责制，它逐渐成为英国政府教育治理的重要机制。

英文的问责“accountability”意指向利益攸关者报告、解释、说明和证明使用资源的方式、途径与效果的义务和责任。在英美等西方社会中，问责是一种植根于民主社会权责理念与制度的社会治理机制。[8] 教育问责制最早产生于 20 世纪 70 年代，产生的背景是公众和政府抱怨学校培养的学生不能满足家长、纳税人和社会的需求，问责制促使社会各界共同关注学校的教育质量，从而让学校以培养高素质的人才为目的，履行对纳税人的教育承诺，提升学校办学的效能，最终接受责任追究的一种社会治理奖惩机制。

教育问责制，强调在一个自由民主的现代社会中，学校应当对纳税人负责，尤其是对学生和家长负责。纳税人和公众有权知道在现代社会中，学生们需要学什么，在学校已经学到了什么，学校对国家课程大纲、学生培养目标等诸多方面的目标达成情况。只有对学生的学习进行科学的考核或统测，教师才知道哪些方面是学生的薄弱环节，哪些方面需要在教学中加强，哪些方面需要在教学中改进，怎样才能更好更有效地帮助学生。对于学生而言，科学的考核和统测能帮助他们找出差距，更自觉和主动地订出自己的学习规划和改进目标，取得更好的学习成效，更合理更有效地安排自己的学习时间。与此同时，只有学校教师与家长随时沟通和联系,家长才能更好地协助学校和教师促进学生的学习和成长,促进学校的改进和发展。另外,一个学校的改进和发展离不开内部和外部的需求和压力。一所学校如果没有与同类型、同生源学校之间质量提升或下降的对照,就不知道自己“位于何处”,“身在何方”,学校也就失去了改革和创新的动力和方向。

教育问责制主要从目标职责、评估指标、表现与效能、评估及奖惩五个方面来体现。实行层层教育问责制必须有责任目标,必须对目标的实现程度和过程进行监测、评估、问责,必须推行旗帜鲜明的奖惩。尽责的领导、学校、教师应当受到奖励,他们的经验得以推广;对于薄弱校给予正向的扶持和帮助,同时要求它们在规定的时间内达到国家所规定的各项教育目标。对于一再渎职的领导、学校、教师则应追究其责任,受到相应的惩处或制裁。无论哪一级渎职,没有完成责任目标,都应当追究其责任。在实行层层教育问责制方面,英国政府主要采用了以下具体的重大举措:(1)实行国家标准化考试,公布标准化考试成绩排行榜(按增值排序);(2)在国家教育标准局的网站上公开发表对各个学校的督导评估报告;(3)实行严格的奖惩,包括对失败学校(Failing Schools)进行封校,帮助学生转学,对失败学校的校长和全体教职员工实行全员解聘,学校改名,重新招聘校长和教师以及教职员工,等等。[9]

首先,教育问责制需要有明确的目标责任以及对目标责任的公平考核评估。只有保证考核和评估的准确公平,才能以理服人并真正推进学校的发展和教育改革。因而,层层教育问责制离不开国家标准化测试、评估和反馈系统。英国文化协会称:英国拥有全面而又成熟的质量保障体系,各种课程和各个学校都要接受严密的考核,以保证达到高标准。英国的国家统考次数明显地高于世界许多国家。如上文所述,英国政府规定学生按年龄段进行统考(7 岁、11 岁、14 岁),[10]除此之外,中学学生到 16 岁时还得参加普通中等教育证书的国家考试。层层教育问责制还包括将学生参加 GCSE 统考中的成绩按其增值(“value added”,即进步幅度)在教育部的官网上公布。排出并公布“最高增值学校”和“进步最大学校”的名单,名次的先后按每个学校的“增值”(Value - added)大小的顺序进行排列。在这种排行榜上(League Tables),不仅包括了各学校学生高中会考的成绩、高考的成绩、还包括每所学校学生整体进步的幅度以及学生的出勤率等。例如,两所学校,即甲校和乙校的学生通过高考的比例大致相当时,如果一旦乙校的生源比甲校的生源在入学时成绩低很多,那么乙校学生的进步幅度就超过了甲校,乙校学生的增值或提升幅度就大于甲校。这种增值评估关注学生和每所学校在自己原有水平上提升的幅度和空间。如果要对不同生源的学校进行相对公平的评估,增值评估无疑最佳,被评者也容易口服心服,尤其是对硬件和软件都相对薄弱的边远山区和农村学校等,这对于教育过程和教育结果的公平而言,能起到相当重要的促进作用。

在英国政府推行的层层教育问责制中,英国教育标准局起到了最重要和主推力替代的作用。1993 年,英国成立了英国教育标准局(Office for Standards in Education,简称 OFSTED),负责全国的教育督导工作, 相当于我国的"国家教育督导团"。现在更名为"国家教育标准和儿童服务与技能局"(Office for Standards in Education,Children's Service and Skills)。它独立于教育部,有着独立的拨款经费,直接对英国议会负责,直接向议会提交全国的教育督导评估报告,最重要的是它具有问责权而不是单纯的监督权。这一点十分重要,而我国的各级国家教育督导机构只具有监督权,无问责权,其权威性和威信力就大打折扣。英国的国家教育标准局不但具有很强的独立性,而且具有很强的专业性,督学是各学科的专家,经过考试合格后才能持有督学证和成为签约督学。这一点不同于我国的教育督导部门,我国的督导人员大多是各级行政管理人员,国家督学中半数以上是正厅级官员。在行政管理关系上,虽然说我国国家教育督导团办公室归属于国务院和教育部的双重领导,但办公地点就在教育部内,经费也源自教育部,教育部官网上将它列为下属的司局单位。而各省教育督导办公室的顶头上司是省教育厅;各县教育督导办公室的顶头上司是县教育局。因而我国的教育督导部门很难做到对顶头上司的工作进行监管和评估。而英国的教育督导部门(英国教育标准局)独立于教育部,拨款也是独立的,与教育部不存在上下级关系,更不存在领导与被领导的关系。它直接对议会负责,它对全国的教育质量进行评估、监督、反馈,提出改进的建议。除此之外,它拥有代表议会和政府对各级教育行政主管部门和学校问责的权力,它可以对全国的学前教育、基础教育、职业教育、高等教育进行全方位的质量评估与监督,包括到每所学校实地考察,与学校教职员工、学校董事、学生和家长代表座谈,查看学校的自评报告是否属实,进课堂听课,调看学校近几年的所有相关资料,等等。从 2005 年开始,英格兰所有的学校都要接受每三年一次的督导,从 2009 年 9 月开始,被评为不合格的学校必须接受一年一次的督导,被评为良好和优秀的学校可以五年才接受一次督导。每次督导进驻学校的时间视学校的大小和督导人员的多少而定。例如,学生人数在 100 人以下的小学,派一个督学到学校,督导一个工作日即可。在较大的小学,两个督学到学校督导三个工作日即可。在较大的普通中学或特殊教育学校,通常需要督导十个工作日,即:如果去三个督学需要三个工作日,去四个督学则需要两个半工作日。而且三分之二的督导时间都花在与被督导学校的管理层一起同堂听课上,这样的"督学"是名副其实进课堂的,因此必须是专家和高手,听课的结果反馈给授课的教师,能真正帮助教师改变课堂教学效果并提升授课效能。我国的教育督导其职能大部分都是体现在“督政”上,而不是真正进课堂“督学”。这是我国督导工作的“软肋”。

英国政府推出了《2006 年教育与督导法》和相应的督导评估指标,2010 年 4 月对督导评估框架和具体评估指标进行了修订,2015 年 7 月又再次进行修订,并于 2015 年 9 月生效。[11] 英国的督导评估聚焦于三个核心维度:学生学习效能(student learning effectiveness)、教师效能(teacher effectiveness)、学校管理效能(school management effectiveness)。学生的学习效能不仅仅包括学生的学业成就以及乐学的程度,也包括学生的安全感、行为表现、健康生活方式、对社区的贡献、掌握适应未来工作的能力和确保经济无忧的技能,以及在精神、道德、社交和文化发展等各方面的进步幅度。教师效能,包括教师是否能够满足不同社会经济地位背景、不同学习基础和不同学习能力学生的学习需求以及诸方面成长的需求,进行高效能的课堂教学,对学生进行有效的关爱、引导和支持。学校管理效能,包括学校领导者对改革的愿望和视野,能否激励家长和学校教职员工积极参与改革,促进学生的学习及其福祉,促进公平消除歧视,对学校实施有效的监管,促进学校所在社区的和谐发展,获取资源并有效地使用资源等诸多方面。

英国对学校的督导结果分为四个等级:不合格、需要改进、良好、杰出。督导结束后,必须撰写出对每所学校的督导报告。这个报告先反馈给被督导学校,然后挂在国家教育标准局的官网上。凡被评为不合格和需要整改的学校都必须限期整改,并增加对其督导的频率。整改后仍然不合格的学校将面临被查封被强行关闭的危险。正因为英国教育督导机构具有问责权,因而在英国,所有学校对督导报告都极为重视,“报告中所指出的需要改进的方面都能得到最及时的纠正”。各地方教育局,像中小学一样,也必须接受教育督导的检查和评估。如果评估不合格,将和“不合格学校”一样面临重新“组阁”甚至权力被“移交”的危险。教育督导的评估在英国的学校改进和学校管理中起到了不可替代的作用,不但促进学校制订校本规划,开展学校改进与发展,并能向学校提供改进的重点和方向,起到任何其他第三方评估机构所不能起到的作用。自 2009 年下半年开始,英格兰的大专院校也必须接受教育督导的评估和监督。英国教育督导的体制、机制,尤其是对督导结果最大化的反馈和问责运用,确保了它的公平性、公正性和权威性。在笔者亲身参与的欧盟项目中,英国中小学学校校长和教师普遍认为,尽管有各种各样不同的外部评估,但最重要的外部评估是国家教育标准局的督导评估。

在实行严格的奖惩方面,英国政府加大中央集权和中央干预的力度。除实施由教育督学对学校教育质量进行全面监控外,对地方教育局(Local Educational Authority)也有严格的要求。每一个地方教育局必须制订出如何帮助本地区薄弱学校发展的规划,如何推动所有学校的改进和发展等。地方教育局必须参与辖区内的学校改进,尤其是直接参与对薄弱校的干预和改进。伦敦大学的研究表明,教育问责制还表现在英国政府对学校实行“点名即耻辱”的策略(在全国的报刊上公布“失败学校”的名字),向社会公布国家督学的报告,公布“失败学校”与“失败的地方教育局”,实行教师工资与学生统考成绩相挂钩的绩效工资制,公布各个学校的学生统考成绩排行榜,等等。另外,英国政府还直接对“失败学校”(failing schools)进行干预,采用查封学校、解聘校长和全校教职员工,学生重新择校、学校更名、实施全员重新招聘等强硬措施。例如,在1997年9月,340所学校因没有通过国家督导的评估被命令采取特殊措施。即,给这些学校两年的时间提高教育质量以达到国家规定的标准。结果是其中的14所学校在两年后仍然没有达到国家规定的标准,被强行关闭,40所学校被勒令整顿。布莱尔政府在上台后的两周内,在全国公开宣布18所学校为“失败学校”,作为整治的重点。与此同时,对评估中的佼佼者(地方教育局、优质学校、卓越的校长和教师)实行重奖,如授予小学基本技能质量达标奖、奋斗奖、杰出校长奖、柏拉图奖、教师奥斯卡奖,对国家级杰出教师和其学校一次性奖励25000英镑。这种严厉的奖惩制度给地方教育局、学校、教师、学生都带来了很大的压力。每个地方教育局都设立了帮扶目标,帮助本地区的薄弱学校改进。每个学校都设立了帮扶的学科或教研室,每个学科或教研室的老师又设立了自己的帮扶目标,即学困生,以帮助他们进步和达标。到了学生层面,每个学生都设定了自己的学习目标和全面发展规划。从纵向上看,无论是地方教育局还是学校,无论是教师还是学生,都自觉地运用数据,去设立下一步的发展目标,这种在各层面上目标的高度一致与吻合,已成为英国学校改进和发展的一大特色。英格兰的教师称“国家教育政策对我们的学校已经产生了影响,特别是将各校学生的统测结果进行排行公布和层层问责制这样的举措”。这种严厉的问责制奖惩措施也不是没有负面影响,不少教师反映:“教职员工的工作时间过长,连午餐和放学后的时间都搭进去了,施加在我们身上的压力已达到了极点!”[12]但近几届英国政府为了实现建设一个具有强大竞争力经济强国的教育目标,始终没有放弃加强功能性的中央集权和推行以教育督导为主推力的层层教育问责制这两大教育国策。

### 三、两大主要教育国策所产生的影响和效果

英国政府的这两大教育国策对英国的学校教育是否产生了影响?究竟产生了什么样的影响?请看下面一组数据:[13]

●1988年,全英国只有25%的16岁学生获得普通中等教育证书(相当于我

国的高中毕业证书),而二十年后的2008年,这一比例上升到了60%;

●1988年,全英国16岁以后还在校学习的学生不足10%,上大学的学生只占适龄青年的3% -5%;2008年,16岁以后还在校学习的学生超过50%。

●2000年,3000所中学中有600所中学的普通中等教育证书(GCSE)的通过率低于25%,而现在全英格兰只有40所学校的通过率低于25%;

●在督导评价中,整个英格兰三分之二的学校被评为良好或优秀;

●达到国家标准的学生比例大幅度上升。

2014年,英国教育部公开宣称:英国中小学校的教育质量正在逐年提升。根据英国教育部2014年5月公布的统计数据显示:2007/2008年,整个英格兰11岁小学毕业生,语文课程达到国家4级标准的比例为64.5%,数学课程达到国家4级标准的比例为57.2%。2008/2009年,整个英格兰11岁小学毕业生,语文课程达到国家4级标准的比例上升至65.7%,数学课程达到国家4级标准的比例为58.8%。2009/2010年,整个英格兰11岁小学毕业生,数学课程和语文课程达到4级的比例分别上升至70.4%和62.9%;2010/2011年上升至73%和65.9%;2011-2012年,语文降至69.2%,而数学则上升到69.8%。2012/2013年,上升至71.6%和71.9%。在五年之中,英格兰所有公立学校11岁学生,语文通过国家4级考试人数的百分比上升了7.1%,数学通过国家4级考试人数的百分比上升了14.7%(详见表2)。而且根据英国教育部2014年1月23日发布的公告,在近四年之中,在英格兰所有不达标的中学里,不合格学生的数量减少了25万人。

**表2 2007-2013年英格兰公立学校11岁学生语文和数学通过国家4级考试的人数和百分比**

| 年份 / 科目和通过率 | 2007/2008 | 2008/2009 | 2009/2010 | 2010/2011 | 2011/2012 | 2012/2013 |
|---|---|---|---|---|---|---|
| 通过语文4级的人数 | 575,813 | 556,252 | 556,264 | 535,527 | 532,453 | 543,868 |
| 语文四级通过率 | 64.5% | 65.7% | 70.4% | 73% | 69.2% | 71.6% |
| 通过数学4级的人数 | 576,643 | 557,674 | 557,651 | 537,072 | 533,969 | 546,038 |
| 数学四级通过率 | 57.2% | 58.8% | 62.9% | 65.9% | 69.8% | 71.9% |

注:孙河川2015年编译自英国政府教育部官网 www.gov.uk/government/organisations/department-for-education/about/statistics

表3 英格兰学生近年来通过国考的百分比(含同等学力通过考试的人数)

| | 学生人数[①] | 5门普通中等教育证书成绩在A* -C | 5门普通中等教育证书成绩在A* -C(须含语文和数学)[②] | 5门普通中等教育证书成绩在A* -G | 5门普通中等教育证书成绩A* -G(须含语文和数学) | 所有通过者 |
|---|---|---|---|---|---|---|
| 15岁 | | | | | | |
| 1995/1996 | 594,035 | 44.5 | 35.2 | 86.1 | 83.4 | 92.2 |
| 1996/1997[③] | 586,766 | 45.1 | 35.6 | 86.4 | 83.9 | 92.3 |
| 1997/1998 | 575,210 | 46.3 | 37.0 | 87.5 | 83.8 | 93.4 |
| 1998/1999 | 580,972 | 47.9 | 38.6 | 88.5 | 85.8 | 94.0 |
| 1999/2000 | 580,393 | 49.2 | 40.0 | 88.9 | 86.8 | 94.4 |
| 2000/2001 | 603,318 | 50.0 | 40.7 | 88.9 | 86.9 | 94.5 |
| 2001/2002 | 606,554 | 51.6 | 42.1 | 88.9 | 87.1 | 94.6 |
| 2002/2003 | 622,122 | 52.9 | 41.9 | 88.8 | 86.6 | 94.8 |
| 2003/2004[④] | 643,560 | 53.7 | 42.6 | 88.8 | 86.7 | 95.9 |
| 2004/2005 | 636,771 | 56.3 | 44.3 | 89.0 | 86.9 | 96.4 |
| 2005/2006 | 648,942 | 58.5 | 45.3 | 89.4 | 86.8 | 96.7 |
| 2006/2007 | 656,396 | 60.9 | 46.0 | 90.0 | 86.4 | 97.3 |
| 2007/2008 | 653,808 | 64.8 | 47.3 | 90.8 | 86.7 | 98.0 |
| 4级毕业学生人数[⑤] | | | | | | |
| 2004/2005 | 636,119 | 56.8 | 44.7 | 89.9 | 87.6 | 97.0 |
| 2005/2006 | 648,833 | 59.0 | 45.6 | 90.1 | 87.4 | 97.3 |
| 2006/2007 | 655,146 | 61.4 | 46.3 | 90.9 | 87.1 | 98.0 |
| 2007/2008 | 653,083 | 65.3 | 47.6 | 91.6 | 87.4 | 98.6 |
| 2008/2009 | 634,496 | 70.0 | 49.8 | 92.3 | 88.3 | 98.9 |
| 2009/2010 | 639,263 | 75.3 | 53.4 | 92.8 | 88.7 | 99.0 |
| 包括普通中等教育证书人数[⑥] | 639,263 | 75.4 | 53.5 | 92.9 | 88.8 | 99.1 |
| 2010/2011 | 627,093 | 79.6 | 59.0 | 93.6 | 92.2 | 99.3 |
| 2011/2012 | 620,617 | 81.9 | 59.4 | 94.1 | 92.5 | 99.6 |
| 2012/2013 | 632,676 | 81.8 | 59.2 | 94.3 | 90.5 | 99.6 |

注:孙河川编译自英国政府教育部官网 www. gov. uk/government/organisations/department-for-education/about/statistics

表格中的注释:在国际留学生参加的普通中等教育证书考试里,有64个可选科目,英文和数学为必修,其余的科目可自由选择。

1. 所有年满15岁的学生,无论是注册在第四级段末或刚进入新学年。

2. 从2009/2010年开始,获得国际普通中等教育证书者也包括在内,被称为同等学力。表中也包含了2009/2010年不含国际普通中等教育证书获得者的数据。

3-4. 2003/2004年包括入门级学生A* -CorA* -G阈值。

5. 1996/1997年的百分比,包括普通中等教育证书获得者和普通中等职业教育证书获得者。

6. 2003/2004年的百分比,包括普通中等教育证书获得者和同等学力者。

从表3可以看出:在英国15周岁的学生中,通过5门普通中等教育证书成绩在A* -C的学生比例从1995-1996年的44.5%上升到2007-2008年的64.8%;通过5门普通中等教育证书成绩在A* -C(须含语文和数学)的学生比例从1995-1996年的35.2%上升到2007-2008年的47.3%;通过5门普通中等教育证书成绩在A* -G的学生比例从1995-1996年的86.1%上升到2007-2008年的90.8%;通过5门普通中等教育证书成绩A* -G(须含语文和数学)的学生比例从1995-1996年的83.4%上升到2007-2008年的86.7%;全国所有的通过者人数从1995-1996年的92.2%上升到2007-2008年的98%。

5门普通中等教育证书成绩在A* -C之间的4级毕业生人数也从2004-2005年的56.8%上升到2009-2010年的75.3%。5门普通中等教育证书成绩A* -C(须含语文和数学)的学生比例从2004-2005年的44.7%上升到2009-2010年的53.4%;5门普通中等教育证书成绩A* -G(须含语文和数学)的学生比例从2004-2005年的87.6%上升到2009-2010年的88.7%;全国所有的通过者人数从2004-2005年的97%上升到2009-2010年的99%。普通中等教育证书获得者和同等学力的人数从2004-2005年的97%上升到2012-2013年的99.6%。

通过以上数据,可以清晰明了地看出英国学生通过国家普通中等教育证书考试的人数逐年上升,无论是A* -C级的毕业生人数,还是A* -G级的毕业生人数,甚至是所有通过者的人数比例已经高达99.6%。实践证明,英国政府所采用的两项重要国策:更多的功能性中央集权和实行以教育督导为主推手的层层教育问责制是有实效的,是符合英国国情的,提升了英国的教育质量。

## 四、结语与思考

本文简要地介绍了近年来英国政府的视野及其国家教育目标定位,为实现教育目标所采用的两个主要国策,即实行更多的功能性中央集权和推行以教育督导为主推手的层层教育问责制,以及这两大教育国策对英国教育所产生的影响和成效。

英国政府的视野,以及它所制定的国家教育目标的经济取向,统领了英国的教育国策和举措,造成了对学校加压、问责和提倡竞争的趋势。这种趋势扩展到了地方层面、学校层面、教师层面,甚至是家长和学生层面,形成和催生了全英范围内的提升教育质量、提升学校效能、加速学校发展和变革、追求高效课堂、高效学习等系列重大的结构性变革。我国的国情不同于英国,我国的政治制度不同于英国,我国的文化不同于英国,我国的社会经济发展阶段也不同于英国。然而,在建设一个包容、公平和具有强大经济竞争力的经济强国、在培养高素质的下一代、培养具有责任感的本国公民、培养有创新精神并具有实践能力的人才、在追求公平而卓越的教育、在提升本国的教育质量和学校效能、在教育的最基本元素,如学校、教师、学生、方法、途径、终身学习等诸多方面,两国有着许多相似或相通之处。

正如袁振国教授所言:钻石和石墨都是碳元素大家庭的成员,但由于它们的元素排列组合方式的不同,一个成为自然界中坚硬物质的翘楚,一个则是易碎物质的象征。关键是改变其结构,就会有意想不到的结果。[14]学校教育的元素很多,但学生、教师、内容和方法始终是最基本的因素,这些要素在课程安排、教学过程、活动开展和测量评价等基本环节中扮演的角色不同,其效果会大相径庭。所谓不同模式,其实就是相同元素的不同结构方式,而模式创新就是结构的调整、结构的变化。当前,国际化进程日益加速,信息化技术日新月异,终身学习不但成为个人发展的法宝,也成为一个国家、一个民族、一个社会进步的最大法宝。终身学习不但需要眼观全球,也需要耳听世界。通过对英国政府两大主要教育国策产生的背景、具体内容、贯彻实施及其所产生成效的述评,期许能对我国教育的结构性变革、国家教育目标定位、主要教育国策、国策的执行力和预期成效等诸多方面提供借鉴与思考。

在本文的结语部分,笔者提出以下八点建言:

1. 为了实现英国在21世纪成为具有强大竞争力的世界经济强国的目标,英国政府变革了其原来的教育结构,从中央分权制变为更多的功能性中央集权,并成为新的国策,如:全国共同的课程大纲、共同的评估标准、共同的督导评估框架和1-4级评估指标、共同的督导评估手册。也就是功能性的中央集权牢牢地管控了教育的入口和出口的质量,而对于过程则采用了功能性的中央分权,赋予了学校更多的自主权。这种结构性的国策转变给英国的教育,尤其是基础教育带来了生机和活力,提升了英国的教育质量。

2. 要达到明确规定的国家共同课程标准及其测试等级,如果没有一个强有力的国家监测、评估、反馈、强化系统,没有体制和机制监管的保障,没有人力、财力、物力、时间、空间的支持,无论多么明确、细化、可行的国家目标也不过是一纸空文。怎样让"法律长牙,让政策长腿",走进基层,走进学校,影响学校,真正地改变学校教育,如何强化各级监管、评估、反馈机制和机构,英国的做法的确有不少值得借鉴之处。在英国所有评估机构中,得到全英学校和教师认可的最具有权威性的问责机构是英国教育标准局,即英国的国家教育督导团。在对全英中小学校的督导评估中,英国教育标准局起到了公认的不可替代的重要作用。赋予国家教育督导部门问责权,而不仅仅是监督权是我国和英国教育督导机构权责的最大差异之处,因此在这方面,中央政府需要向代表国家意志的教育督导机构实行更多的赋权和人、财、物的支持!

3. 如何科学地减负增效是各国都十分关注的问题,为了及时地发现和解决不同年龄段学生面临的学习困难和问题,英国对中小学学生实行了按年龄段对不同学科进行分级考试的制度和规定,这样能及时地发现学生在各门学科上的进步,所面临的问题,将学生的学习压力恰当地分布到了各阶段,同时也对全国的基础教育起到了很好的监测和评估,能很快地发现薄弱学校存在的问题,并对其提出改进的措施和行动。我国外语分级考试部分地借鉴了英国的这种做法,对大学生的外语实现了 4 级考试、6 级考试,极大地推进了我国青年一代的外语水平,得到了国际好评。英国政府严格把住入口和出口,对国家核心课程语文、数学、科学进行分级统考的做法含有值得我国借鉴的元素,我国能否逐步地像外语一样,将国家核心课程变一考为多考(分级考,一年多次),改变高考成为基础教育终极审判的局面。

4. 在对中小学校的监测和评估中,英国政府采用了"增值评估"法,即主要考查和评核学校的"进步幅度"。多年来,我国在教育和教学质量评估上,主要沿用以中、高考人均分、优秀率、及格率和毕业生升学率等为主要内容、以学校的整体排名为标准的评估办法,但因为各校在生源、师资、办学条件等诸多方面的差异,这种评估办法不能准确地反映出各校的努力付出、进步幅度和提升空间。英国政府推行的增值评估,以关系教学质量的各方面因素作为评估的参数,以基线测试结果作为评估的起点,以进步提高的幅度作为评估的依据。[15] 尤其值得一提的是,英国的"增值评估"法经过英国布里斯托大学萨丽·托马斯教授与中国教育科学研究院田慧生教授团队的多年长期合作,引进到中国已生根开花结果(详见《教育研究》2012 年第 7 期),开启了中国教育评估方法论的新里程,如今已在我国的北京市、重庆市、河北省、辽宁省、陕西省、大连市、沈阳市、西安市等多地如火如荼地进行,甚至已成功地开发出增值评估的软件。这种增值评估法有利于科学、客观、公正地评估每一所学校,有利于落实全面教育质量观,体现了教育评估的公平和公正,激励薄弱学校改变现状,优质学校扬鞭奋蹄。增值评估在教育问责的体制框架下,可为我国的学校效能和学校发展提供一种最有用且最恰当的评估方法。

5. 英国的教育督导人员绝大部分是教育领域的专家或优秀的资深实践者。督学也要像教师一样通过考试获得资质证书,而且具有多年的一线教学经验才行。这样才能到学校观课,敏锐地指出教师课堂教学的优缺点所在。我国教育督导人员很多是教育行政官员,有的甚至从来没有当过教师,而且我国的教育督导人员严重的短缺,我国教育部国家教育督导办的总人数还不及英国教育标准局的五分之一,而辽宁省教育厅督导室的总人数连司机在内才 6 人。这样单薄的督导队伍如何能对 13 亿人口、1.8 亿多学生的中国基础教育进行督导?在这样的大背景之下,我国的教育督导大部分只能"督政",而不是"督学"。再者,由于不是专业上的行家里手,当然所指出的问题也很难得到基层学校和教师的认同,其权威性和威信力也就大打折扣。在这方面,英国教育督导的资质和任免的确很值得参考和借鉴。

6. 在对学校的督导评估指标体系中,英国政府明文指出关注学校在三个方面的效能:学生学习效能、教师效能和学校管理效能。我国很多学校现行的评估指标体系,要么单看学生的学业成绩,要么回避学业成绩,只谈绿色指标。英国对学生学习效能的评估指标既包括学生的学业成就,还包括每个学生乐学的程度、安全感、行为表现、健康生活方式,对社区的贡献,掌握适应未来工作的能力和技能,以及学生在校学习期间,在精神、道德、社交和文化等各方面的进步幅度。教师效能包括教师是否能够满足不同社会经济地位背景、不同学习基础和不同学习能力学生的学习需求以及诸方面成长的需求,进行高效课堂教学,对学生进行有效的关爱、引导和支持。学校管理效能包括学校领导者对改革的愿望和视野,能否激励家长和学校教职员工积极参与改革,促进学生的学习及其福祉,促进公平消除歧视,对学校实施有效的监管,促进学校所在社区的和谐发展,获取资源并有效地使用资源等诸多方面。除了这三个核心维度的一级、二级指标外,还有 100 多项更细化的三、四级测评点。这为我国教育督导评估框架和评估指标体系的构建提供了借鉴。[16]

7. 如何改变"政令不出中南海"的局面,怎样才能让"政策长牙"、让"法律长腿",除强有力的监管和给国家督导团赋权之外,对评估结果如何运用是问责的关键。英国政府所采用的层层教育问责制能收到成效的重要原因就是对评估结果的利用上。如:对学校的结果分为四个等级:不合格、需要整改、良好、杰出。督导结束后,必须撰写出对每所学校的督导报告,先将这个报告反馈给被督导学校,然后挂在国家教育标准局的官网上。凡被评为不合格和需要整改的学校都必须限期整改,加快对其督导的频率,由三年变为每年。整改后仍然不合格的学校,将面临被查封、被强行关闭、全员解聘的危险。地方教育局,像中小学一样,也必须接受教育督导的检查和评估。如果评估不合格,将和"不合格学校"一样面临重新"组阁"甚至权力被"移交"的危险。另一方面,则对杰出学校进行大力度的政府性表彰。正因为对教育督导评估结果运用的最大化和极致化,因而在英国,所有学校对督导报告都极为重视,报告中所指出的需要改进的方面都能得到最及时的纠正。

8. 政府作为一种文化的产物同时又是形成该文化的"原子核"扮演着极其重要的角色。一个国家政府的视野、国家教育目标的定位和所采用的教育国策对一个国家、一个民族的兴衰至关重要。教育国策和决策的失误将是一个国家教育最大的失误。打开视野,眼观世界,耳听全球,借鉴发达国家的经验教训,根据我国的国情和社会快速发展的现实需求,做出正确的教育目标定位、核心教育国策的制定;实行功能性的集权和功能性的分权;大力推行学校教育的结构性变革;实行以督导评估为主推力的教育层层问责制,无疑是我国教育走上强盛之路的开端。

**参考文献**

[1] Department for Education and Skills. Transforming Youth Work-Resourcing Excellent Youth Services [M]. London: Auther/Connexions, 2002.

[2] Wikeley, F., Stoll, L., Lodge, C. Effective School Improvement: the English Case Studies. In: R. de Jong. (Ed.). Effective School Improvement Programs-A Description and Evaluation of ESI Programs in Eight European Countries [M]. Groningen, the Netherlands: GION, 2000, 45 - 177.

[3]就业能力教育:英国教育就业部(DfEE)在经济中的角色[EB/OL].http://www.edu.cn/xin-shi-ye-1069/20060323/t20060323-12441.shtm/

[4]宋雄伟.英国地方政府治理:中央集权主义的分析视角[J].北京行政学院学报,2014,(5).

[5] DFEE. Excellence in Schools [M]. London: The Stationery Office, 1998.

[6] Sun, H. National Contexts and Effective School Improvement [M]. GION: The Netherlands, 2003.

[7] 同上.

[8]陈欣.高等教育问责制度国际比较研究[M].中央编译出版社,2014,(2).

[9]同参考文献[2].

[10] Stoll, L., etc. Issues on Linking School Effectiveness and School Improvement. In: W. Th. J. G. Hoeben (Ed.). Effective School Improvement: State of the Art [M]. Groningen, the Netherlands: GION, 1998, 29 –58.

[11]Ofted. School inspection handbook[EB/OL]. https://www.gov.uk/government/publications/school-inspection-handbook from-september-2015

[12] 孙河川. Accountability and Successful School Improvement in the UK [M]. 辽宁人民出版社, 2004.

[13] Crossley-Holland, J. Supervision and Evaluation of Quality Education in England. Keynote Speech at IFESE [R]. Beijing, 2010.

[14] 袁振国. 学校教育需要一场结构性变革[J]. 上海教育, 2015, (7).

[15] 萨利·托马斯, 彭文蓉, 田慧生, 李建忠, 任春荣, 马晓强. 学校效能增值评量研究[J]. 教育研究, 2012, (7).

[16] 孙河川, 刘文钊, 王小栋, 郝玲玲. 英国最新教育督导评价指标述评[J]. 比较教育研究, 2011, (3).

# 中国近当代教育督导制度发展脉络

黄明亮　孙河川

**摘　要**：我国的教育督导制度历史久远，最早可追溯到西周。在近代，我国的教育督导制度正式形成并逐步走向完善，在当代得以基本成型与取得蓬勃发展，如今已经形成较为完备的教育督导制度体系。

**关键词**：教育督导；近代；当代；发展

中国类似于现代教育督导制度的活动源远流长，西周就有“天子视学”。《礼记·文王世子》记载“天子视学，大昕鼓征，所以警众也”。意思是说，在天子视察学校的时候，学校天刚亮就击鼓催学生早起，准备接受视察。“视学”可以说是我国教育督导的最早形态。[1]宋设提举学事官，元设儒学提举、副提举，明初也置提举，皆专理视察学事之责。[2]这个阶段我国的教育督导制度从西周的萌芽阶段过渡到了宋、元、明初见雏形阶段。之后，我国教育督导制度又历经了近代的逐步完善阶段、现代的基本成型阶段以及当代的曲折发展阶段与蓬勃发展、逐渐完备的教育督导制度体系四个阶段。

## 一、近代的教育督导制度逐步走向完善阶段

国外教育督导制度是在19世纪中期随着现代教育行政制度的确立而产生的。我国近代，由于帝国主义的侵略和封建制度的束缚，现代教育行政制度的确立较西方国家稍晚。因此，教育督导制度的产生也较迟，直至20世纪初才正式产生。清光绪三十一年（公元1905年），各省陆续兴办学堂，才建立了掌管全国教育的中央行政机构——学部。国子监事务自此归并学部，各省也才逐渐产生教育行政管理机构。这以后，督学成为了比较单纯的巡察、督责、视导性官员。清朝光绪三十二年即1906年，清政府在学部设“学部视学官”。随后，学部又颁布了《视学官章程》。规定省、州、县均设视学官职，分别负责各级教育视导工作。由此，中国才正式产生了教育督导制度。[3]

1909 清宣统元年,将全国分为十二个视学区,学区派视学官三人,三年视察一遍。辛亥革命推翻了清王朝,1913 年民国政府教育部颁布了《视学规程》。将全国分八个视学区,设八个视学专官,每区派视学二人。视察普通教育和社会教育,视察分定期和临时二种。定期视察时间为每年八月下旬到次年六月上旬,临时视察时间由教育总长决定,视学半数由各司科人员兼任。视察事项主要有:(1)学校教育;(2)教育行政;(3)学校经济;(4)学校卫生;(5)教职员执行任务情况;(6)社会教育及其设施;(7)总长特命视察事项。此外还有三项:(1)与教育法令抵触事项;(2)总长决定事项;(3)学校教授管理事项。1917 年,各省成立教育厅并颁布《教育厅暂行条例》。翌年,根据《教育厅暂行条例》又颁布了我国最早的统一的地方视学规程《省视学规程》和《县视学规程》。在这个阶段,建立了三级视学网,按中央、省(市)、县三级分别设置了视学机构。[4]《教育厅暂行条例》《省视学规程》和《县视学规程》标志着我国教育督导制度逐步走向完善。

## 二、现代教育督导制度走向基本成型阶段

1924 年,北伐战争开始,国民政府在广州成立。1926 年八月在广州成立教育行政委员会,会内设行政事务厅,厅内分参事、秘书、督学三处。这是我国最早使用督学这一名称。1929 年,国民党政府教育部颁布《督学规程》。据此各省又制定了县市督学规程,规定县教育局也设置督学。由省教育厅另订市县督学规程,大多设县督学一至三人。1931 年,教育部颁布《省市督学规程》,规定各省教育厅设督学 4 - 8 人,由省政府荐任;直辖市各市教育局设督学 2 - 4 人,由市政府荐任。承主管长官之命,视察及指导各该管区域内教育事宜。然后各省、市教育厅局还另行制订了《督学办事细则》。[5] 1935 年"中华民国"政府推行义务教育,各省、市设义务教育视导员,由教育部先加训练,然后工作,视导和推进省市的义务教育。县(市)教育局或教育科也设义务教育视导员,分区视导。《督学规程》《省市督学规程》《督学办事细则》等督学规程的制定,标志着我国的教育督导制度走向基本成型。

## 三、当代教育督导制度曲折与蓬勃发展阶段

当代教育督导制度由于各种原因历经了两个阶段,分别为教育督导制度的 1949 年至 1976 年之间的曲折发展阶段与 1976 年到现在的蓬勃发展阶段。

### (一)教育督导制度的曲折发展阶段

教育督导制度的曲折发展阶段,也分为教育督导制度的初步建立阶段与取消阶段。1949 年 11 月,中华人民共和国中央人民政府教育部成立,曾设有视导司,

省、地、县各级教育行政部门都有专设的视导机构和人员。在教育管理工作中,继承了老解放区的优良传统,也借鉴了国民党政府和国外教育管理制度。省、地、县各级教育行政机关都有专设的视导机构和人员。如省教育厅各处设有督学,县级教育领导部门设有中教督学、小教督学和业余教育督学,配备有懂行的并有独立工作能力的人员担任视导工作。按事业或地区分工,定期到所属地区中小学(包括下级教育部门)去巡回视察和指导。新中国成立后初步建立了教育督导制度。

1951 年教育部的机构改革中,取消了视导司,这表明专门的视导工作已不受重视。1952 年 11 月建立高等教育部之时,部内设立了教育指导司,教育部则设教学指导司。从名称上可以看出,这两个司除负有教育、教学指导之责外,已不负视察、监督之责。1953 年,教育部撤销了教学指导司。1955 年 4 月教育部发出《关于加强视察工作的通知》,强调了视导工作的重要性。但是由于受政治的干扰和"左"的思想的影响,有一段时间教育督导工作曾被忽视、削弱甚至取消。[6] 1956 年 7 月,教育部成立了视察研究室。次年 7 月,又撤销了视察研究室。同年,高等教育部撤销了教育指导司。从此,我国中央教育行政机构内有很长一段时间没有设立专门的教育视导或督导机构。这段时间里我国教育督导制度遭受到极大的冲击,甚至被完全忽略,教育督导制度的发展基本停滞。

(二)教育督导制度的蓬勃发展阶段

"文化大革命"结束,邓小平复出。在教育战线拨乱反正使其教育督导制度也得以蓬勃发展。蓬勃发展阶段,又可分为我国新时期教育督导制度建设的开端、发展、成熟三个阶段。

1. 我国新时期教育督导制度建设的开端

1976 年后,教育部首先设巡视员若干人,恢复教育巡视工作。1977 年 9 月,邓小平在关于《教育战线的拨乱反正问题》的谈话中,提出了恢复教育督导机构和建立教育督导制度的构想。[7] 次年,教育部在中学司增设视导室,此举可以看成是我国新时期教育督导制度建设的开端。

2. 我国新时期教育督导制度建设的发展

1981 年起,各级教育行政部门逐渐恢复视导员制度。1983 年,在《建立普通教育督学制度的意见》中,中央提出:"七五"期间,逐步建立系统的教育评价和监察制度,是完全必要的。1984 年 8 月,经国务院批准,教育部内增设视导室。这个阶段国家正式赋予督学有"全面的视察、督促和指导"的权限,有协同人民政府处理义务教育中各项问题的职能。国家教育委员会设置督导司。随后,全国绝大部分省、市、自治区陆续建立了教育督导机构。1986 年,在《转发国家教委等部门关于实施〈义务教育法〉若干问题意见的通知》中规定:"逐步建立基础教育督导(视导)制度,国家和地方逐步建立基础教育督学(视导)机构,负责对全国或本地区范围内义务教育的实施进行全面的视察、督促和指导,并协同当地人民政府处理有关实施义务教育的各项问题。”据1986年的初步统计,全国已有25个省、市、自治区,11个计划单列市建立了教育督导机构,1989年开展了在全国范围内对中小学的教育经费、危房改造、流失控制、乱收费的纠正及德育工作等五项内容进行全面的督导、检查。这是新中国建立后组织的第一次大规模的督导活动,一个从中央到省、市、县的全国性的教育督导体系业已基本形成。[8]

1991年4月,国家教委发布《教育督导暂行规定》,对督导工作的性质、任务、机构的设置、督导人员的任职条件等问题作了原则性的规定,改变了传统教育督导制度的一般模式,可以说,它是教育督导史上一次有实质意义的改革和突破。

1995年3月18日,第八届全国人民代表大会第三次会议通过了《中华人民共和国教育法》。其中第二十四条规定:“国家实行教育督导制度和学校及其他教育机构的教育评估制度。”这样,教育督导制度也得到了国家法律的肯定和保护,教育督导制度进入法制化阶段。

3. 我国新时期教育督导制度建设的成熟

自1995年《中华人民共和国教育法》的颁布,至2012年《教育督导条例》的颁布,我国教育督导制度建设进入成熟阶段,开展了学前、基础、高等、职业等各级各类教育的专项督导;也具备了充分的法律依据,这些法规分别是《中华人民共和国教育法》《义务教育法》《教育督导暂行规定》《扫除文盲工作条例》《学校体育工作条例》《学校卫生工作条例》《全国学校艺术教育总体规划》等。

这段时间我国进行了大量的教育督导实践活动,制定了一些督导评估可行性办法。1996年,在《学前班工作评估指导要点(试行)》文件中,对学前教育的办班指导思想、办班条件、组织领导与管理作出了明确规定;1997年,为在全国大力推广汨罗市实施素质教育的经验,组织构建督导评估机制,推动普通中小学校全面实施素质教育,制定颁布了《普通中小学校督导评估工作指导纲要》;2000年,依据《扫除文盲工作条例》《关于对部分省(自治区)扫盲工作进行督导检查和调研的通知》,对全国扫盲工作进行督导、调研,也组织国家督学开展了“减负”专项督导和调研;2001年在全国范围内开展学校体育卫生艺术教育的专项督导检查;2003年,为进一步加强高等教育教学工作的宏观管理和指导,努力提高人才培养质量,提升我国高等教育的综合实力和国际竞争力,教育部决定建立5年为一周期的全国高等学校本科教学质量督导评估制度;为了推动高等职业教育持续健康发展,教育部从2004年开始正式启动高职高专院校人才培养水平督导评估工作。2006年,《国家教育督导报告2005》作了义务教育均衡发展:公共教育资源配置状况的报告，主要内容为全国义务教育资源配置总体状况、省域内义务教育资源配置状况、关于推进义务教育均衡发展的督导意见。2011 年，制定了《中等职业教育督导评估办法》，规定督促各地认真履行发展中等职业教育的职责，各地要根据该《办法》要求，结合本地实际情况，制订相应实施方案，做好督导评估工作；2012 年，为进一步推动各地学前教育三年行动计划的实施，教育部制定了《学前教育督导评估暂行办法》；为推进义务教育均衡发展目标的实现，规定各地结合本地实际，制定具体的实施办法，组织开展对本行政区域内各县（市、区）义务教育均衡发展的督导评估工作，制定颁布了《县域义务教育均衡发展督导评估暂行办法》。

这段时间也出台了一些规范教育督导工作的文件。2005 年，在《教育部办公厅关于加强专项督导检查管理的意见》中，规范专项督导检查程序和管理；2006 年，为了更好地适应教育督导工作的新形势，建立一支专业化、高水平、有权威的国家督学队伍，教育部印发了《国家督学聘任管理办法（暂行）》；2007 年为进一步规范对普通中小学的检查评估工作，避免检查、评估过多，教育部出台了《规范普通中小学校检查、评估工作的意见》；2009 年，为建立教育督导制度，加强对教育工作的行政监督，制定了《教育督导暂行规定》；2012 年为保证教育法律、法规、规章和国家教育方针、政策的贯彻执行，实施素质教育，提高教育质量，促进教育公平，推动教育事业科学发展，制定了《教育督导条例》，明确了教育督导工作人员的职责、义务与教育督导内容，规范了教育督导的督导程序。

通过大量的法律规定的制定与教育督导实践活动的大量开展，我国目前已经具备了较为成熟的教育督导制度。有完备的法律依据，如《中华人民共和国教育法》《中华人民共和国义务教育法》《教育督导条例》等法；有系统的督学、督政体系，建立了中央、省、市、县四级督学体系；有全面的督导内容，如学前教育、基础教育、高等教育、职业教育等；有明晰的可操作督导评估办法，如《学前教育督导评估暂行办法》《中等职业教育督导评估办法》《中等职业学校办学能力评估暂行办法》《县域义务教育均衡发展督导评估暂行办法》等；有严格的督学管理办法，如《教育督导条例》《规范普通中小学校检查、评估工作的意见》《国家督学聘任管理办法（暂行）》等，所以我国的教育督导制度已经进入了较为成熟的阶段。

## 参考文献

[1]马顺林．试析我国教育督导的历史、现状与未来[J]．当代教育论坛，2008，03：20－22.

[2][4][5]库热西·艾海买提．我国教育督导制度的历史和现状[J]．新疆教育学院学报，1989，01：104－109.

[3]刘忠国. 我国教育督导的产生、发展及其重要意义[J]. 宁夏教育,1990,21:8-9.

[6]陆仁林. 试论我国的教育督导制度[J]. 东北师大学报,1988,02:19-21.

[7]周德义.60年来我国教育督导制度的回顾与审思[J]. 教育测量与评价,2009,09:4-12.

[8]詹华琴. 我国教育督导制度的历史、特色、问题与对策[J]. 教育探索与实践,2006,03:47-48.

# “十二五”以来我国教育督导政策综述

陈娉婷　孙河川

**摘　要**:“十二五”期间,我国教育督导制度的发展取得了巨大的突破和可喜的进展。通过统计五年来国家关于教育督导的相关政策文件,我国教育督导政策的发展特征,主要表现在:在政策制定方面,法制化不断加强;在政策实施上,主体逐渐多元化;在政策内容上,兼顾宏观和微观;在政策范围上,逐步完善各级各类教育的督导与评估;在政策过程上,逐步转入自下而上的方式。基于该发展特征的分析,对“十三五”期间教育督导制度建设和研究发展趋势进行了科学的预测和展望。

**关键词**:教育督导;“十二五”;政策;教育督导条例

“教育督导是对教育活动的监督与指导。具体而言就是指国家为了实现一定的教育目的与目标,依据相关的法律、法规的要求,由教育督导部门依法实施的对下级政府的教育工作以及学校内部的教育、教学、管理等各方面工作进行监督、检查与指导的一种活动。”[1]教育督导制度是我国现行的教育基本制度之一,是教育改革发展的必然要求,对提高教育质量、促进教育公平起着至关重要的作用。本文从教育督导的视角,回顾“十二五”期间我国教育督导制度所取得的突破与可喜的进展。基于政策发展特征的分析,对未来教育督导政策体系的构建和有效落实教育督导制度提出展望。

## 一、我国“十二五”以来教育督导政策的发展进程

我国的教育督导工作,从1977年邓小平提出恢复教育督导制度的构想算起,已经经过了将近四十年的发展历程,伴随国家改革开放和教育改革发展,取得一定成绩。21世纪初,教育部下发《关于加强教育督导与评估工作的意见》,提出“从中央到地方初步形成教育督导的法规体系和依法督导的工作程序”,促进教育督导制度的进一步发展。“十二五”期间,我国教育督导发展更是取得巨大突破和

可喜的进展——2012年8月26日，为贯彻落实《国家中长期教育改革和发展规划纲要(2010－2020年)》，进一步健全我国教育督导体制，国务院决定成立国务院教育督导委员会。[2]10月1日起开始施行《教育督导条例》，标志着我国教育督导正式步入法制化发展轨道。五年间，教育督导制度逐渐有章可循、有法可依，总结国家从"十二五"至今有关教育督导的政策文件，能够清晰地看出我国教育督导制度的发展脉络，请见表1：

**表1 "十二五"以来国家颁布的教育督导相关政策**

| 颁布时间 | 颁布主体 | 政策文件名称 | 政策主要内容 |
|---|---|---|---|
| 2011.12.30 | 教育部 | 《中等职业教育督导评估办法》 | 就建立中等职业教育督导评估制度，作出了政策规定和设计。且要求各地根据该《办法》，结合本地实情制定相应实施方案，做好督导评估工作 |
| 2012.01.20 | 教育部 | 《县域义务教育均衡发展督导评估暂行办法》 | 推进义务教育均衡发展目标的实现，主要包括对县域内义务教育校际间均衡状况评估和对县级人民政府推进义务教育均衡发展工作评估两个方面，公众对本县义务教育均衡发展的满意度，将作为评估认定的重要参考 |
| 2012.02.12 | 教育部 | 《学前教育督导评估暂行办法》 | 进一步推动各地学前教育三年行动计划的实施，大力发展学前教育，切实解决当前学前教育发展存在的突出问题 |
| 2012.05.04 | 教育部 | 《关于加强督学责任区建设的意见》 | 为进一步推进教育督导改革创新，就加强督学责任区建设提出关于建设的意义、原则和职能、工作任务及要求、管理办法等意见 |
| 2012.09.05 | 教育部 | 《关于进一步加强中小学校督导评估工作的意见》 | 就进一步加强中小学校督导评估工作提出明确总体要求、突出科学管理和内涵发展、发展监督指导作用、落实责任等意见 |
| 2012.09.05 | 国务院 | 《关于深入推进义务教育均衡发展的意见》 | 为深入推进义务教育均衡发展，提出意见：充分认识其重要意义、明确指导思想和基本目标、推动资源共享与均衡配置、保证特殊群体接受义务教育、提质量、促管理、强督导等 |

续表

| 颁布时间 | 颁布主体 | 政策文件名称 | 政策主要内容 |
| --- | --- | --- | --- |
| 2012.09.09 | 国务院 | 《教育督导条例》 | 对法律、法规规定范围的各级各类教育实施教育督导。包括教育督导内容、责任、督学、督导实施、法律责任。该《条例》标志我国教育督导制度走上法制化轨道 |
| 2012.09.17 | 国务院 | 《中小学校责任督学挂牌督导办法》 | 《办法》共十二条，分别对中小学校挂牌督导的性质、责任督学的选聘配备、职责任务、工作要求、培训与考核以及工作条件保障和督导结果运用等方面做了具体规定 |
| 2012.10.12 | 教育部 | 《中小学校素质教育督导评估办法（试行）》 | 该办法就实施中小学校素质教育督导评估原则、内容、程序、实施、工作方式和督导评估结果运用做了规定 |
| 2013.11.01 | 国务院 | 《关于开展北方地区中小学校冬季取暖专项督导工作的通知》 | 为督促北方有关省（区、市）做好中小学校冬季取暖工作，确保广大师生温暖、安全过冬，根据《教育督导条例》，国务院教育督导委员会办公室定于11月上旬对中小学校冬季取暖工作进行专项督导 |
| 2013.12.19 | 国务院 | 《中小学校责任督学挂牌督导规程》和《中小学校责任督学工作守则》 | 为落实《中小学校责任督学挂牌督导办法》，规范中小学校责任督学挂牌督导工作，根据《教育督导条例》有关规定，特制定《规程》并提出十条工作守则 |
| 2014.02.07 | 国务院 | 《深化教育督导改革转变教育管理方式的意见》 | 《意见》指出了深化教育督导改革在转变教育管理方式中的重要意义，提出了深化教育督导改革的总体思路和工作目标，明确了深化教育督导改革的主要任务，强调要加强组织领导、教育督导机构建设、督学队伍建设和经费保障 |
| 2014.04.05 | 国务院 | 《关于开展农村义务教育学校基本办学条件专项督导》 | 督导范围涵盖全国农村义务教育学校，重点是贫困地区、边远地区、民族地区、革命老区的义务教育学校。重点督导农村义务教育学校基本教学条件和基本生活条件 |

续表

| 颁布时间 | 颁布主体 | 政策文件名称 | 政策主要内容 |
| --- | --- | --- | --- |
| 2015.12.07 | 国务院 | 《关于改善贫困地区义务教育薄弱学校基本办学条件工作专项督导办法》 | 着眼加强对全面改善贫困地区义务教育薄弱学校基本办学条件工作的督导落实，通过建立评价、激励与问责机制，推动地方政府履行责任，切实保障工作进度与成效 |
| 2016.03.14 | 国务院 | 《高等职业院校适应社会需求能力评估暂行办法》 | 《暂行办法》共五章十七条，分别对高等职业院校适应社会需求能力评估的目的、原则、评估范围、内容和工具、实施方式和结果运用等做了具体规定 |
| 2016.03.22 | 国务院 | 《中等职业学校办学能力评估暂行办法》 | 《暂行办法》共五章十六条，分别对中等职业学校办学能力评估的目的、原则、评估范围、内容和工具、实施方式和结果运用等做了具体规定 |

由表1所统计的政策文件，可以看出在过去五年间，我国教育督导制度在法制化、人本化、专业化上不断进步完善。首先，针对各级各类教育，国家基于2005年8月《国家教育督导团关于职业教育专项督导检查公报》、2005年9月《国家教育督导团关于幼儿教育专项督导检查公报》的发布后，又于近五年逐步完善出台了《中等职业教育督导评估办法》《学前教育督导评估暂行办法》《中小学校素质教育督导评估办法（试行）》，逐步就各级各类教育提出教育督导评估办法和指标体系；其次，对于北方地区中小学校冬季取暖工作、农村义务教育学校基本办学条件和改善贫困地区义务教育薄弱学校基本办学条件等问题，国家特别颁布了专项督导办法，体现出基础教育在社会主义现代化建设中的战略地位，坚持基础教育优先发展；再次，就我国实行的督学制度，颁布了《中小学校责任督学挂牌督导办法》《中小学校责任督学工作守则》等以规范督学的工作与行为；最后，关于深化教育督导改革，国家先后发布《关于加强督学责任区建设的意见》《深化教育督导改革转变教育管理方式的意见》。

## 二、分析“十二五”期间教育督导政策的发展特征

总的来说，在《教育督导条例》颁布实施前后，国家教育督导制度的发展特征主要表现在以下五个方面：在政策制定上，法制化不断加强；在政策实施上，主体

逐渐多元化;在政策内容上,兼顾宏观和微观;在政策范围上,逐步完善各级各类教育的督导与评估;在政策过程上,逐步转向自下而上的方式。

(一)制定上法制化不断加强

第一,在法律上,1995 颁布的《中华人民共和国教育法》规定:"国家实行教育督导制度和学校及其他教育机构教育评估制度"[3],为教育督导制度提供了法律依据。第二,在法规上,《教育督导条例》规定"对法律、法规规定范围的各级各类教育实施教育督导,适用本条例"。[4]第三,在制度建设上,随着教育的改革和教育法制化的不断深入,教育部先后发布《中等职业教育督导评估办决》《县域义务教育均衡发展督导评估暂行办法》《中小学校素质教育督导评估办法(试行)》等,国务院教育督导委员会自成立以来,先后发布《深化教育督导改革转变教育管理方式的意见》《关于开展农村义务教育学校基本办学条件专项督导》《关于改善贫困地区义务教育薄弱学校基本办学条件工作专项督导办法》等,进一步促进教育督导制度的完善,逐步实现各级各类教育的有法可依。

(二)主体上转向多元化

教育政策的主体是教育政策运行过程中的决策主体、咨询主体和参与主体的总称。[5]在我国,教育督导评估的参与主体,即实施主体是由中央、省、市和县四级构成的,中央领导下的各级政府的督导评估一直被认为是政策实施的主体。实际上,如今的督导评估机制已逐步转向政府、学校自身以及企业等第三方评估三位一体的评估机制。这样的机制更加科学、全面,通过多角度的评估,虽然距离落实真正的"管办评分离"还任重道远,但政策参与主体的多元化已成趋势。

(三)内容上兼顾宏观微观

政策内容上兼顾宏观微观,可以分为两方面,一是督导评估内容除了督政和督学相结合外,还有从侧重督导向督导与评估相结合发展;二是已经颁布的各项政策体系中,评价的指标不仅宏观上完整,而且微观上细致。以《中小学校素质教育督导评估指标体系框架》为例,请参见表 2:

**表 2 《中小学校素质教育督导评估指标体系框架》[6]**

| 指标和权重 | 内容要点 |
|---|---|
| 办学思想(10%) | 树立德育为先,能力为重,全面发展的育人理念。遵循教育教学规律,办学思路清晰,工作目标明确 |

续表

| 指标和权重 | 内容要点 |
|---|---|
| 制度建设（15%） | 制订学校发展规划，建立以服务教学、服务学生为导向的岗位责任制度；全员参与、全面考查的学校自评制度；科学有效的教育质量评价机制和学生综合素质评价机制；切实可行的学校安全、卫生管理制度 |
| 规范办学（15%） | 严格执行教育法规政策，依法维护教学秩序和学生教育权利。义务教育学校不设重点班，不增加课时和课程难度。不组织学生节假日、双休日集体补课。不对学生考试成绩排名。不以学生成绩和升学率作为唯一依据评价教师。不违规收取各种费用。无重大安全事故发生 |
| 教育与活动（20%） | 制定有递进层次、适合学生年龄特点的德育目标、德育计划，德育渗透于教育教学各个环节。科学安排学生学习、生活时间，保证学生每天校园体育活动不少于一小时。学校、家庭、社会教育紧密结合，有效开展校内外活动，师生参与面广 |
| 课堂教学（20%） | 严格执行课程方案，开足开好规定课程。开展启发式、探究式、讨论式等多种形式教学，重视校本课程开发使用。关注学生不同水平和个性差异，对学生进行科学评价和分类指导。合理安排课内外作业和考试次数 |
| 办学成效（20%） | 学生的学习和活动得到保障，学校办学特色突出，德育的针对性、实效性增强，教育教学效果显著，学生，家长和社会对学校的满意度不断提高；学生良好品质逐步形成，学业成绩进步幅度大，学习、实践和创新能力提高；体质健康达到规定标准；审美情趣和人文素养逐步提升；各年级学生全科合格率、毕业年级学生毕业率和按时毕业率达到规定要求 |

由表2可以清晰地看出，我国中小学校素质教育督导评估指标体系框架中除了六项一级指标和权重，还具体地提出了每项指标若干项小指标，比如在指标“制度建设”下，提出落实岗位责任制、学校自评、教育质量评价、安全卫生管理制度等，从各方面全方位具体地加强制度建设，从而指导督导评估工作的开展，这体现出政策内容的制定兼顾宏观与微观。

（四）范围上囊括各级各类教育

教育督导政策体系的构建是有效落实教育督导制度的关键环节。通过统计近年来的政策，不难发现我国在教育督导评估中逐步囊括各级各类教育，包括学前教育、中小学教育、中等职业教育、高等职业教育,还包括县域义务教育均衡发展、农村义务教育、贫困地区义务教育薄弱学校基本办学条件等暂行办法或专项督导办法。通过各级各类教育的督导评估落实,在不远的将来,我国必定会出台完备的、科学的教育督导政策体系。

(五)过程上逐渐自下而上

我国的教育督导制度政策提出的经常性督查、专项督查或综合督导,一般采取的都是一种自上而下的方式和程序,很少给学校自身评估以及其他方面的意见留下足够的空间。以我国义务教育均衡发展为例,考虑到政府在推进义务教育均衡发展中的作用,以及保证督导评估质量的原则,我国现行的义务教育均衡发展督导评估的程序,主要采取自下而上的方式进行,即县级自评、地市复核、省级评估和国家认定。[7]

## 三、对我国“十三五”期间教育督导的展望

之所以说“十二五”期间,我国教育督导制度取得突破性的进展,其重要原因之一是《教育督导条例》的出台,这是我国首部教育督导法规,标志着教育督导正式步入法制化发展轨道。教育“十三五”规划中提出“全面推进依法治教,着力促进教育公平、着力调整教育结构、着力提高教育质量”,这对教育督导工作的开展提出了新要求。基于过去五年的发展特征分析,笔者认为在接下来酝酿我国教育督导评估指标体系过程中,应注重以下几方面:

(一)继续完善法制化建设

教育“十三五”规划中提出要依法健全教育督导体系,督导制度的法制化体现了我国“依法治教”的原则。《教育督导条例》的颁布让教育督导工作在法律法规上有章可循,在此指导下,我国已经出台多项督导评估指导政策。接下来需要做的是根据各省份和各教育督导责任区的实际情况,制定和完善各个层次的教育督导评估政策,逐级明确任务,在法制上为督导评估工作的落实保驾护航,提供保障。

(二)坚定贯彻人本化理念

教育政策的最高价值取向应是追求人的价值,因此人本化理念在教育督导政策中占据至高地位,要渗透到督导评估的各个环节,各个层次。

首先,应体现在教育督导评估体系的各级指标中。比如《中小学校素质教育督导评估指标体系框架》中,遵从“坚持学生发展为本”的首要原则,“以提高教学质量为核心,把全体学生发展和每一个学生全面发展作为衡量教育教学质量的主要标准。”[8]

其次,这种人本化应体现在政策实施的主体上,即给予学校充分的自主空间,让学校首先自我评估与改进,同时要尊重督学的主体性,让督学发挥专业性的督导与评估。在提倡可持续教育与素质教育的当今,教育政策的制定必定要体现人本化理念。

(三)体现指标与程序的专业化

专业化是保证督导评估科学性与权威性的基础。教育督导评估的专业性应体现在指标体系的科学可行、评估过程的严谨以及程序的规范化等方面。首先,体系的各级指标作为衡量标准,体现教育督导工作的专业与严谨,因此我国应构建教育督导评估指标体系,统一专业化的衡量标准。其次,在评估过程中要体现专业化,应深入贯彻《条例》,保证督学广泛深入学校采集信息,充分掌握第一手资料,保证其在督导过程中客观公正地反映实际情况。

(四)注重政策的科学性与民主性

这主要体现在两方面,一是坚持督导主体的多元化,二是加快形成"督政、督学、评估监测三位一体的教育督导体系",实现管办评分离。一方面,从督学的专业化要求的提高和督导机构的完善,到督导评估政策的具体化和不断细分,再到程序与实际的结合,无不体现督导评估政策的科学化发展,这样的发展趋势要坚持督导政策实施主体的多元,即保证学校自身、政府和第三方评价的共同评估,以保证评估结果的科学。另一方面,上述科学性激发民主性,对推进管办评分离,提升教育质量有积极作用,但要注重营造督学与学校间的平等、合作关系,并且保证督导过程的公开公正。

## 注释

[1]苏君阳. 教育督导学[M]. 北京:北京师范大学出版集团,2012. 2:1.

[2]国务院办公厅关于成立国务院教育督导委员会的通知[J]. 中华人民共和国国务院公报,2012,25:31-32.

[3]《中华人民共和国教育法》第二十五条(中华人民共和国主席令第四十五号公布)

[4]教育督导条例. 中华人民共和国国务院令第624号,2012. 9. 9

[5]祁型雨. 论教育政策的主体[J]. 教育理论与实践,2000,07:16-18.

[6]《中小学校素质教育督导评估指标体系框架》[EB/OL]. http://www.lyge.cn/htm/201311/328817.html?

[7]丁蓓. 我国义务教育均衡发展督导评估政策的演变与走向[J]. 教学与管理,2013,28:3-5.

[8]《中小学校素质教育督导评估指标体系框架》[EB/OL]. http://www.lyge.cn/htm/201311/328817.html

# 泰勒评估模式与教育督导

向琴群　孙河川

**摘　要**:泰勒评估模式是教育评估史上首次出现、影响深远的评估模式。自20世纪30年代至60年代,它一直主宰着西方教育评估的理论与实践,也是教育督导评估的基石。正确地认识该模式是科学评估的基础。本文拟就泰勒评估模式产生的历史背景、主要内容及产生的影响加以阐述和评估。

**关键词**:泰勒模式;西方教育评估;理论与实践

拉尔夫·W·泰勒,1902年生于美国西部城市芝加哥。早年从事文学,获得文学学士学位和文学硕士学位,后来进入芝加哥大学学习行为主义心理学和课程理论,获得哲学博士学位。毕业后,在大学任教,担任学校成绩测试总监一职。他被聘请来协助改善大学的教学和提高大学生学业成绩。在此情况下,泰勒第一次创造了中期评估,在评估时不再单纯依赖考试成绩和纸笔测验,而是通过证据来考察学生的表现,从而致力于以如何促进教学和学习为首要目标。正是因为泰勒善于在理论与实践中探索,为他以后提出的泰勒评估模式奠定了基础。从大的方面来说,泰勒的教育思想主要反映在评估和课程两个方面。在20世纪30年代和40年代,泰勒提出了两条基本原理:一条是评估活动的原理,体现在1934年出版的《成绩测验的编制》一书中;另一条是课程编制的原理,体现在1949年出版的《课程与教学的基本原理》一书中。后人称这两条原理为"泰勒模式"。前者使他被称为"当代教育评估之父",后者则被视为"现代课程研究的范式",并使他被誉为"现代课程理论之父"。

## 一、泰勒评估模式形成的理论基础

### (一)科学管理理论

20世纪初,美国的工业文明已经高度发达,开始由自由资本主义向垄断主义过渡,美国工业资本积累和技术进步空前发展。在社会生产领域,提高利润不能单纯地再通过延长时间和增加工作强度；而且，当时工人和资本家的关系严重激化：资本家对工人态度蛮横，工人生活艰苦，而资本家个人却过着奢侈的生活；工人则不断用捣毁机器和加入工会组织领导的大罢工来争取自己的权利。企业的劳动生产率因劳资关系的对立，受到严重影响。对于如何解决发挥劳动力潜力的问题，“科学管理之父”泰罗出版了《科学管理的原理》，确立起了“泰罗主义”管理理论。“泰罗主义”的基本特征是效率取向、控制中心、把科学等同于效率，把人视为工具的“经济人”。该理论在美国一经诞生，迅速扩展到社会生活的各个方面，影响了美国的工业化进程。科学管理理论告诉人们，课程应该关注社会事务，并且以功利价值为导向。在《课程与教学的基本原理》中，泰勒提出的四个问题恰恰是在课程开发中追求效率和功利价值的体现。而且，整个的四个步骤构成了课程开发的基本程序，体现出浓厚的控制和效率色彩，而这也是受到科学管理理论影响的体现。

（二）行为主义心理学

行为主义心理学是美国现代心理学的主要流派之一，也是对西方心理学影响最大的流派之一。其代表人物包括华生、斯金纳等。行为主义观点认为，心理学不应该研究意识，只应该研究行为。在方法上摒弃内省，主张采用客观观察法、条件反射法、言语报告法和测验法。在现代课程论研究史上，心理学一直有着持久的影响，在现代课程论诞生之初，行为主义心理学的影响无疑最大，为其提供了重要的理论依据。另外，泰勒的导师——著名的教育心理学家贾德，对泰勒的学术研究产生了直接的影响，贾德和教育心理学的研究观点和方法为泰勒原理的产生奠定了方法论基础。

## 二、泰勒评估模式形成的实践基础

1929 年，经济危机席卷美国全国，导致了持续多年的经济大萧条，也因此以一种不可抗拒的力量对学校教育提出了挑战。一方面，经济不景气，工厂倒闭，大量工人失业，大多数中学毕业生无法找到工作；另一方面，就算是升入大学和学院的学生也有相当一部分对学习不满，大部分学生退学，使他们加入到失业大军，进一步加剧了就业矛盾。因此，当时美国教育界面临一个急需解决的问题，就是：如何改进学校的课程和教学，缓解日趋激化的矛盾。在这种情况下，美国进步教育协会率先发起了一项教育改革的运动，从学校的课程、教学和评估入手，研究如何改进学校的教育实践。这一运动从 1933 年一直持续到 1941 年，这就是美国教育史上著名的“八年研究”。“八年研究”的目的是“通过使中学摆脱大学的支配，开发设计一类对青少年有用的课程”。泰勒作为评估组的组长，领导了这一教育改革运动。

参与这项实验研究的,除了专业研究人员外,还有横贯美国的300所大学、学院和遴选出来的30所中学。1936年起,30所实验学校的毕业生相继进入学院,他们与常规学校的学生相比表现如何,这个问题引起了人们广泛的兴趣。为此委员会下设了一个由泰勒为主任的评估委员会,目的是帮助各实验学校,运用逻辑思维,正确评估资料的完善性和可靠性,并授予一些与之相关的处理社会问题的技巧。

以泰勒为首的评估委员会按照性别、年龄、种族、学业成绩、家庭和社会背景、职业兴趣和业余爱好,将正在各学院学习的来自实验学校和常规学校的学生混编为1475个测试组,通过200多种用于各种过程和目的标准测验,对实验学校和常规学校的学生在智力完善程度、文化发展水平、实际判断力、对社会问题的易感性、生活哲学和态度、个性特点、情感平衡、职业倾向以及体能体质等方面的表现分别进行了测试和比较。结果发现,实验学生的学业成绩(外语除外)、智力发展、思维判断、应付和适应环境、解决问题和职业选择能力、社会活动能力技巧以及一般的社会意识发展方面得分均略高于常规学校的学生。

"八年研究"不仅对美国大学入学要求和中学课程产生了深远的影响,同时由于它指出了教育目标、课程设计和评估过程之间存在着密切的联系,既孕育了教育评估领域又为现代课程理论奠定了基础。而泰勒的主要贡献正是在这两个方面。在美国,有很多学者给予"八年研究"很高的评估。课程论专家坦纳认为,"在美国曾经开展过的课程实验中,最重要的最全面的实验是八年研究"。同样,泰勒的作用也为美国学者所赞赏。

### 三、泰勒评估模式的主要内容

在《课程与教学的基本原理》一书中,泰勒认为在编制任何课程与教学计划时,都必须回答四个基本问题:(1)学校应该寻求达到哪些教育目标?(2)要提供哪些学习经验才能达到这些目标?(3)怎样才能有效地组织这些学习经验?(4)怎样才能确定这些目标是否得到实现?

四个基本问题可以用24个字描述,即:确定教育目标、选择学习经验、组织学习经验、评估学习结果。由于这种科学化课程开发的无所不在,成为一种主导课程领域的研究范式,因此又被称为"主导的课程范式"。

首先,所谓确定教育目标,就是通过对学生的兴趣与需要,当代社会生活的需要和学科专家的建议这些因素的分析,获得初步的教育目标;然后,借助学校的办学宗旨和学习心理学为"筛子"与"准绳"(第一,对学习者本身的研究;第二,对校外生活的研究;第三,学科专家对目标的建议;第四,利用哲学选择目标;第五,利用学习心理学选择目标),对这些初步的教育目标进行筛选;最后,用有助于选择学习经验和指导教学的方式来表述教学目标。泰勒根据行为主义心理学的基本思想,明确用"行为"术语来表达教育目标。他把教育目标划分为一一对应的"行为"方面和"内容"方面。"行为"方面,指学校力图在学生身上培养的种种行为;"内容"方面,指在学生身上形成所期望的行为所需要的事实。教育目标是"学校力图在学生身上引起的种种行为变化"。这样加以说明,教育目标就变得具体、明确。教师在教学过程中就易于把握和控制实现教育目标的进程和程度。

其次,学习经验是实现教育目标的过程,学生学习所要经历的全部经验。而不是静态地指某一学程所涉及的内容。学校必须以确定的教育目标为依据,对学习经验进行精心选择,以利于最佳地实现教育目标。

另外,组织学习经验必须考虑时间顺序,即"纵向"、"横向"方面的考虑,与各门学科的相互关联。把这两个维度有机地组合起来,形成一个完整的学习经验体系。

根据这一思想,泰勒提出了组织学习经验的三个标准:连续性、序列性或阶段性、整合性。连续性和序列性是从时间维度,即"纵向"展开的。整合性是"横向"性的。连续性是指直线式地组织学习经验。序列性是指螺旋式地组织学习经验。整合性是指学习经验之间的横向联系,即一个领域与另一个领域或多个领域之间的有意义的联结。在泰勒原理中,组织学习经验的要素、原则和结构都是以这三个标准为准绳的。

最后,泰勒提出教育评估的概念体系,评估是指通过对学校实现教育目标程度的评估来诊断教学中存在的问题,改进其不足,为最佳地实现教育目标服务。测验仅是评估的手段之一,评估的目的是要创设一个适合学生学习的教育环境。由于泰勒的教育评估目的在于通过评估教育目标的实现程度,揭示教学中存在的问题,为改进教学服务,所以,它自然地要牵涉到确定教育目标、选择和组织学习经验等问题。因此,在泰勒原理中,评估成了学校课程编制过程中不可缺少的一环,并且贯穿在课程编制的始终。

总而言之,泰勒原理是一个以教育目标为核心的,经过确定教育目标、选择学习经验、组织学习经验和评估教育目标实现程度这四个环节的课程编制模式。

### 四、泰勒评估模式的历史贡献与局限性

泰勒开创了现代课程评估的先河。泰勒在泰勒原理中首次明确提出了较完整的学校课程评估的概念体系,在泰勒看来,所谓评估,就是对课程目标实现程度

的描述,在此基础上,后来的研究者做了补充,认为课程评估也是一个价值判断的过程。评估有着悠久的历史,但现在正规的、系统的评估还是始于泰勒的研究,因此泰勒被称为"现代评估之父"。从这个角度讲,泰勒原理还是西方第一个较系统、完整的教育评估模式。在研究评估领域,一般认为评估研究经历了四个时期:第一,测验和测量期;第二,描述时期;第三,判断时期;第四,建构时期。而描述时期从20世纪30年代随着"八年研究"的兴起一直持续到50年代。也就是说泰勒的成就和观点影响了整整一代人,在评估领域产生了巨大影响,形成了一个以"描述"为标志的评估时代。

泰勒原理描述了一个具有理性化、逻辑和分析的课程编制方法。对后来的课程研究的影响是深远的,它提供了一个理性的课程开发框架,具有重要的实践意义。第一,泰勒原理是一种理性化的课程开发模式。泰勒所提出的四个问题致力于寻求课程开发的理性的、合乎逻辑的"原理",这一原理可以普遍适用于任何教育情境。经过探究和思考,泰勒找到了这一原理,从确定目标、选择经验、组织经验到评估结果,这是一个线性的、步骤明确的课程开发模式,符合客观的理性原则。第二,泰勒原理追求课程的"普适性"。所谓的"普适性",就是课程产品的普遍适用性。

泰勒模式的局限性。首先,由于时代的限制,"目标取向"的评估在本质上是追求工具理性的,其核心是追求对学生的控制和改进,忽视了人的行为的主体性、创造性和不可预测性,忽视了过程本身的价值。其次,泰勒原理在价值取向上体现了科技理性所秉持的工具理性。技术理性的基本特征就是控制和效率。而泰勒原理正是确立了一个高效率的、容易控制的课程开发过程,通过过程达到一个预先确定的目的。在这里,课程目的完全是预设的,而不是随着学生的经验展开生成。学生是接受教育的客体,而不是学习的主体,课程开发是一个客观的、价值中立的过程,而没有人的价值判断。最后,学校教育具有情境性,课程开发也是一个复杂的过程,片面追求所谓的"程式"和"普适性"就不可避免地忽视一些有意义的教育经验。

总的来说,泰勒原理是一种现代性的产物,随着时代的发展和情境的转化,可能有些方面不能适应时代的发展,但是作为我们来说,应当辩证地看待问题,不能一味遵从,也不可全盘否认。我们既要把合理的理论运用到实践中去,也要看清它的局限性。

**参考文献:**

[1] Husen, T. et al (Eds), The International Encyclpedia of Education, Vol. 3, 1985: 1747.

[2]Tanane, D. & Tananer L. N. Curriculum Development: Theory into Practice[M]. Pearson Education US. 2006, Vol. 3:90.

[3]黄炳煌. 课程理论之基础[M]. 台湾:台湾文学出版社,1985. 2.

[4]张志刚. 浅谈泰勒原理[J]. 甘肃科技纵横,2013,05:109-110.

[5]丹尼尔. 坦纳,劳雷尔. 坦纳. 崔允漷译. 学校课程史[M]. 北京:教育科学出版社, 2006:17.

[6]丹尼尔. 坦纳,劳雷尔. 坦纳. 崔允漷译. 学校课程史[M]. 北京:教育科学出版社, 2006:245.

[7]杨明全. 世界著名教育思想家泰勒. 北京:北京师范大学出版社, 2012:29.

# 制订教育评估指标应遵循的六项原则

潘晶　孙河川

**摘　要**：在教育评估领域，各级各类评估指标的制订与分解至关重要，这已成为我国教育评估领域指标体系建构的瓶颈。基于此，本文梳理整合了泰勒模式中有关教育评估指标制订和分解的原则，并在此基础上运用科学性原则、一致性原则、独立性原则、整体性原则、可行性原则和可测性原则对我国陕西省的“义务教育规范化学校评估标准”进行了实例分析，以期对我国教育质量评估指标体系的制订和构建有所裨益。

**关键词**：教育评估；评估指标；泰勒模式；分解原则

## 一、泰勒及泰勒评估模式理论简介

拉尔夫·泰勒（Ralph W. Tyler），是美国著名的教育家、课程论专家、评估理论专家。泰勒于20世纪30年代和40年代开创性地提出了评价活动和课程编制的原理，同时享有“当代教育评价之父”、“现代课程理论之父”的美誉。他曾主持美国社会20世纪30年代教育课程实验及评价的八年研究。[1]在此研究的基础之上，泰勒提出了以教育目标为核心的教育评估原理，在当时产生了很大的影响。时至今日，在全球的教育评估领域中，应用最广、影响最大的仍然是泰勒的评估理论和评估模式。

泰勒的行为目标模式指导下设置的教育评估指标，把教育评估工作看作是对效能的评定，认为评估的重点在于判断教育目标或者教育计划的实现程度。然而，泰勒模式中最本质的部分就是对评估指标的分解，即在进行评估指标分解时，以整体目标为核心维度，一步一步细化为下位的一、二、三、四级指标，等等。

## 二、指标分解的原则

泰勒认为：指标分解时应遵循科学性、一致性、独立性、整体性、可行性、可测性六大原则。

（一）科学性原则

科学性原则指的是：第一，评估指标是在总体目标指导下的一级级更为具体的、可执行的子目标，它是对整体目标进行的科学分解，子目标是所有评估活动中最关键最实质的标准。只有目标方向正确，才能分解出科学的指标。第二，指标分解的方法也应该正确，必须从全局出发，统筹兼顾，合理地分析论证，把握其内在规律并结合实际具体情况，科学地分解各项指标，从而建立和完善一个科学的评估指标体系。

（二）一致性原则

指标必须充分地反映总体目标，根据总体目标分解的一级、二级、三级等指标，必须与总体评估目标保持一致。即分解的一级指标必须能准确地反映整体目标，每一层级的指标必须能正确地反映上一层级的目标。预定的目标决定了教育活动，同时也规定了教育评价就是找出实际活动与教育目标的达成度，从而通过信息反馈，促进教育活动能够尽可能地接近教育目标。[2]在实际的管理实践中，若是对总体目标不能有全面、正确地把握，往往会出现各项指标与总体目标不一致的现象。要注意，在建立指标体系的过程中，一定要坚持目标的一致性原则，它是制定一切具体、可操作的下位指标的依据，我们不能脱离整体目标去拟定系列空洞的指标，也不能拟定出妨碍整体目标实现的指标，各项指标应与总体目标保持高度的一致。

（三）独立性原则

独立性原则具体来说是指：各项指标的分解，要保证每一层级的指标之间互相独立，每项指标都要有明确的独特的含义，做到内涵明确、外延清楚、词义清晰、明白易懂。同时，指标的分解应使主评者对指标的理解无分歧，每项指标的含义尽可能不重复，同一层次的各指标之间在逻辑上必须是并列的关系，避免交叉或者因果关系。同一层级的指标中不可以从一项指标导出另一项指标。因为同一层级的每一项指标反映的是目标的一个侧面或局部，只有它们结合起来，作为一个整体时，才反映目标的全部。各项同级指标之间，它们应具有各自的独立性，否则，重复的指标被重复地计分，会影响整个评价的科学性，不利于评估工作的开展。

（四）整体性原则

在一个合理完备的指标体系中，每一层指标都应当反映教育目标的部分全貌。指标分解的过程中应权衡分析，深刻理解目标的内涵和外延，既要把那些外显的因素分解出来列为指标，又要把那些内隐的因素分解出来列为指标，不能把重要指标遗漏掉。指标应有一个正确的导向性，它是一种可实现的期望，同时使被评者和参评者明白努力方向和达标的要求，为此而不断创新、不断改进，不断产生新思想，不断作出新贡献。

指标的整体性要求，在实际的评估工作中也可能会遇到挑战。如在微观层面，指标的制定越详细、越完备越好，实行 360 度全方位的管理、细化各项指标，有利于评估目标的实现。但是如果是在宏观层面、国家的层面，如果制定过于细化统一的指标体系，那么在经济、文化、历史等背景存在巨大差异的地区，不仅实施起来有困难，更可能会本末倒置，起到副作用。

（五）可行性原则

该原则强调的是指标设定必须切实可行，各项分解的指标应当符合实际，指标要求通过一定的努力可以达到，使评估者能够通过指标体系对被评者做出区分和判断。指标分解与制定时，要充分考虑到被评估对象或管理对象对指标的接受程度，并根据实际情况在科学分析的基础上，制定更细化和可操作的指标，这样才是具有可行性的指标。

另外，可行性原则在强调指标分解的实用性方面，主要说明了以下两个问题：其一，在遵循总体评估目标中心思想的前提下，应设置尽量少的指标层级和数量，这样有助于进行具体的评估操作，减轻施评的困难。其二，末级指标间的度量要保持平衡，权重设置要科学合理，保证教育评估工作量化的实现，而且进行的测量要有合理的区分度。[3]

（六）可测性原则

泰勒模式中提到的对学生学习成绩的评定，采取的主要方法是增值评估法，即考查学生在一定时间内，在某些方面的进步和提升的幅度。也就是说，如果要评价一名二年级小学生的数学学习情况，可以把该学生现阶段的学习成绩与他在一年级时，甚至是刚入小学时的数学成绩进行对比，把进步的大小作为检验学生学习效果的依据。所以，评估指标一定应是一组可测性极强的描述性术语，指标的掌握和运用应该尽可能灵活。

另外，指标分解的可测性原则也要求末级指标，即所说的测评点应是由通俗易懂、可操作性的语言来定义，要尽量减少概念化、抽象化的条文。再者，指标内容应是可以通过实际观察或直接测量来获得明确结论的。各指标应该是一项项可测的、易操作的目标，可通过使用教育测量的手段进行测量。

## 三、指标的设置及符合原则的分析

在遵循泰勒模式下教育评估指标分解的六项原则的基础上，我们可以设置出与实际需要相吻合，并且切实可行的教育评估指标，这一系列相关指标的组合就构成了教育评估指标体系。下文就一个完整的指标体系的相关评价等级进行说明,并选取一套省级指标进行实例分析。

(一)评价等级的说明

根据实际的需要,在考察被评估对象对指标的完成情况时,有时需要设置一个督导评价时所使用的等级分类标准:优、良、一般、不合格等。并要对达到各项分类标准的要求做出具体的界定说明。达到"优"评定等级的标准是怎样的,"良"的标准是怎样的,等等。[4]

(二)指标分解符合原则情况的评判

指标分解原则在教育评估指标制定中具有十分重要的社会意义和现实意义,现选取我国《陕西省义务教育规范化学校评估标准(暂行)》(以下简称为《陕标》)为例。我们选取《陕标》中的"教师队伍"和"教育管理"两个下位指标进行解读和分析,对其是否符合泰勒指标分解六原则的情况做出评判,并用"√"表示符合。[5]如表1-表3所示。

1. 一级指标

**表1 《陕标》中关于"教师队伍"和"教育管理"两个一级指标是否符合泰勒六原则的分析**

| 一级指标 | 指标分解符合原则情况的评判 | | | | | |
|---|---|---|---|---|---|---|
| | 科学性原则 | 一致性原则 | 独立性原则 | 整体性原则 | 可行性原则 | 可测性原则 |
| 1. 组织管理 | √ | √ | √ | | √ | |
| 2. 教师队伍 | √ | √ | √ | √ | | |

《陕标》中"组织管理"和"教师队伍"两项一级指标属于"义务教育规范化学校评估标准"之中的两个核心维度。并且每项指标描述和评价的也是一个独立方面的内容,它们在整体目标方向上是符合义务教育规范化学校评估标准分类的,符合指标分解的科学性和独立性原则。一所规范化的学校至少应当包括"组织管理"和"教师队伍"以及"学生成就"三方面的内容,而"组织管理"和"教师队伍"都反映了规范化学校的一个方面,符合指标分解的一致性原则。关于整体性原则,这两项指标包括了规范化学校评估的两大方面,能够把评价任务和评价要求等清晰地呈现出来。但是,由于这两项一级指标并非末级评测点,不能依据它们对评价对象进行细致化的考察,以及进行量化的评估,还需要有更精细分类的二级指标、三级指标、四级指标,因此在一级指标这个层面上,它们暂时还不符合指

标分解的可行性和可测性原则，还需要更进一步的细化和分解。

2. 二级指标

**表2 《陕标》中关于“教师队伍”和“教育管理”六个二级指标是否符合泰勒六原则的分析**

| 一级指标 | 二级指标 | 指标分解符合原则情况的评判 | | | | | |
|---|---|---|---|---|---|---|---|
| | | 科学性原则 | 一致性原则 | 独立性原则 | 整体性原则 | 可行性原则 | 可测性原则 |
| 1. 组织管理 | 1.1 管理机制 | √ | √ | √ | | | |
| | 1.2 领导班子 | √ | √ | √ | | | |
| | 1.3 制度与运行 | √ | √ | | | | |
| 2. 教师队伍 | 2.1 队伍状况 | √ | √ | √ | √ | | |
| | 2.2 队伍建设 | √ | √ | √ | √ | | |
| | 2.3 考核 | √ | √ | √ | √ | | |

表2所列的六项二级指标是从完善组织建设和提高教师素质角度来规范学校管理，符合指标分解的科学性原则。关于一致性原则，每一项二级指标与其对应的上一层级指标的上下位关系比较明确，都反映了“组织管理”或“教师队伍”的一个方面。

从整体性原则来看，1.1、1.2、1.3这三个二级指标不能囊括“组织管理”内容的全部。严格意义上来说，组织是为了实现特定的目标，按照一定的方式结合起来的社会实体。学校里根据不同的目标建立、由不同的人参与、代表各方利益的正式和非正式组织有多种，除表中所列1.2领导班子以外，还有诸如代表教师利益的工会，代表学生利益的学生会等组织。所以，分解的1.1、1.2和1.3三项指标不符合指标分解的整体性原则。

关于独立性原则，1.1、1.2、2.1、2.2、2.3这五个二级指标是“组织管理”和“教师队伍”一级指标下不同方面的分述，它们之间相互独立，且每项描述和评价的也是一个独立的内容，符合指标分解的独立性原则。表2所列的六项二级指标并非末级评测点，无法依据它们对评价对象进行量化评估，还需要三级指标或四级指标等才能做出更细致评估。所以，在二级指标这个层面上，它们也暂时还不符合指标分解的可行性和可测性原则。

### 3. 三级指标

**表3 《陕标》中关于“教师队伍”和“教育管理”十四个三级指标是否符合泰勒六原则的分析**

| 一级指标 | 二级指标 | 评估要点 | 指标分解符合原则情况的评判 | | | | | |
|---|---|---|---|---|---|---|---|---|
| | | | 科学性原则 | 一致性原则 | 独立性原则 | 整体性原则 | 可行性原则 | 可测性原则 |
| 1. 组织管理 | 1.1 管理机制 | 1.1.1. 确立了以人为本的管理理念，管理工作科学、规范、精细、高效，管理手段现代化。能积极探索和建立现代学校管理制度。各种管理档案健全完善 | √ | √ | | √ | √ | |
| | | 1.1.2. 实行了校长负责制，有健全的组织机构。实行教职工全员聘任制和岗位责任制，制定了科学、全面的考核办法 | √ | √ | | √ | | |
| | | 1.1.3. 实行了校务公开。实现了民主管理。党组织、教代会发挥了监督、保证作用。学生、家长、社区能有效参与学校重大决策并监督学校工作 | √ | √ | | √ | | |
| | 1.2 领导班子 | 1.2.1. 领导班子成员在年龄、性别、职称、学历、学科等方面结构合理。班子主要成员有较高的政治素质和领导水平，有一定的研究能力 | √ | √ | | √ | √ | √ |
| | | 1.2.2. 领导班子成员均经过省、市级校长培训。班子成员培训与进修有制度安排，有相应记载和证书 | √ | √ | | √ | √ | √ |
| | | 1.2.3. 领导班子成员分工明确，行政例会、民主生活会、议事制度健全。班子团结、协作、作风务实、有开拓精神。班子工作为广大教职工认可 | √ | √ | | √ | | √ |
| | 1.3 制度与运行 | 1.3.1 有涵盖学校全面工作、符合素质教育需要和学校实际的管理制度及各种常规。各项规章制度切实可行 | √ | √ | | √ | √ | √ |

续表

| 一级指标 | 二级指标 | 评估要点 | 指标分解符合原则情况的评判 | | | | | |
|---|---|---|---|---|---|---|---|---|
| | | | 科学性原则 | 一致性原则 | 独立性原则 | 整体性原则 | 可行性原则 | 可测性原则 |
| 1. 组织管理 | 1.3 制度与运行 | 1.3.2 学校管理制度的重建与课程改革和学校特色建设相协调 | √ | √ | | √ | √ | √ |
| | | 1.3.3. 师生对相关规章制度熟悉。各项常规执行到位,效果明显,确保了教学质量和学校正常的教学、生活秩序 | √ | √ | | √ | | √ |
| 2. 教师队伍 | 2.1 队伍状况 | 2.1.1 教师均具备资格,均学历达标。教师数量与学科分布能满足教育教学工作的要求,教师年龄、性别、职称结构合理。骨干教师队伍已经形成 | √ | √ | | √ | √ | |
| | 2.2 队伍建设 | 2.2.1. 教师遵守《中小学教师职业道德规范》,有良好的职业道德,热爱并尊重学生,有社会责任感,爱岗敬业,有合作与奉献的精神。教师的教育教学理念符合课改精神,掌握教育教学的基本规律和学生身心发展的规律,尊重个体差异,关注学生和谐发展,注重引导学生学会学习。教师的师德、工作为学生、家长、社会认可 | √ | √ | | √ | √ | √ |
| | | 2.2.2 有加强教师队伍建设的工作方案,有促进教师专业成长的机制和具体措施。重视教师培养和培训,制订并落实教师专业发展中长期规划,促进教师教育观念、专业理论和技能不断更新和提高 | √ | √ | | √ | √ | |
| | | 2.2.3 有班主任队伍建设规划、班主任工作评价机制和奖惩制度。能定期组织班主任学习培训和开展班主任工作经验交流。有一定数量的班主任获得各级表彰和奖励 | √ | √ | | √ | √ | √ |
| | 2.3 考核 | 2.3.1 有教师绩效考核制度及配套的奖惩制度,有优秀教师晋级评优、外出进修学习等激励机制,并能得以落实 | √ | √ | | √ | | √ |

表3《陕标》中的十四个三级指标作为“义务教育规范化学校评估标准”的最细化一级指标，它们在整体的目标方向上都属于义务教育规范化学校评估标准下的分类，符合指标分解的科学性和一致性原则。表中所列的同一项二级指标之下的几个三级评测点之总和，也都可以直接反映出其共同的上位指标内容，所以，上述三级指标的分解基本符合整体性原则。

关于独立性原则，《陕标》中的每项三级指标，以及同一项二级指标下的几项三级指标之间，都存在很大的问题。例如，1.2.1 指标中谈到的是领导班子成员的年龄、性别、职称等内容，它们都属于领导班子成员的自然状况。根据泰勒的指标分解原则，应把“领导班子成员的自然状况”列在三级指标 1.2.1 的位置，而领导班子成员的年龄、性别、职称等应分别归列到该三级指标下属的四级指标中，分列为 1.2.1.1、1.2.1.2 和 1.2.1.3 等。

《陕标》中的三级指标，1.1.2、1.1.3、1.2.3 和 2.3.1 几项不太具有可行性，有些目标的达成应是一个循序渐进、逐步形成和完善的过程，要进一步细化努力的过程和程度。关于可测性原则，1.1.1、1.1.2、1.1.3、2.1.1 和 2.2.2 五项三级指标没有能够做到细致的量化，过于抽象，很难通过实际观察或直接测量等手段得出评估结论。由此可见，《陕标》在打造出一项项可测的、可操作的、具体的指标或测评点方面，还有待改进和提高。

## 四、小结

通过对陕西省义务教育规范化学校评估标准中有关“教师队伍”和“教育管理”二级和三级指标的分析，我们对其是否符合泰勒模式下指标分解原则的情况有了基本的了解。由上文可知，其一、二、三级指标的制定都基本遵循了泰勒模式中有关指标分解的科学性、一致性和整体性原则，大部分三级指标符合指标分解的可行性和可测性原则。但遗憾的是几乎所有的三级指标和部分二级指标没有遵循独立性原则，这就导致部分二级指标和三级指标的逻辑性混乱，评测点很难细化，影响指标的可操作性和可测性。

教育评估标准的制定事关重大，正如习近平总书记在视察兰考时所言：只有高标准，才有高质量！如何才能制定出高质量的评估标准或评估指标体系，这是目前在全国各行各业质量评估标准或评估指标体系制定过程中所面临的难点和焦点问题，也是瓶颈所在。如果我们能借鉴和遵循泰勒模式中有关质量标准和指标分解的六大原则，将科学性、一致性、独立性、整体性、可行性、可测性作为构建我国教育评估标准或教育评估指标体系的学术准则，那么无论是在国家层面，地方层面,还是在学校层面,班级层面,教师层面,学生层面,我们都可以少走很多弯路,我们制定出来的教育评估标准或教育评估指标体系才更加具有科学性、可行性和可操作性。另外,泰勒模式中有关教育评估指标分解的六大原则作为一种思想方法,不仅可以指导我们如何科学合理地设置目标,科学合理地分解各项指标,清晰明了地构建各项指标和测评点,也能启发我们更加系统地认识问题,更加精准地分析问题和解决问题。

## 注释

[1]陈玉琨. 教育评价学[M]. 北京:人民教育出版社.1999:62.

[2]张化一. 泰勒模式及在教育评估中的作用[J]. 潍坊教育学院学报,2011(9):17-19.

[3]孙河川,刘文钊,王小栋,郝玲玲. 英国最新教育督导评估指标述评[J]. 比较教育研究,2011(3):55-59.

[4]郑弘. 辽宁省义务教育质量评价标准研究[D]. 沈阳:沈阳师范大学,2012.

[5]陕西省教育厅. 陕西省义务教育规范化学校评估标准[EB/OL].http://www.snedu.gov.cn/UserFiles/File/4a15d38c-f131-42ed-b626-831cc2438986.doc,2010-11-30

# 发展我国教育中介评估组织的必要性

杨志明　孙河川

**摘　要**：随着我国政府职能的转变，教育改革的深入开展，教育督导评估的局限性逐步显现。为了完善当前教育评估体系，组建中介评估组织已经成为教育管理现代化改革的迫切要求。我国建立和发展中介评估组织是顺应国际教育评估的发展趋势，同时教育评估亟待完善也成为其发展的重要动力之一。教育政策已经为发展我国的中介评估组织提供宽松的外部环境，教育评估亟待完善也为其发展提供了内在动力，此外一些地区成功地将社会中介评估组织融入中小学教育督导评估工作中来，为我国教育督导评估体系注入了新的活力。因此，发展社会中介评估组织对于完善我国教育评估体系具有重要的现实意义。

**关键词**：中介评估组织；基础教育；教育评估

教育质量和发展前景日益成为社会共同关注的焦点，而教育质量的提升离不开教育督导评估的保驾护航。我国的基础教育评估是与国家教育督导制度捆绑在一起的，将其称为督导评估。[1]考虑到我国的政治制度、经济体制和教育体制等多种因素的影响，社会中介评估组织多是集中于高等教育领域，始终没有机会真正融入到基础教育督导评估体系当中来，因此在基础教育领域当中一直处在被人们所忽视的地位。但是随着世界经济一体化趋势的不断加强，面对国际教育发展新形势，我国政府开始逐步转变政府职能，不断深化基础教育改革，政府督导评估的局限性也日益突出，亟须建立面向基础教育的专业化教育评估组织，并参与到政府教育督导评估工作中来，这对于完善我国现代教育督导评估体系是十分必要的。

## 一、发展中介评估组织是顺应国际专业化教育评估发展趋势的必然要求

### （一）美国

美国的基础教育质量中介评估组织十分发达，在基础教育评估方面拥有许多

重要的全国性的中介评估组织,这些评估机构推动了美国教育督导评估事业的发展,提高了基础教育质量。美国中介评估组织涉及的评估方面包括基础教育领域当中的众多方面,如在中小学生学业成就的评估方面有全美教育进展评估(National Assessment of Educational Progress,简称 NAEP),它被誉为"国家成绩报告单",它是美国国内唯一的对学生在众多学科领域"知道什么"和"能做什么"全国性、持续性的评估检测体系,并且美国教育法律也赋予其教育督导的职能,旨在向美国公众报告中小学学生的教育状况,促进教育质量和学生学业成绩的不断提高;[2]在教师评估方面,对中小学教师专业标准进行评估的美国专业教学标准委员会(National Board for Professional Teaching Standards),它是除美国政府机构之外的一个独立的、非营利性的中介评估组织,其目的是建立一个评估、认证在职教师的系统;[3]在中小学教育领导力的评估方面,美国成立了州际学校领导者颁证联会( Interstate School Leaders Licensure Consortium),它是由全美24个州的"州首席教育官员理事会"( The council of chief state school officers) 所组成的同盟,其目的是为了发展适合学校领导者的各项准则及评量方式,推动和促进学校领导者专业发展,重新形成教育领导观念。[4]

(二)英国、新西兰

英国政府在20世纪80年代末宣布解散1839年创建的皇家督学团。在1992年(学校)教育法颁布后,英国政府成立了非政府部门的、独立于国家教育就业部的部门——"教育标准局"(Office for Standards in Education,简称 OFSTED),该组织取代了英国皇家督学团。[5]教育标准局是负责开展学校评估的主要机构,其评估结果不受政府部门影响,直接向议会报告。新西兰的教育评估办公室(The Education Review Office)作为一个公共服务部门,直接对议会负责。该部门主要负责引导评估导向,把评估内容、工具、方式、方法及培训委托给相对独立的专业教育评估机构。形成教育督导机构和教育行政部门有机结合,理清两个部门之间的关系,以解决对学校评估过程中出现的各种问题。[6]

纵观当今世界各国教育评估,尽管每个国家在评估主体、评估方式、评估方法等方面存在差异,但是当今世界教育发达国家在教育评估方面都有一个共同的发展趋势:各国依据每个国家的具体国情和教育发展的实际情况建立一定数量的具有独立性的教育评估机构,并与政府督导评估部门相互配合,共同实施对教育质量进行监测,以此来确保评估结果的真实性、客观性和有效性。根据我国的基础教育评估发展现实情况,有必要借鉴教育发达国家的经验,构建政府督导评估部门、社会中介评估组织和学校自我评估的新格局,形成教育评估主体的多元化;其次要注意转变政府教育部门的职能,积极支持中介评估组织建立与发展,并且为其发展提供良好的外部环境。

## 二、我国教育评估体系亟待完善的机遇为中介评估组织的发展提供了动力

不可否认,目前我国现行的教育评估模式在提升教育质量方面发挥了巨大的作用,但是由于我国正处在深化教育体制改革关键阶段,因此至今还未形成一种健全的,能被公认的评估制度。鉴于我国基础教育发展情况比较复杂,目前教育评估存在不少问题亟待解决,例如:在评估模式上,我国一贯是强调政府部门评估的一元评估模式。我国各地区以政府名义进行的教育评估在基础教育领域中具有绝对的优势,而具有专业性的社会中介评估组织以及其他非政府部门的社会成员参与学校评估活动则是比较困难的,工作范围也受到一定的限制;在评估标准上,由于各地区教育发展的实际状况各不相同,出现了多种类型评估、交叉评估和重复评估,众多评估标准不一,致使学校无所适从,对促进学校发展的效果不明显;从评估人员的角度上看,由于评估人员专业性知识与技能比较欠缺而导致评估标准上出现误差。[7]除上述原因之外,当然还有很多因素制约着我国基础教育督导评估的顺利发展。教育管理现代化改革迫切要求教育评估结果能够为教育分析、教育决策和教育管理提供科学的参考数据,这就要求教育评估结果具有真实性和可靠性,要想取得理想的教育评估结果首要任务必须完善当前教育评估体系,这就为中介评估组织提供了强有力的发展动力,其正作为教育评估领域中一支重要力量蓬勃发展。

## 三、我国教育政策的支持成为中介评估组织发展的催化剂

早在 1994 年,我国政府在颁布的《中国教育改革和发展纲要》实施意见中明确强调:“为保证政府职能的转变,使重大决策经过科学的研究和论证,要建立健全社会中介组织,包括教育决策咨询研究机构、高等学校设置和学位评议与咨询机构、教育评估机构、教育考试机构、资格证书机构,发挥社会各界参与教育决策和管理的作用。”随后在 1996 年 5 月,李岚清副总理也曾指出:“实施素质教育要构建素质教育的运行机制,包括有效的导向机制,有力的制约机制,科学的评估机制,广泛的社会参与机制等。”1997 年的中共十五大上,江泽民总书记在报告中指出“把综合经济部门改组为宏观调控部门,调整和减少专业经济管理部门,培育和发展社会中介组织,加强执法监督部门的职能。”由此反映出我国领导人高度重视政府机构改革中发展社会中介组织的重要性。

步入 21 世纪,考虑到新时期我国基础教育质量评估出现的多种问题,面对国家教育评估发展的趋势,我国政府相继颁布了一系列法律法规来支持中介评估组

织的发展,鼓励其参与到我国基础教育评估体系当中来,加强对基础教育质量的监测。如2003年九届全国人大常委会通过的《中华人民共和国民办教育促进法》中第40条就提及“组织或者委托社会中介组织评估办学水平和教育质量,并将评估结果向社会公布”和43条“国家支持和鼓励社会中介组织为民办学校提供服务”。2004年国务院第41次常务会议通过的《中华人民共和国民办教育促进法实施条例》中再次提出:“教育行政部门、劳动和社会保障行政部门应当加强对民办学校的日常监督,定期组织和委托社会中介组织评估民办学校办学水平和教育质量,并鼓励民办学校开展教育教学研究工作,促进民办学校提高教育教学质量。”在2014年1月23日,我国教育部发布了《教育部2014年工作要点》,在“推进教育管办评分离”一项中明确指出:“发挥社会参与作用,委托社会组织开展教育评估监测,组织第三方机构开展教育现代化监测和教育满意度测评,形成政府管教育、学校自主办学、社会广泛参与的新格局。”由以上介绍看出,我国的社会中介评估组织职能已经逐步得到政府认可,成为我国教育督导评估体系当中的重要组成部分。中介评估组织经历从被政府接受、认可到政府支持、发展其参与到教育评估监测工作,我国政府为教育中介评估组织的顺利发展提供有效的法律保障和政策支持,为此新时期我国基础教育中介评估组织发展迎来了崭新机遇。

## 四、中介评估组织逐步得到政府教育机构的接受和认可

我国现阶段正处于教育评估体系的探索与完善过程中,有些地区已经开始借鉴国际教育督导评估的成功经验,开创性地采用第三方中介评估组织的模式对中小学校进行评估,取得初步成功,并获得了宝贵的经验。在2008年5月,我国山东省潍坊市教育局大胆尝试,整合了8个科室和3个直属单位的服务职能,在全国率先成立教育中介评估组织——教育惠民服务中心,该组织与教育局是一种购买服务的契约关系。[8]组织成员是一批在教育管理、教育督导和评估方面拥有丰富经验的教育工作者。教育惠民服务中心不仅承担调查教育投诉事件,还承担对教育调研、学校办学效益进行评估、为教育部门提供决策依据等任务。成立至今,当地教育局对教育惠民中心的教育督导服务表示比较满意,其评估方式方法也愈加成熟,在2011年该机构主要承担以下六个方面的内容:(1)对中小学办学水平评估;(2)参与潍坊市高中五项重点高中评估;(3)参与市属及区属校长职级认定;(4)校长后备人才库建设;(5)组织市属学校办学水平评估;(6)参与潍坊市年终综合督导评估个别项目。[9]由此看出,中介评估组织已经正式担负起部分教育督导评估的职责,使教育评估走向专业化和制度

化,并与政府教育督导机构一道共同为提高基础教育质量发挥作用。教育惠民中心作为一个中介评估组织,它不但组建成功得到官方认可,而且能够独立参与中小学校教育评估工作当中来,使教育评估呈现出常态化和专业化,既丰富了教育评估的理论,又打破了教育评估主体的一元化模式,形成教育评估的新局面。因此,教育惠民中心是一个典范,其成功经验可以为我国其他省市、地区建立中介评估组织提供参考与借鉴。

## 五、我国建立基础教育中介评估组织的重要作用

随着教育政府部门职能转变,基础教育管理体制的不断深化改革,我国中介评估组织应运而生,而且逐步成为教育督导评估体系中的一支重要组成力量,这是我国基础教育评估发展的必然趋势。

### (一)从提高基础教育质量上看

教育评估的最终目的是为了改进教育,提升教育质量。教育评估与教育质量是相互促进的,教育评估出现问题势必会影响到教育质量真实性。中小学校教育督导评估按照主体可以分为三种类型:第一种是政府的督导评估,第二种是社会中介评估组织,第三种是学校组织的自我评估。我国政府积极倡导社会组织开展教育评估监测,是顺应国际教育评估发展的潮流,也是完善我国教育督导评估体系的需要,体现出我国政府逐步认可中介评估组织的地位和重要作用。教育评估最终要实现教育质量的提升,而教育评估开展及时有效的检测是保障教育质量的关键。积极组建和发展社会中介评估组织有利于形成政府教育督导部门和社会评估机构双重监督的态势,加强对基础教育质量的监管力度,提高学校办学质量,共同构建政府管教育、学校自主办学、社会广泛参与的新格局。

### (二)从教育管理的角度上看

由于我国的历史文化传统、政治特点和基础教育现状,我国组建中介评估组织起步还是相对较晚的。随着现代教育评估的专业水平越来越高,评估程序和评估手段、方法都具有一定的先进性和规范性,提高了教育评估工作的要求和标准,这势必给政府教育督导评估机构带来沉重的压力。为此,政府应引进社会中介评估组织,政府督导评估机构应承担评估导向和制定管理规范,而将修订教育评估内容、研发评估工具以及培训工作人员等事宜交由社会中介评估组织负责。[10] 如此一来,既能在宏观层面上保证政府管理职能的有效实现,又能促进教育评估水平的专业化。因此,建立和发展符合我国国情的基础教育中介组织是完善教育管理体制的一个不可忽视的方面,也是必不可少的一个重要组成部分。

(三)从政府与社会中介评估组织的关系上看

在我国,中介评估组织是在依照国家相关法律法规的要求下进行组建和开展相关教育评估工作的,在一定程度上来说,中介评估组织是能够采取并运用相应的评估手段对中小学校中的一些事项进行评估,可以改善政府督导机构在评估工作方面的不足之处。除此之外,中介评估组织是由社会力量组建的,也能反映出政府和社会各方面对基础教育质量的要求,它在政府和社会之间架构起一座"桥梁"——使政府与社会力量在教育评估方面建立起有机的联系,加强了政府与社会、学校和社会、学校和教育利益相关者之间沟通程度,实现了两者共同为提升基础教育质量而作为的目的。[11]

(四)从教育评估主体上看

当前,为了提高我国基础教育督导评估工作有效性和科学性,迫切需要中介评估组织加入到教育督导评估工作中来,政府部门与社会力量共同努力让教育评估的结果更加真实可信。中介评估组织的建立实现了评估机构由政府向社会民办过渡的一种灵活形式,从某种程度上来讲,中介评估组织参与到中小学校督导评估工作,势必会打破传统理念上教育督导主体一元化的局面,改变政府督导机构兼任教育督导评估工作中"裁判员"和"运动员"的双重身份。目前我国部分地区已经拥有自己的基础教育中介评估组织,并且政府教育部门开始支持这些专业性的社会中介评估组织加入到中小学校督导评估工作当中来,这也调动了社会各方面来支持和关注基础教育发展,进而扩大教育评估主体的广泛性,参与评估的主体越是广泛,越多的评估理念和方法才有可能被引进,评估的可信度才会越高,评估的结果更能被社会大众所接受、认可。

## 注释

[1]曹大宏. 教育评估亟待专业化——建立面向基础教育的专业化教育评估机构的思考[J]. 中小学管理,2004(1).

[2] Reading Framework for the 2013 National Assessment of Educational Progress [EB/OL]. http://www. nagb. org/content/nagb/assets/documents/publications/frameworks/reading-2013-framework. pdf

[3]孙河川. 教师评估指标体系的国际比较研究[M]. 北京:商务印书馆出版,2011. 12.

[4] Council of Chief State School Officers. [EB/OL]. http://www. eesso. org

[5]英国教育标准局网站. [EB/OL]. http://www. ofsted. gov. uk

[6]新西兰教育评估办公室网站. [EB/OL]. http://www. ero. govt. nz/ero/publishing. nsf/Content/Home + Page

[7]刘永和. 我国基础教育的督导评估亟待改革[J]. 江苏社会科学,2008.

[8][9]山东省人民政府教育督导室,山东省教育督导学会. 教育督导发展与创新[M]. 济南:山东人民出版社,2012.10.

[10]李凌艳,李勉,张东娇,褚宏启. 基础教育阶段学校评估的国际比较[J]. 北京师范大学学报(社会科学版),2010(2).

[11]杨志明,孙河川. 全美教师评估标准探析与启示[J]. 辽宁教育,2014(10).

# 解析英国教育督导评估指标

孙河川　刘文钊　王小栋　郝玲玲

**摘　要**：近年来，许多国家的政府为了增强综合国力和国际竞争力，都不遗余力地掀起了教育改革的大潮。坚持问责、关注绩效，加强和深化教育督导对教育质量的评估、监督、指导作用是各国政府在这一大潮中所采用的主要国策。本文旨在通过解析2010年4月英国政府颁布的最新教育督导评估指标，为我国教育督导评估和评估指标体系的建构提供借鉴。

**关键词**：教育督导；督导评估；评估指标；英国

英国教育督导有着悠久的历史，在建立科学的质量保障体系、教育质量国家标准、督导评估指标等方面，始终是世界各国借鉴和学习的对象。2010年4月，英国教育标准局（OFSTED）颁布了一套最新的学校督导评估指标。[1] 该评估指标2009年夏季在英国试点使用后，经过反馈和修改，2010年4月正式在英国推广。基于此，本文拟对这套英国最新学校督导评估指标进行介绍，首先描绘它的整体框架和评估等级，然后重点介绍它的核心部分《普通中小学校督导评估指标》中的一、二、三级评估指标内容（由于四级指标过多，本文将其略去，不做介绍）。在此基础上分析其特点，挖掘对我国教育督导有借鉴意义的信息，以期为建立或完善我国和各省市的教育督导评估指标、评估工具和评估细则的制定提供参考。

## 一、英国政府最新学校督导评估指标的整体框架和评估等级

### （一）整体框架

《学校督导评估指标——英国学校督导指南和等级分类说明》（The Evaluation Schedule for Schools — Guidance and Grade Descriptors for Inspecting Schools in England，以下简称为《学校督导评估指标》）以"追求卓越"、追求"高质量的教育公平"为目标。它针对英国5种不同类型学校的督导评估（普通中小学校、学前教育、大学预科、寄宿学校、特殊教育学校）分别制定了《普通中小学校督导评估指

标》《学前教育督导评估指标》《大学预科督导评估指标》《寄宿学校督导评估指标》和《特殊教育学校督导评估指标》。它们之间既有共性也有各自的特性,但均以《普通中小学校督导评估指标》为蓝本,各项评估指标只是在《普通中小学校督导评估指标》的基础上有所增减而已。此外,英国教育标准局还制定了对各级各类学校进行整体督导评估时所使用的等级分类标准。这套《学校督导评估指标》对“普通中小学校”的督导评估有 3 项一级指标、19 项二级指标、39 项三级指标;对“学前教育”的督导评估有 3 项一级指标、8 项二级指标;对“大学预科”的督导评估有 3 项一级指标、12 项二级指标;对“寄宿学校”的督导评估有 1 项一级指标、2 项二级指标。在“整体评判标准”中有 2 项一级指标和 4 项二级指标。

(二)评估等级、语言表述与百分比对应指南

在英国政府最新推出的《学校督导评估指标》中,评估标准划分为“优、良、一般、不合格”四个等级,并对每个等级评判的标准进行了具体的规定。例如,1 项二级指标——“学生的安全感”规定如下所述。达到“优”的标准为:“学生对构成危险的因素有充分的了解,他们对自身与他人的安全有很深刻的理解。学生在学校总是感到安全,家长和监护人强烈认同学校会给予孩子保护,各学生群体都对学校有效的应急能力充满信心。”达到“良”的标准为:“不同的学生群体认为他们在学校很安全,家长和监护人认为学校能保证孩子的人身安全,并很少对孩子在学校期间的安全问题担心。学生大体上懂得构成危险的因素,学生对自身和他人的安全有准确的理解。学生对学校有效的应急能力有很强的信心。”达到“一般”的标准为:“学生们通常在学校感到安全。家长和监护人也同意这一观点。学生明白一些会危及自身和他人安全的主要危险。学生知道学校会认真对付这些危险,并会采取恰当的处置方法。”“不合格”表现为:“学生或学生群体了解构成危险的因素,他们表示在学校感到不安全。学生对自身安全有担忧,并对危险认识不准确。学生对学校处理安全问题的能力没有信心。”

为了使督导语言表述具有专业评估的精准性和科学性,《学校督导评估指标》中专门列出了语言表述与百分比的对应程度指南。例如,在督导评估中,97% –100% 表述为“几乎所有”,80% –96% 表述为“绝大多数”,65% –79% 表述为“大多数”,51% –64% 表述为“多数”,35% –49% 表述为“少数”,20% –34% 表述为“很少”,4% –19% 表述为“极少”,0% –3% 表述为“几乎没有”。

## 二、英国政府最新《普通中小学校督导评估指标》的内容

《学校督导评估指标》中,占篇幅最大的是《普通中小学校督导评估指标》,其他 4 种类型学校的督导评估都是以它为蓝本。限于篇幅,本文仅对《普通中小学

校督导评估指标》的内容:评估等级表和一、二、三级评估指标进行简要介绍。

(一)英国普通中小学校督导评估等级表

英国教育督导评估一所学校主要是评估该学校的整体效能。对学校的整体效能评估主要看两个大维度:个人和学生群体的成果与学校持续改进的潜能。对这两部分评出等级,然后对学校在哪些方面需要改进给出具体建议,并对被评学校是否需要采取特殊措施或给予警示做出结论(详见表1)。

**表1 英国普通中小学校督导评估等级表**

<table>
<tr><td colspan="2">英国普通中小学校督导评估表<br>(等级:1. 优 2. 良 3. 一般 4. 不合格)</td></tr>
<tr><td></td><td>评定等级</td></tr>
<tr><td>学校的整体效能</td><td></td></tr>
<tr><td>个人和学生群体的成果</td><td></td></tr>
<tr><td>学校持续改进的潜能</td><td></td></tr>
<tr><td colspan="2">学校需要在哪些方面进一步改进?建议与需要采取的行动</td></tr>
<tr><td rowspan="3">这所学校是否需要采取特殊的措施或需要改进的警示?</td><td>不需要</td></tr>
<tr><td>需要</td></tr>
<tr><td>部分需要</td></tr>
</table>

(二)英国《普通中小学校督导评估指标》中的一、二、三级指标

《普通中小学校督导评估指标》中,共有3个一级指标,依次排序为"学生的成果"、"学校教育效能"、"学校领导与管理的效能"。在这3个一级指标下,相应衍生出19个二级指标,39个三级指标(详见表2)。

**表2 英国《普通中小学校督导评估指标》中的一、二、三级评估指标**

| 1. 学生的成果 |
|---|
| 1.1 学生的成就以及乐学的程度 |
| 1.1.1 学生成绩(学校所提供的16岁学生的成绩,如:测试、考试成绩及其他,也应考虑不同学生群组之间、课程、学科、发展趋势中任何重要的变量) |
| 1.1.2 学习质量和进步,包括特教生和残疾生 |
| 1.1.3 成就及乐学的程度(学生学习质量、进步及成就,包括学前教育和大学预科取得的成就。不能只用一年的数据,除非是新校) |
| 1.2 学生的安全感程度 |

续表

| |
|---|
| 1.2.1 学生在校安全感以及对安全的认识 |
| 1.2.2 学生感到不安全时,能向学校寻求保护 |
| 1.3 学生的行为表现程度 |
| 1.3.1 学生的课堂表现和在校期间的表现 |
| 1.4 学生采用健康生活方式的程度 |
| 1.4.1 学生(特别是高危生)了解伤害他们的生理、心理健康的因素,以及他们对待这些因素的态度 |
| 1.4.2 学生(特别是高危生),在学校通过努力,改善身心健康 |
| 1.5 学生对学校和社区的贡献程度 |
| 1.5.1 学生愿意为学校或社区承担一份责任并发挥作用 |
| 1.5.2 学生参与影响他们学习和福祉问题的决策与咨询 |
| 1.5.3 学生对社区和学校贡献所产生的影响 |
| 1.6 学生的出勤 |
| 1.6.1 出勤 |
| 1.7 学生掌握适应未来工作的能力和保障经济无忧的技能程度 |
| 1.7.1 学生的语言、识字、数字、信息、沟通能力水平与年龄相适应 |
| 1.7.2 扩展知识和增强理解力,精进技术和提高素质,对未来的学习、培训、工作和生活有所帮助 |
| 1.7.3 学生对他们未来的选择和愿望有所了解 |
| 1.8 学生的精神、道德、社交和文化发展的程度 |
| 1.8.1 学生的见解和生活目的,以及他们对社会认可的主流价值观的理解 |
| 1.8.2 学生发展生活和工作中必备的技巧和个人素质,以及他们对自身文化和其他不同国度、不同地区和不同地域文化的理解 |
| 2. 学校教育效能 |
| 2.1 教学的质量(包括以评促学的运用) |
| 2.1.1 教学促进全体学生的学习、发展和兴趣提升的程度 |
| 2.1.2 以评估满足学生需求的程度 |
| 2.2 通过合作,课程满足学生需求的程度 |
| 2.2.1 对于学生个体与学生群有所需求的相关课程,以及对其成果的影响 |
| 2.3 有效的关爱、指导和支持 |
| 2.3.1 对促进学生的学习、个人发展以及福祉的关爱和支持 |

续表

| |
|---|
| 2.3.2 信息、建议、指导学生的质量 |
| 3. 学校领导与管理的效能 |
| 3.1 领导与管理的效能,包括对改进的志向与推动力、包括对教与学的领导与管理 |
| 3.1.1 领导者与管理者如何有效地在交流中看到学校的未来,他们对学校怀有较高的期望,并确保能从其他方面获得支持和帮助 |
| 3.1.2 学校如何较好地使用战略目标,以提高学生的水平,排除特殊学生群中的低效状况 |
| 3.1.3 领导和管理者,能有效使用学生成绩中所反映出的信息,去设计、执行、监督、调整计划和政策,以加快改进速度,获得改进成果 |
| 3.2 校董事会激励和支持学校攻克难关、履行法定职责的效能 |
| 3.2.1 上级主管帮助学校确立方向的效能 |
| 3.2.2 处理校董会和监委会面临的挑战,对领导者和管理者的支持,帮助他们克服不足,并进一步提升所有学生的学习成果 |
| 3.2.3 学校董事会、监委会和其他相关委员会履行其法律职责的程度 |
| 3.3 让家长和监护人积极参与学校改进的效能 |
| 3.3.1 学校参考父母与监护人的意见去决定全校事务并作出贡献的程度 |
| 3.3.2 学校让父母和监护人对孩子的学习、福祉和发展给予支持,让他们自己做出决定的程度 |
| 3.3.3 学校与父母和监护人沟通的质量 |
| 3.4 促进学生学习和其福祉的合作效能 |
| 3.4.1 在促进学生的学习和身心健康方面,学校与其他供应机构、组织机构和服务机构合作的程度及效能 |
| 3.4.2 合作行为创造经济价值的效能 |
| 3.5 促进公平消除歧视的效能 |
| 3.5.1 学校如何有效地提供公平的机会,消除歧视 |
| 3.6 实施监管的效能 |
| 3.6.1 学校部署学生安全保障的有效性 |
| 3.7 促进社区和谐的效能 |
| 3.7.1 在社区、国家、全球范围内,学校对宗教、种族、社会经济形态的理解 |
| 3.7.2 学校分析自身所处环境,设计出合理的规划并进行自评 |
| 3.7.3 学校的行为对于社区合作有着良好的影响 |
| 3.8 获取资源和有效使用资金的效能 |
| 3.8.1 有效地使用和管理可支配资源,满足学生的需求,获得高效的成果 |

注:孙河川等根据英国 OFSTED“The evaluation schedule for schools”翻译分类而成。

## 三、英国政府最新《学校督导评估指标》的特点及启示

### (一)关注三种效能,尤其关注学校的整体效能

关注三种效能(学生的学习效能、学校的教育效能、学校领导的管理效能),尤其是关注学校的整体效能是《学校督导评估指标》的突出特点之一。在英文原文不到两页的督导评估表中,提到"效能"(effectiveness,effective)的地方多达19处,并将"学校的整体效能"写在了评估表第一栏中最突出的位置,由它代表每所学校的总评等级。另外,指标中的第二项一级指标直接以"学校教育效能"命名,而不是用"学校的教育质量"命名,在第三项一级指标中,它的所有8个二级指标都以"××效能"命名,可见其对"效能"的重视程度。

《学校督导评估指标》更加关注学校领导在学校改进中的决心和愿望,以及所能产生的推动力;关注学校董事会的作用,能否有效地激励和支持学校攻克难关、履行法定职责,确保高质量的教与学,等等。广义上的"学校效能"研究,即"教育效能"研究是教育管理研究的重要组成部分,是近年来各国教育管理研究的前沿。

而我国在"教育效能"方面的研究为数不多,国际学校效能和学校改进大会自1988年以来在世界各地已经举办了24届,在历届大会代表名单中来自中国的学者却为数极少。学校效能和学校改进这一在当今国际教育界炒得很热的名词,对于我国众多教育工作者和教育政策制定者来说还很陌生。[2]从大型跨国研究的发现来看,导致高效能、高质量学校的许多因素极其相似,不管居于何种文化、社会之中。例如在班级层面,对学生的高期望值、有效的班级管理、清晰明了的授课质量、分科教学、师生互动这些因素具有普适性,是跨文化和超越国界的。

### (二)关注学生成就,关注学生全方位成长,关注学生是否具备未来生存和经济无忧的技能

从表2可以看到,《学校督导评估指标》的突出特点之二是关注学生成就,关注学生全方位成长,关注学生是否具备未来生存和经济无忧的技能。这是新指标的一大亮点。除此之外,《学校督导评估指标》对学生的成就和认知方面的成绩极为关注。它规定:学校必须向督导检查提供学生的各种成绩,如,基于国家标准的统考成绩,达到特定国家基准线的学生人数百分比,不同层次的通过率和完成率,学生测试和考试成绩,所有不同学生群体的成绩、科目达标情况,学校连续三年的成绩,非强制性的标准化考试成绩、普通中等教育资格证书考试成绩、适当的作业成绩、学校对成绩达标的评估记录、包括先前预期等级的精准度和教师的评估质量,等等。除此之外,督导还评估学生获取知识的能力,在不同学科中的学习潜能;在不同的学科中通过课堂教学观察学生的兴趣、热情、投入程度,总结出他们

的乐学程度;用前后增值和其他增值测量法,去测量不同学生群体之间每个学生的进步幅度,包括少数民族学生群体、入学前不同基础的学生群体、不同性别的学生群体、有天赋的学生群体、母语非英语的学生群体等。督导会观察学生之间是否存在巨大差异,确认哪些学生群体没有达标,哪些学生群体表现更好;与入学时相比,特教生或残疾生的进步有多大。同时还要求督导随堂听课,包括仔细检查学生上课时的学习情况,与学生交谈,对所有学生群体的学习质量进行检查,包括特教生、残疾生、少数民族学生、爱尔兰后裔、非常规时间入学的学生、低社经地位的学生等。督导还要对照检查学校整体的前后增值数据(对学生16岁之后的学习成就持续跟踪)以及学校自评报告和大学预科成绩评估报告,学生的档案,不同学生群体的进步等。可见,英国的《学校督导评估指标》把学生的成就、成长、生存、技能、就业放到了空前关注的地位。

(三)评估的价值取向和国家发展目标定位决定教育评估标准和评估内容

评估的价值取向决定评估目的、评估标准和评估内容。英国最新学校督导评估指标是对这种说法的最好诠释。自撒切尔政府上台以后,英国迅速而坚决地转入一个信奉自由市场经济思想的时代。这种思想和价值取向在20世纪的最后20年间一直处于主流地位。追求卓越的学校教育成为英国政府1997年教育白皮书和其后五年教育发展规划的主要内容。英国政府在2002年公布的国家教育目标是“通过教育、培训和就业,给予每个人机会,使他们的潜能得以最充分的发挥,进而建立一个包容、公平和具有强大经济竞争力的社会”。[3]就其实质而言,这一国家教育目标的核心价值取向强调英国的教育必须为提升英国国力,使英国在21世纪成为一个具有竞争力的经济强国服务。为此,英国政府在教育领域中采取了两个主要的战略:实行更多的中央集权;推行层层教育问责制。这包括自1992年以来,英国教育标准局(国家教育督学)与教育部分离,直接对议会负责,对全国的基础教育进行全面的质量监控;将对学校的督导评估报告公开发布在国家的报刊媒体上;地方教育局,像中小学一样,也必须接受国家督导的检查和评估,如果检查不合格,将和“失败学校”一样面临封校、杀校、重新“组阁”甚至被“移交”的危险。2009年,督导的权力进一步扩大,督导的范围扩大到了高等教育层面。英国国家督导的评估在英国的学校发展和学校管理中占有极其重要的地位。英国的学校公认,尽管有各种不同的校外评估机构,但最重要的评估机构是国家督导。所有学校对国家督导的报告都极为重视,“报告中所指出的需要改进的方面都能得以最及时地纠正”。[4]国家督导人员能够促进学校制订和修订学校改进方案,并向学校提供进一步改进的重点,起到其他的校外评估机构所起不到的监督、指导、引领作用。英国伦敦大学著名教授、国际学校效能与学校改进学会前任主席 Stoll

指出，在英国，教育督导对学校和学校改进的影响大于其他任何的校外评估机构。[5]2010 年 4 月英国政府颁布的最新《学校督导评估指标》正是英国政府这种价值取向和国家发展教育目标定位的最佳体现。

## 注释

[1] Ofsted. The Evaluation Schedule for Schools. Ofsted. [EB/OL] http://www.ofsted.gov.uk/. 2010,04 .

[2] 孙河川 . 教育效能与学校改进研究的引领者和推动者：国际教育效能与学校改进学会[J]，比较教育研究，2009(3)：81，84

[3] Department for Education and Skills. (2002). Transforming Youth Work-Resourcing Excellent Youth Services. London：Auther/Connexions.

[4][5] Wikeley，F.，Stoll，L.，Lodge，C. (2000). Effective School Improvement：The English Case Studies. In：R. de Jong. (Ed.). Effective School Improvement Programs-A Description and Evaluation of ESI Programs in Eight European Countries. Groningen，the Netherlands：GION. (pp. 45 - 177).

# 英国政府小学教育督导评估指标

孙河川　史丞芫

**摘　要：**建立科学、完整、细化、符合实际、可操作性强的评估标准和评估指标体系，对规范学校办学行为，提高教育效能，提升教育教学质量具有重要意义。经过多年探索，英国已经建立了完善的教育督导体系，形成了一套科学的教育评估指标体系。该指标体系聚焦于学生的学习和发展、学校的教育质量和学校领导与管理，强调以全国统一的课程体系与监测评估体系来监督并引导学校教育，实现每个学生发展的最大化增值。基于此，本文介绍了英国政府对英国小学进行督导评估时所使用的三级评估指标，以期为我国制定科学的教育督导评估标准，建构教育督导评估指标体系及评估“工具箱”，完善我国的教育督导制度提供借鉴和参照。

**关键词：**教育督导；评估指标；评估指标体系；问责制

## 一、前言

自20世纪90年代起，美国、英国、加拿大、澳大利亚、西班牙、新西兰、瑞典、丹麦、荷兰、以色列等发达国家越来越多地试图通过建立“教育问责制”来保证教育财政投入的高效和行政服务的高效，避免重蹈“效率低下”和“教育平庸”的覆辙，追求“公平而卓越”已经成为当今世界教育新的发展趋势。坚持问责，关注绩效，加强和深化教育督导对学校教育质量的评估、监督、指导作用是各国在这一发展趋势中所采用的主要国策之一。目前，在我国的教育督导体系中，一个相当突出并亟待解决的问题是对学校的督导，尤其是对课堂层面的督导和评估，缺少统一的国家评估标准。这令督导评估工作缺乏科学的依据，很难进行技术操作，影响评估效果。全面建立科学的评估标准体系，按照有关教育法律法规，制定一套符合实际的、切实有效的评估指标，对于推动和指导学校规范办学行为，加强教育管理，提高教育教学质量具有重大的意义。

为了在国际竞争中稳操胜券，自20世纪80年代后期以来，英国政府对教育的集权控制明显增强,统一了国家课程和国家测试。实行对7岁、11岁、14岁、16岁学生的国家测试,并在全国主流媒体上公布各学校在“League Tables”(排行榜)上的名次,大力强化教育督导对全国教育质量的评估、监督、指导作用。其中最为关键的举措是通过立法,1992年将国家教育督导机构(教育标准局)从教育部独立出来,让其直接对议会负责,建立全国统一的督导评估标准,建立高效的评估体系,成为中央政府对全国教育质量进行监控的权威机构,并拨给充足的专项经费以确保其运转。这样保证了教育督导的中立和评估的公正。这种独立的教育督导体系是保证教育督导的权威性和有效性的首要条件。随着教育问责制在英国的推进,教育督导对每一所学校督查的结果和报告必须向全社会公布,在网上公布。国家教育标准局被授权对不合格的学校冠以“failing school”(失败学校)的帽子,这样的学校被责令在两年之内改变,否则将被封杀。英国的教育督导不但督学,也督政,它有权对地方教育局(LEA)进行督查,“封杀”不合格的地方教育局。1999-2000年,就有四个地方教育局经过督导检查后被“封杀”。1997年9月,340所学校因为没有通过英国督导的检查,被责令采取“特殊措施”,必须在两年内提高教学质量。随后的两年内关闭了其中的14所学校。工党执政后,政府采取了“公开点名”的政策,两周内在国家主流媒体上公开宣布18所“失败学校”的名字,将其列为彻底整改的对象,整改的终极行动包括关闭学校(又称“杀校”)、全员解聘、学生转校。然后学校更名,再公开招聘校长和教职员工等。上述举措在英国引起了极大的震撼,整个社会对教育质量的关注提高到了空前未有的高度,导致学校对效能和改进的追求成为自发。高等教育同样也受到了这种不断增长的问责制与绩效评估、绩效拨款的影响,高校评估结果成为政府拨款的依据。2007年布朗首相上台后,英国政府立即成立了“全国卓越教育委员会”。2009年,英国督导得到政府的进一步赋权,督导的范围不再局限于基础教育,扩展到了高等教育层面。在全世界的教育督导中,英国的教育督导“最牛”。它历史悠久,督导体系完善,形成了一套科学的、可操作的评估指标体系,有着科学的评估方法。基于此,本文着重介绍英国教育督导评估指标体系(小学),以期对我国构建科学的教育督导评估指标体系和工具箱有所裨益。

## 二、英国小学教育督导评估指标体系

对英国小学的督导主要集中督查三大方面:学生的学习和发展;学校的教育质量;学校的领导与管理。这三个方面构成了英国督导人员对英国小学进行督查的三个一级指标。

（一）一级指标1:“学生的学习和发展”

这个一级指标包含了两个二级指标:

a. 对学生认知成果的评估

b. 对学生的态度、价值观以及个人素养的评估

对学生认知成果的评估,主要体现在对所学科目、学生在国家核心课程考试中所取得的成绩的评估。评估的主要依据,是学生在二年级(7岁)和六年级(11岁)期末时参加全国统一考试所取得的成绩。但对二年级和六年级学生督查的科目有所不同。在二年级期末参加全国测试中,督查的科目只有阅读、写作、数学;而在小学六年级期末的全国统考中,督查的科目除语文、数学、科学外,还有地理、历史以及学生的写作能力、演讲能力、掌握拼写和标点符号的能力以及计算能力等。评估学校质量好坏的主要参照系数有两个:一是当年参加国家核心课程统测的全国平均成绩,另一个是上一学年参加国家核心课程统测中的全国平均成绩。

英国教育督导除了对学生认知成果进行督查外,还对学生的学习态度、价值观和人格素养进行督查。在对这一方面的评估中,学生的出勤率占有重要的地位。英国的学校和教育督导非常重视学生的出勤率和迟到率等。学校把每个学生的出勤率、迟到率与同校其他的学生进行对比,并定期向家长报告,以期家长能敦促孩子保持高出勤率和遵守学校的作息时间。而且还对学生参加学校各项活动的心态和表现进行评估,具体有8个三级指标请见表1。

（二）一级指标2:“学校的教育质量”

这一部分是教育督导评估的重点。这个一级指标包括四个二级指标:

a. 教学与认知

b. 学校的课程设置

c. 教师对学生的鼓励关爱引导

d. 学校与家长、社区、其他学校的伙伴关系

在“教学与认知”这个二级指标中包括11项三级评估指标。在对“学校的教育质量”这个一级指标的评估过程中,英国督导组成员必须随堂听课,并根据三级评估指标,把教师教学按“卓越、优秀、良好、满意、不满意、差、极差”七个定性评估等级进行逐项评分。在“学校的课程设置”这个二级指标中包括了12项三级评估指标。“学生的鼓励关爱引导”这个二级评估指标包括了8项三级评估指标。而“学校与家长,其他学校以及社区的伙伴关系”则包含了3项三级评估指标,请见表1。

（三）一级指标3.“学校领导与管理”

这个一级指标包括四项二级评估指标:

a. 对校长的评估

b. 财务管理状况

c. 学校的监控系统

d. 学校的培训系统

“对校长的评估”包含四项三级指标,“财务管理状况”在原文中并无三级指标的细节。“学校的监控系统”包含了两项三级指标。“学校的培训系统”的督查包括了四项三级指标。表 1 是英国教育督导对英国小学教育进行评估时采用的三级评估指标。

**表 1　英国小学教育督导评估指标体系(三级)**

<table>
<tr><th>一级指标</th><th>二级指标</th><th>三级指标</th></tr>
<tr><td rowspan="10">学生的学习和发展</td><td rowspan="2">对学生认知成果的评估</td><td>对比全校二年级学生(7 岁)当年和上一年在国家核心课程(阅读、写作、数学)统测中所取得的成绩</td></tr>
<tr><td>对比全校六年级学生(11 岁)当年和上一学年在国家核心课程(语文、数学、科学)统测中所取得的成绩;还包括学生的写作能力、演讲能力、掌握拼写和标点符号的能力、计算能力以及学生在地理、历史、信息技术、道德教育、设计与技能、音乐等课程中的表现</td></tr>
<tr><td rowspan="8">对学生态度、价值观、人格素养的评估</td><td>出勤率</td></tr>
<tr><td>学生在上课时的课堂行为表现</td></tr>
<tr><td>教师授课时学生注意力集中的程度</td></tr>
<tr><td>学生参加课外活动的积极程度,其中包括特教生参与课外活动的积极程度</td></tr>
<tr><td>高年级与低年级学生关系如何</td></tr>
<tr><td>学校提供给学生培养责任感和相互尊重的机会有多少(如学生是否定期参加学校委员会的活动、是否具有学习责任感、对于“团队成员”这一概念的理解程度等)</td></tr>
<tr><td>对于周围环境的尊重和关心程度</td></tr>
<tr><td>学生对于宗教信仰的意识以及如何对待他人的宗教信仰</td></tr>
<tr><td></td><td></td><td>是否参与音乐、舞蹈、艺术和设计等活动</td></tr>
</table>

续表

| 一级指标 | 二级指标 | 三级指标 |
| --- | --- | --- |
| 学校的教育质量 | 教学与认知 | 教师对学生的期望 |
| | | 师生关系 |
| | | 教师对所教学科知识的掌握程度 |
| | | 培养学生思考与解答问题的能力 |
| | | 教师的语言表达能力 |
| | | 教师整合不同学科知识进行教学的能力 |
| | | 课堂上激发学生的学习积极性与想象力的能力 |
| | | 将课堂教学与作业紧密结合的程度 |
| | | 对学生进行综合评估的程序 |
| | | 是否为每个学生制订了学习计划 |
| | | 对学生每周一次的课外辅导以及助教的评估 |
| | 学校的课程设置 | 学校课堂设置的合法性 |
| | | 学校是否有两年以上详细的滚动教学计划 |
| | | 课程设置涉及知识范围的程度 |
| | | 课程设置中是否把思维技能教育、文化教育、道德教育等其他认知方面的教育渗透到每节课中 |
| | | 课程设置中各学科之间的衔接性和灵活性的程度 |
| | | 课程设置兼容的程度 |
| | | 课程设置是否新颖和丰富，是否给孩子们发挥创造力和表达力的机会 |
| | | 课程设置框架构建的衔接性，在孩子的头脑中是否有清晰的轮廓 |
| | | 课程设置对具有不同能力的学生和不同文化背景的学生是否公平 |
| | | 各门课程时间安排的科学性 |
| | | 学习的环境与学习资源 |
| | | 各门课程教师队伍的配备情况 |

续表

<table>
<tr><th>一级指标</th><th>二级指标</th><th>三级指标</th></tr>
<tr><td rowspan="11">学校的教育质量</td><td rowspan="8">教师对学生的鼓励关爱引导</td><td>教职员工作息时间</td></tr>
<tr><td>学校的安全环境以及安全保护措施的状况</td></tr>
<tr><td>对教师进行安全措施的培训情况</td></tr>
<tr><td>教师对学生指导与引导的及时性</td></tr>
<tr><td>学生是否有征求教师意见和找教师帮助的意识</td></tr>
<tr><td>教师对于学习成绩有进步或行为表现好的学生是否给予正面的激励</td></tr>
<tr><td>是否促使学生进一步明确自己的目标,能够正确地进行自我评估</td></tr>
<tr><td>学校是否认识到可以最大限度地开发学生的潜能</td></tr>
<tr><td rowspan="3">学校与家长、社区、其他学校及社区的伙伴关系</td><td>家长与学校的联系方式</td></tr>
<tr><td>学校与社区联系的方式与程度</td></tr>
<tr><td>学校与其他学校或大学的联系</td></tr>
<tr><td rowspan="10">领导与管理</td><td rowspan="3">对校长的评估</td><td>校长的工作热情以及这种热情对教师的感染力</td></tr>
<tr><td>校长的团队建设能力,是否使每位教师都为学生提供了高质量的教学</td></tr>
<tr><td>在校长的领导下,学校发展计划是否稳固地建立在对当前学校工作评估的基础之上</td></tr>
<tr><td>财务管理状况</td><td>领导者与管理者工作的配合程度</td></tr>
<tr><td rowspan="2">学校的监控体系</td><td>(英文原文中未提及细节)</td></tr>
<tr><td>教学任务的完成情况和达标情况</td></tr>
<tr><td rowspan="4">学校的培训体系</td><td>需要进一步提高和改善的方面</td></tr>
<tr><td>教师资格培训</td></tr>
<tr><td>在职教师培训计划</td></tr>
<tr><td>教师上岗培训</td></tr>
</table>

注:笔者根据 Inspectorate for Education. (2005). Inspection Report of Holland Moor Primary School in Skelmersdale. Lancashire: The author. 翻译、提炼、整合。

## 三、英国小学教育督导评估指标体系对我国的启示

英国是世界上最早建立教育督导制度的国家之一，也是相对而言教育督导制度最完善的国家。虽然各国的政治、经济、文化和教育的大环境以及教育管理体制等诸多方面不同，导致了教育督导的评估目的、内容、方法和评估指标体系的不同，但通过加强督导对教育实施评估、监督和指导，保证教育质量以及实现国家教育目标却是各国所共通的。拥有一套科学、完整、细化、可操作的督导评估指标体系更是各国督导制度之渴求。纵览英国的教育督导和教育督导评估指标体系，反观我国教育督导评估指标体系的构建，我们可以得到如下三点启示。

### （一）更新理念，明确阶段，实现教育督导评估重点的转移

翻阅我国各省市自行制定的教育督导评估指标体系，在全面实施素质教育的前提下，大多制定了相应的评估指标体系。尽管在少数指标上存在差异，但几乎都是对学校办学条件和学校管理的详细规范。以某省对中小学的评估指标体系为例，在40多个三级评估指标中，学校队伍建设10个，学校行政工作管理8个，德育工作6个，这些非教师“教”和学生“学”的指标占了全部评估指标的50%还多。而英国的教育督导则以提高学生的学习质量为核心，侧重教师“教”和学生“学”的质量，强调学校教育应当对每个学生的发展实现最大化增值的理念。在问责制的今天，学校的质量主要体现在每个学生在学校所获得的知识、能力、创新力、适应力、公民责任感的增值上。Fullan（1999）认为建立严格的教育问责制是最根本的，这是政策和能力构建的双重要求。教育问责制的一个职能是构建地方对评估数据的处理能力。另一个重要职能是直接干预“失败学校”的改造。除此之外，真正的问责制意味着从上到下的层层负责制，从家长到学生，从学校管理者到教师，从政策制定者到社会各界（Linn and whiteburst，2003）。在提升教育质量和保障整个社会未来繁荣的过程中，每个人都应该承担责任并发挥自己的作用。英国教育督导的督查中心和重点是学生的学业成绩，它对一所学校内不同学生群体、不同科目与课程、不同级段之间的成绩差异走向进行深入的比较分析。将被督查的学校与同类型生源和“入口”的学校进行比较，找出其学生成绩之间的差异与教学目标的差异。并对被督查学校目前的工作与学生最近成绩的相关度进行深度分析。使每所学校的教学质量一目了然，还能帮助学校发现问题，找到解决问题的方法。在上文所介绍的英国小学教育督导评估指标体系的55个三级指标中，有关“学生的学习和发展”的三级指标占11个，“学校的教育质量”占34个，“领导与管理”占10个。“学校的教育质量”由两个二级指标组成：教学与课程设置。从表1中可以看到，英国聚焦于“学生的学习和发展”，聚焦于“学校教学的质量”的指标共计

45个，占了55个三级评估指标中的82%。而我国各省（市、自治区）自编的教育督导评估指标体系大多采用定性描述，而且每个指标的篇幅很长，好几个不同的内容放在同一个指标中，使得指标的编排缺乏科学性，很难准确地测试出被测试的答案究竟是回答指标中哪部分的内容。由于这种评估指标体系刻意回避对学生学业成绩的评估，它无法回答学生、家长、社会最关心的问题，加之质化指标难以操作，为找准学校的问题所在增加了难度，因而无法指导学校提高教学质量，导致评估结果缺乏权威性和影响力。用一个形象的比喻，如果把学校比喻成一所医院，当这所医院连像样的病房和诊疗室也没有的时候，我们督查的重点应当放在对医院硬件条件的督查上，这是无可非议的。但当医院的硬件条件和设施设备都达标后，督查的重点应当转移，从浅显层次的评估下移到更深层次的评估，即对医院质量的督查。我国现有评估指标体系把主要的评估精力都放在了对“医院”设施设备的检查上，对院长管理工作的检查上，但对这所“医院”里医生治病的质量却毫不知情，而且没有将他们列为督查和评估质量的重点，这样就造成了最关键评估指标的缺失。试问在缺失最关键评估指标的情况下所得出的评估结果能够得到病人、医生、所有的医院和整个社会的认可吗？能够说一所被督查的“医院”因为设施和设备好、院长的管理好就是高质量的医院吗？同理，学校和医院一样，教师对学生培养的合格率和医生对病人的治愈率在硬件问题解决之后，应当成为教育督导督查的重中之重，因此决不能回避对学生学业成绩的评估。另外，教师对学生的培养主要体现在每天的课堂教学中，大量的学校效能研究表明：教师课堂教学质量的高低与学生学业成绩呈正相关。高效能的教师、高效能的课堂教学能增效减负，提升学校的教育质量。因此，我们应更新理念，扩展视野，在数量和办学条件问题已大体解决的地区，将对学校工作的督导评估重点转移到质量的提升上来、转移到对教师课堂教学的评估上来、转移到对“教”与“学”的评估上来、转移到对基础与常规上的评估上来。教育督导作为公共部门，必须贯彻国家意志，执行国家法律法规。在“双基”验收过程中所采用的评估指标对于合格性达标验收的确很有效而且很有必要，但是这种评估指标体系，对于已经实现“两基”的发达地区和学校，就面临很大的挑战，并难以对学校做出科学的鉴别。加之在教育督导领域，督政一直是我国督导的重点，而对督学，即学校中教师如何“教”，学生如何“学”，尤其是对提升学校整体效能和质量的课堂教学层面、教师效能等及其相关问题的关注却甚少，致使督导工作难以深入和获得实效。综上所述，更新理念，明确阶段，实现教育督导评估重点的转移是当前我国构建教育督导评估指标体系的前提和先决条件。

(二)构建中国教育督导评估指标体系,统一“度量衡”

建立全国统一的教育督导评估标准和评估指标体系,是英国加强国家对教育质量监控的主要国策。1992年,随着英国教育法案的颁布,英国出台了首个统一的国家办学质量指标体系,共有33个指标,不论是对公立学校还是私立学校,无论是对乡村学校还是城市学校,不论是对优质学校还是薄弱学校都坚持统一的监测与评估基准,从而建立起全国统一的课程体系与监测评估体系。在教育问责制时代,学校必须向纳税人证明它们确实正面地影响了学生的学习成就(Mortimore,1998)。谈到学生的成就,Creemers(1994)高度概括了国家决策的重要性,他指出要保证一个国家的教育质量,国家统一教育目标的设定是非常重要的。没有目标或者统一标准,就不可能进行标准化测试,如果没有标准化测试,国家督导人员就不可能公正地评估一所学校学生的成绩和进步。因此,使用标准化测试能给学生、教师、学校和地方教育权威机构提供学校质量和学生学习质量的可比性。然而,只有清晰明确的目标是不够的,目标的实现需要有效的压力。Barber(1998)指出,有效的压力可有多种形式,例如,公开发表学生统考成绩,实行独立的督学制,中央政府对“失败学校”进行直接干预,等等。但是,压力必须与支持携手并行。国家与地方层面需要不断地给教育机构提供人力、财力、物力、时间的支持,给学校以某些自主权,对教师进行职前和在职培训等。学校效能研究高效评估、反馈与强化的重要性。评估被视为有效学校教育的关键手段和所有认知适应或学习的前提(Scheerens and Bosker.,1997)。Barber(1998)认为在国家层面,政府应控制国家的统一评估和质量检控机制。这一点至关重要,因为只有对学校进行全国范围内的统一评估,才能向全国的学校和学生提供一种对成就和质量有可比性的共同语言。根据学校效能理论研究者的观点,对评估而言,采用增量/增值的评估方法更为客观可取。简言之,中国教育和教育督导评估需要统一的、最基准的“度量衡”。

有人提出中国是一个大国,幅员辽阔,差异众多,应当采用分权的策略由各省各自制定督导评估指标体系。英国和欧盟的经验告诉我们:教育目标、国家测试标准、监控、评估、反馈、奖惩体系应该由国家统一设定和掌握,而为实现目标所采取的手段和策略(如何教学、教育改进策略)和学校日常行政管理工作(诸如人、财、物的分配,课程时间安排、招聘或解聘教师的决定权等)应由学校自定。联合国经济合作与发展组织的报告(1998)中曾指出:人们普遍以为:分权制教育和学校自治会导致更好的教育效果,但是世界上没有任何证据能证明这条假设。如果自治是用来改善和提高学校质量,自治就是一种积极的推动力量,如果自治被理解为没有任何控制的自由则成为学校发展和改进的阻力。学校自治的初衷是为了利于学校提高质量和促进学生学习。打个比方,学校自治就像政府发驾驶执照给学校参加汽车拉力赛一样,每所学校可自定使用哪种车型、如何驾驶等等,然而,最终到达的目的地以及到达终点所需的时间限制应由中央政府来决定。简言之,学校自治应与实现国家的教育目标紧密相连。同时,给学校一些自主权还必须与实行严格的层层教育问责制同步。

从表1不难看出,英国的教育督导评估以提升教育质量为核心,对学校办学质量和学生达标程度格外关注,三个一级指标中有两个是有关教学质量的,一个是“学生的学习和发展”,另一个是“学校的教育质量”。在“学生的学习和发展”这个一级指标中既包括了学生在国家统测中的学业成绩(语文、数学、科学三门核心课程),还包括学生的写作能力、演讲能力、掌握拼写和标点符号的能力、计算能力以及学生在地理、历史、信息技术、道德教育、设计与技能、音乐等课程中的表现。除此之外,对学生在态度、价值观、人格素养方面的进步程度也有9个三级指标,如:出勤率、学生在上课时的课堂行为表现、学生上课时注意力集中程度、学生包括特教生参与课外活动的积极程度、高低年级学生之间的关系、学校提供给学生培养责任感和相互尊重的机会、对于周围环境的尊重和关心程度、学生对于宗教信仰的意识以及如何对待他人的宗教信仰、是否参与音乐、舞蹈、艺术和设计等活动。

在“学校的教育质量”这个二级指标中,对我国有启示意义的三级指标有:教师对学生的期望、师生关系、教师对所教学科知识的掌握程度、培养学生思考与解答问题的能力、教师的语言表达能力、教师整合不同学科知识进行教学的能力、课堂上激发学生的学习积极性与想象力的能力、将课堂教学与作业紧密结合的程度、是否为每个学生制订了学习计划、对学生每周一次的课外辅导等。在“教师对学生的鼓励关爱引导”这个二级指标中,对我国有启示意义的三级指标有:学校的安全环境以及安全保护措施的状况、对教师进行安全措施的培训情况、学生是否有征求教师意见和找教师帮助的意识、教师对于学习成绩有进步或行为表现好的学生是否给予正面的激励、学校是否认识到可以最大限度地开发学生的潜能、是否促使学生进一步明确自己的目标,能够正确地进行自我评估等9项。在“课程的设置”这个二级指标中,值得我国借鉴的三级指标有:学校课程设置的合法性,各门课程时间安排的科学性,课程设置中是否把思维技能教育,文化教育,道德教育等其他认知方面的教育渗透到每节课中,课程设置中各学科之间的衔接性和灵活性的程度,课程设置兼容的程度,课程设置是否新颖和丰富,能否给孩子们发挥创造力和表达力的机会,课程设置对具有不同能力的学生和不同文化背景的学生是否公平,各门课程教师队伍的配备情况等。综上所述,可以看到:中国需要构建教育督导评估指标体系,需要统一的、最基准的中国教育督导评估的“度量衡”!另外,我们的量化研究结果表明:英国绝大部分的一、二、三级指标都可为我所用,并且可以拿来就用,成为我国教育督导评估指标体系中实实在在的好“工具”。

(三)凸显教师的职业道德指标并将之从泛化的道德中分离出来

我国的尊师传统源远流长,千百年来总是将教师的职业道德放在首位,这是我国教师评估指标的特色。自古以来,我国对教师的评估往往都是“以德为先”,并且把“德”作为教师应当具备的最重要素质。这也可以看到儒家思想和我国传统文化对我国教师评估的影响,在百姓的心目中,教师应当是一个各方面优秀的、道德高尚的人。这种以“杰出人”或“楷模”的评估标准也被泛化用于评估教师,要求教师应当“志存高远、爱国敬业、为人师表”等并不错,但它太宏观了,可测性很难,忽视了教师作为一个职业对教师道德的特殊要求。英美以教师这一职业所应具备的职责来评估教师的职业道德,例如:“学校和教师提供给学生培养责任感和相互尊重的机会有多少?”“教师对每位学生尽职尽责”、“相信所有的学生都能学习”等具体的师德指标。这种具体的指标明确了每个教师的职责和应承担的责任,以这样的视角评估教师的职业道德,目标导向性更强,也更易操作。最重要的是:让教师们真正明白了“教师”这一职业所具有的区别于其他职业的道德。对每位学生尽职尽责不但包括了对每个学生的关爱,保护,也包括了对每个学生学业进步上的监督和引导作用。这种凸显教师的职业道德并将之从泛化的道德中分离出来的做法,很值得我国在制定教育督导评估指标体系时借鉴。

**参考文献**

[1]钱一呈. 外国教育督导与评估制度研究[M]. 中央广播电视大学出版社,2006(2).

[2]周济. 在第七届国家督学会议上的讲话[EB/OL]. http://www.moe.edu.cn/edoas/website18/info5354.htm,2003 年 9 月.

[3]李世恺. 英国教育督导制度之考察[J]. 江苏高教,2001(3).

[4]郭振有. 考察英国教育督导制度的启示与建议[J]. 北京教育,1998(7-8).

[5]李钰. 英国学校督导类型述评[J]. 外国教育研究,2003(7).

[6]孙河川,高鸿源,刘扬云. 从薄弱走向优质[M]. 高等教育出版社,2006.

[7]杨天平. 法英日美四国教育督导的比较[J]. 比较教育研究,1995(4).

[8]张志勇. 中国教育报[N]. 2009 年 3 月 24 日第 4 版.

[9]张民选,朱兴德,吕杰昕,闫温乐. 公平而卓越:世界教育发展的新追求[C]. 中国教育学会比较教育分会第 14 届年会(温州),2008 年,p. 1-9.

[10]孙河川,郑丹,葛辉. 美国中国教师评估指标体系比较研究[J]. 教育发展研究,2008(20).

[11] Barber, M. (1998). National strategies for educational reform: lessons from the British experience since 1988.

[12] In: A. Hargreaves, A. Lieberman, M. Fullan, & D. Hopkins, (Eds.), International Handbook of Educational Change (pp. 743 – 767). Kluwer Academic Publishers.

[13] Creemers, B. P. M. (1994). The effective classroom. London: Cassell.

[14] Fullan, M. (1999). Change Forces: The sequel. London: Falmer Press.

[15] Inspectorate for Education. (2005). Inspection Report of Holland Moor Primary School in Skelmersdale. Lancashire: The author.

[16] Mortimore, P. (1998). The road to improvement: Reflections on school effectiveness. Lisse: Swets & Zeitlinger.

[17] OECD. (1998). Reviews of national policies for education-Italy. Paris: Author.

[18] Scheerens, J. and Bosker, R. (1997). The foundations of educational effectiveness. Oxford: Pergamon.

[19] Stoll, L and Wikeley, F. (2001). The capacity for change and adaptation of schools: The case of effective school improvement-the UK country conference report. In: B. P. M. Creemers, et al. (eds.) The Validity of the ESI Model in Eight European Countries (pp. 133 – 144). The Netherlands: GION.

[20] Sun, H. (2003). National contexts and effective school improvement. The Netherlands: GION.

[21] Sun, H., Creemers, B. P. M., de Jong, R. (2007). Contextual factors and effective school improvement. School Effectiveness and School Improvement, 18 (1).

# 英国教育督导评估细则

孙河川　刘文钊　王小栋　郝玲玲

**摘　要**:教育督导是一国教育取得成效的有力保障。《国家中长期教育改革和发展规划纲要(2010－2020年)》给我国的教育督导改革与创新提出了新的任务与要求。本文旨在通过介绍和分析2010年4月英国政府颁布的最新教育督导评估细则,为我国教育督导评估提供借鉴。

**关键词**:教育督导;督导评估;评估细则;规划纲要;英国

我们正处在一个全球化的时代,一个科技进步日新月异、知识经济迅猛发展的时代。国家之间、地区之间日益加深的相互依赖,成为我们这个时代最突出的特征之一。这种态势也从多个层面对各国、各地区教育发展产生着深刻的影响,也给各国、各地区的教育督导和评估制度带来一系列新的共同的挑战。而开展卓有成效的交流与合作也是我们促进世界教育共同发展、建设一个更加和谐世界的必由之路。[1]随着世界教育变革的发展与深入,教育督导的作用和地位愈加重要和凸显。近年来许多国家的政府为了增强综合国力和国际竞争力,都不遗余力地掀起了教育改革、教育效能、绩效问责的大潮,其中不乏我国可借鉴之思想,可学习之举措。[2]坚持问责,关注绩效,加强和深化教育督导对教育质量的评估、监督、指导作用是各国政府在这一大潮中所采用的主要国策。在教育督导领域,英国始终是各国借鉴和学习的对象。2010年4月,英国国家教育标准署(Office for Standards in Education,简称OFSTED)颁布了一套最新的学校督导评估细则(The evaluation schedule for schools)。[3]该评估细则自2009年夏季在英国试点使用后,经过反馈和修改,2010年4月正式在英国推广。

2010年5月6日,我国政府批准通过了《国家2010－2020年中长期教育改革和发展规划纲要》,纲要明确提出:“树立以提高质量为核心的教育发展观,建立以提高教育质量为导向的管理制度和工作机制,制定教育质量国家标准,建立教育质量保障体系。制定教育督导条例,进一步健全教育督导制度。坚持督政与督学并重、监督与指导并重。加强义务教育督导检查,开展学前教育和高中阶段教育督导检查。建立督导检查结果公告制度和限期整改制度。"[4]在建立科学的质量保障体系、教育质量国家标准、督导评估指标和细则等诸多方面,英国《教育督导评估细则》可以给我们提供借鉴。基于此,本文拟对2010年4月正式出台的英国教育督导评估细则进行介绍,首先描绘出它的整体框架和评估等级,然后聚焦于它的核心部分——《中小学校教育督导评估细则》。旨在通过介绍及解析,挖掘对我国教育督导有借鉴意义的信息,以期为建立或完善我国和各省(市、自治区)的教育督导评估方案、评估指标、评估工具和评估细则提供参考。限于篇幅,有关《学前教育督导评估细则》、《大学预科教育督导评估细则》、《特殊教育督导评估细则》等部分笔者将另文介绍,本文不予赘述。

## 一、英国政府教育督导评估细则的整体框架和评估等级

### (一)整体框架

英国国家教育标准署于2010年4月颁布的《英国最新教育督导评估细则》以"追求卓越"、追求"高质量的教育公平"为目标。它针对英国五种不同类型学校的教育督导(普通中小学校、学前教育、大学预科、寄宿学校、特殊学校)分别制定了各自的评估细则(详见表1和附录1),既有共性也有各自的特性。此外,细则中还给出了英国对各级各类学校进行整体督导评估时所使用的终结性评估指标体系。我们常说的评估指标体系具有层次性,一般分为一级、二级、三级指标。指标的层次越高,越原则、越笼统。反之,指标的层次越低,就越具体、越明确。它们之间是逐级分解和细化、从抽象到具体的关系。评估指标的集合或有机整体就构成了教育督导评估的指标体系。[5]英国政府的教育督导评估细则显示,英国对"普通中小学校"的督导评估有3项一级指标,18项二级指标、39项三级指标。对"学前教育"的督导评估共有3项一级指标、8项二级指标。对"大学预科"的督导评估有3项一级指标、12项二级指标。对"寄宿学校"的督导评估有1项一级指标、2项二级指标。"终结性评判标准"中有2项一级指标、4项二级指标。(见表1)

**表1 英国政府教育督导评估细则中的各类指标数量统计**

| | 一级指标 | 二级指标 | 三级指标 |
|---|---|---|---|
| 普通中小学校 | 3 | 18 | 39 |
| 学前教育 | 3 | 8 | |
| 大学预科 | 3 | 12 | |
| 寄宿学校 | 1 | 2 | |

续表

| | 一级指标 | 二级指标 | 三级指标 |
|---|---|---|---|
| 终结性评判标准 | 2 | 4 | |

（二）评估等级与百分比指南

英国政府《教育督导评估细则》中的评估标准划分为“优、良、一般、不合格”四个等级，并对每个等级评判的标准进行了十分具体的规定和描述。以英国中小学教育督导评估细则中的一项二级指标“学生的安全感”为例，达到“优”的标准为：“学生对构成危险的因素有充分的了解，他们对自身与他人的安全有很深刻的理解。学生在学校总是感到安全，家长和监护人强烈认同学校会给予孩子保护，各学生群体都对学校有效的应急能力充满信心。”达到“良”的标准为：“不同的学生群体认为他们在学校很安全，家长和监护人认为学校能保证孩子的人身安全，并很少对孩子在学校期间的安全问题担心。学生大体上懂得构成危险的因素，学生对自身和他人的安全有准确的理解。学生对学校有效的应急能力有很强的信心”；达到“一般”的标准为：“学生们通常在学校感到安全。家长和监护人也同意这一观点。学生明白一些会危及自身和他人安全的主要危险。学生知道学校会认真对付这些危险，并会采取恰当的处置方法”；“不合格”表现为：“学生或学生群体了解构成危险的因素，他们表示在学校感到不安全。或者，学生对自身安全有担忧，并对危险认识不准确。或者，学生对学校处理安全问题的能力没有信心。”

为了使督导语言表述具有专业评估的精准性，该评估细则专门列出了语言表述与百分比的对应程度，请见表2。

**表2 语言表达与百分比的对应程度指南**

| 比例 | 表述 |
|---|---|
| 97% -100% | 几乎所有 |
| 80% -96% | 绝大多数 |
| 65% -79% | 大多数 |
| 51% -64% | 多数 |
| 35% -49% | 少数 |
| 20% -34% | 很少 |
| 4% -19% | 极少 |
| 0% -3% | 几乎没有 |

## 二、英国政府《中小学教育督导评估细则》

普通中小学评估细则

在针对学前教育、中小学校、大学预科、寄宿学校、特殊学校五种类型学校的教育督导评估细则中，占篇幅最大的是对普通中小学校的评估细则。它共有3个一级指标，依次排序为“学生的成果”、“学校教育质量的效能”、“学校领导与管理的效能”。在这3项一级指标下，相应延伸出18项二级指标，39项三级指标。鉴于三级指标过多，表3仅列出了普通中小学校督导评估细则中的3项一级指标和18项二级指标。

**表3 英国中小学校督导评估表**

<table>
<tr><td colspan="3">英国中小学校督导评估表<br>（等级:1. 优 2. 良 3. 一般 4. 不合格）</td></tr>
<tr><td colspan="2"></td><td>评定等级</td></tr>
<tr><td colspan="2">学校的整体效能</td><td></td></tr>
<tr><td colspan="2">个人和学生群体的成果</td><td></td></tr>
<tr><td colspan="2">学校持续改进的潜能</td><td></td></tr>
<tr><td colspan="3">学校需要在哪些方面进一步改进？建议与需要采取的行动</td></tr>
<tr><td colspan="2" rowspan="3">这所学校是否需要采取特殊的措施或需要改进的警示</td><td>不需要</td></tr>
<tr><td>需要</td></tr>
<tr><td>部分需要</td></tr>
</table>

**表4 英国中小学校督导评估具体指标**

| 1. 成果:把所有变量都考虑在内,学生的质量如何 | 评定等级 |
|---|---|
| 1.1 学生的成就以及乐学的程度<br>●学生成绩<br>●学生的学习质量和进步<br>●特教生或残疾生的学习质量和进步 | |
| 1.2 学生的安全感程度 | |
| 1.3 学生的行为表现 | |
| 1.4 学生采用健康生活方式的程度 | |
| 1.5 学生对学校和社区的贡献程度 | |

续表

| | |
|---|---|
| 1.6 学生掌握适应未来工作的能力和保障经济无忧的技能程度<br>此项需考虑:学生的出勤 | |
| 1.7 学生的精神、道德、社交和文化发展的程度 | |
| 2. 学校教育效能 | |
| 2.1 教学的质量(应考虑:以评促学的运用) | |
| 2.2 通过合作,课程满足学生需求的程度 | |
| 2.3 有效的关爱、引导和支持 | |
| 3. 学校领导与管理的效能 | |
| 3.1 领导与管理的效能,包括对改进的愿望与推动力<br>●教与学的领导与管理 | |
| 3.2 校董事会激励和支持学校攻克难关、履行法定职责的效能 | |
| 3.3 让家长和监护人积极参与学校改进的效能 | |
| 3.4 促进学生学习和其福祉的合作效能 | |
| 3.5 促进公平消除歧视的效能 | |
| 3.6 实施监管的效能 | |
| 3.7 促进社区和谐的效能 | |
| 3.8 获取资源和有效使用资金的效能 | |

注:孙河川等根据英国 OFSTED“The evaluation schedule for schools”翻译分类而成。

从表 3 可以看出,英国教育督导评估一所学校主要是评估学校的效能。在对学校的整体效能进行评估时,主要看两个大维度:1. 个人和学生群体的成果;2. 学校持续改进的潜能。对这两部分分别评出等级,然后对学校在哪些方面需要改进给出具体的建议,对被评学校是否需要采取特殊措施或给予警示做出结论。

从表 3 中还可以看到,在对中小学校进行评估的细则中,具体的一级指标是:

一级指标 1. 学生的成果和质量;

一级指标 2. 学校的教育效能;

一级指标 3. 学校的领导与管理效能。

在“学生的成果和质量”这个一级指标中,包含 7 个二级指标,分别为:学生的成绩以及乐学的程度;安全感程度;学生的行为表现;健康生活方式的程度;对学校和社区作贡献的程度;掌握适应未来工作的能力和保障经济无忧的技能(含出勤);学生精神、道德,社交和文化发展的程度。此7项二级指标又包含了39项三级指标。由于篇幅,我们不能在此一一列出。上述指标的特点是将受教育者放在了学校最瞩目的位置,从他们全方位的成长和所取得的成就(成果、成绩等)反观学校和教师的素质和质量。关注每一个学生,尤其是特教生和残疾生的学习和进步。关注学生在校的乐学程度、安全感、生活方式、行为表现、对学校和社区的贡献、精神、道德,社交和文化的发展,关注他们的未来,走出校门后能否在竞争的世界中,在复杂的社会中立足,能否具有适应未来工作的能力,是否学会了未来保障经济无忧的技能。另一方面,也十分关注学生在认知方面取得的成果和成绩。该细则对此进行了详尽的规定,如:学校必须提供16岁学生的各种成绩(注:在英国,16岁为义务教育阶段的最后一年),如:基于国家标准的统考成绩,达到特定国家基准线的学生人数百分比,不同层次的通过率和完成率,学生测试和考试成绩(包括未验证的和未列入国家基准的),所有不同学生群体的成绩,科目达标情况,学校连续三年的成绩,非强制性的标准化考试成绩、普通中等教育资格证书考试成绩、适当的作业成绩、学校对成绩达标的评估记录、包括先前预期等级的精准度和教师的评估质量,等等。

在"学校的教育效能"这个一级指标中,包含3个二级指标,它们是:教学的质量(包括以评促学的运用);通过合作,课程满足学生需求的程度;有效的关爱、引导和支持。此3项二级指标又包含了5项三级指标。如:教师和家长对学生的高期望值和全力帮助后进生;教学方法和教学活动以促进全体学生的学习、发展和兴趣,包括课程满足学生需求的程度,有效的时间安排,恰当地运用教育新技术使学生学习最大化受益,有效的课堂提问,课程设计能满足不同学生群体的需要,通过和其他学校和单位的合作,改进和拓宽课程设置,根据学生的不同基础,为学生制订出长期、中期和短期的课程计划等。

在"学校的领导与管理效能"这个一级指标中,包含8个二级指标,分别为:(1)改进的愿望与推动力、包括对教与学的领导与管理;(2)校董事会激励和支持学校攻克难关、履行法定职责的效能;(3)让家长和监护人积极参与学校改进的效能;(4)促进学生学习和其福祉的合作效能;(5)促进公平消除歧视的效能;(6)实施监管的效能;(7)促进社区合作的效能;(8)获取资源和有效使用资金的效能。这8项二级指标又包含了17项三级指标。例如:对学生怀有高期望,学校领导者与管理者实现学校愿景的有效程度如何,学校如何使用挑战性的目标,提高对所有学生的标准,以消除某些学生群中的低效,各级领导和管理者能否有效地利用学生成绩的有关信息,去设计改进规划,用行动去执行、监督、调整计划,以加快改进速度,获得预期的改进成果,确保高质量的教和学等。

值得一提的是，在英国政府最新教育督导评估细则中，对如何用每一项指标对学校进行评估都进行了详细的介绍和描述。以至于这些细则长达 86 页。笔者翻译了所有这些细则，但受限于篇幅和时间，不能一一在此赘述。

## 三、启示

通过对《英国政府教育督导指标细则》的分析研究，反思我国和一些省市区的督导评估方案，至少可以得到以下四个方面的启示。

### （一）关注效能，关注学校的整体效能

英国政府颁布的最新《教育督导评估细则》的突出特点之一是关注效能，尤其是关注学校的整体效能。在英文原作不到两页的《督导评估表》中，提到“效能”（effectiveness，effective）的地方多达 19 处。将“学校的总体效能”（overall effectiveness）写在了评估表第一栏中最突出的位置，由它代表每所学校的总评等级。另外，细则中的第二项一级指标直接以“学校的教育效能”命名，而不是用“学校的教育质量”命名，在细则的第三项一级指标“领导与管理的效能”中，它的所有 8 个二级指标都以“……效能（effectiveness）”命名，如：领导与管理的效能，让家长和监护人积极参与学校改进的效能，促进学生学习和其福祉的合作效能，促进公平消除歧视的效能，实施监管的效能，促进社区和谐的效能，获取资源和有效使用资金的效能等。可见其对“效能”的重视程度。广义上的“学校效能”（School Effectiveness）研究，即“教育效能”（Educational Effectiveness）研究是教育管理研究的重要组成部分，近年来被各国学者称之为“教育管理研究的前沿”。而我国本土在“教育效能”方面的研究为数不多，国际学校效能和学校改进大会自 1988 年以来在世界各地已经举办了 23 届，在历届大会代表名单中来自中国本土的学者却为数极少。学校效能和学校改进这一在当今国际教育界炒得很热的名词，对于国内众多教育工作者和教育政策制定者来说还很陌生。从大型跨国研究的发现来看，导致高效能学校的许多因素极其相似，不管居于何种文化、社会之中。例如在班级层面，对学生的高期望值、有效的班级管理、清晰明了的授课质量这些因素是跨文化的、跨国界的、跨疆域的，具有普适性。

### （二）关注学生成就，关注学生全方位成长

英国政府颁布的最新《教育督导评估细则》的突出特点之二是关注学生成就，关注学生全方位成长。最新细则关注每一个学生，尤其是特教生和残疾生的学习和进步。关注学生在校的乐学程度、是否有安全感。关注他们在行为表现方面的规范，关注学生对学校和社区的贡献程度，在精神、道德、社交和文化等诸多方面的发展，关注学生是否学会了健康的生活方式，是否拥有健康的心态。关注他们

的未来,关注他们是否具备了适应未来世界、社会和工作的能力,是否学会了能保障未来生存和经济无忧的技能。这是新细则的一大亮点。除此之外,它对学生的成就和认知方面的成绩极为关注。它规定:学校必须向督导检查提供学生的各种成绩,如:基于国家标准的统考成绩,达到特定国家基准线的学生人数百分比,不同层次的通过率和完成率,学生测试和考试成绩,所有不同学生群体的成绩、科目达标情况,学校连续三年的成绩,非强制性的标准化考试成绩、普通中等教育资格证书考试成绩、适当的作业成绩、学校对成绩达标的评估记录、包括先前预期等级的精准度和教师的评估质量,等等。除此之外,督导还应评估学生获取知识的能力,在不同学科中的学习潜能;在不同的学科中通过观察学生的兴趣、热情、投入程度总结出他们的乐学程度;用前后增值和其他增值测量法,去测量不同群体之间学生的进步幅度,包括少数民族学生群、入学前不同基础的学生群、不同性别的学生群、有天赋的学生群、英语非母语的学生群等。去观察他们之间是否存在巨大差异,确认哪些学生群没有达到标准,哪些学生群更好;与入学时相比,特教生或残疾生的进步有多大。同时细则还要求当督导到学校进行评估时,应随堂听课,包括仔细检查学生上课时的学习情况,与学生交谈,对所有学生群的学习质量进行检查,包括特教生、残疾生、少数民族、爱尔兰后裔、非常规时间入学的学生、低社经地位学生等。还应检查学校过去三年的数据,学校整体的前后增值数据(对学生 16 岁之后的学习成就持续跟踪)以及学校自评报告和大学预科成绩评估报告,基础阶段的成绩,学生的档案,不同学生群的进步,等等。

(三)关注学校领导与管理的效能

英国最新《教育督导评估细则》中变动最大的部分是学校领导与管理的效能这一部分。它更加关注学校领导在学校改进上的决心和愿望,以及所能起到的推动力。它还关注学校董事会的作用,能否有效地激励和支持学校攻克难关、履行法定职责。它关注学校是否能有效调动家长和学生的监护人积极参与学校改进。它关注学校能否有效地促进公平、消除歧视,有效地实施监管并促进与社区的合作,学校能否有效地获取各种办学资源并有效地使用资金,确保高质量的教与学,等等。

(四)评估的价值取向决定评估标准和评估内容

评估的价值取向决定评估目的、评估标准和评估内容。英国最新《教育督导评估细则》是对这种说法的最好诠释。自撒切尔政府上台以后,英国迅速而坚决地转入一个信奉自由市场经济思想的时代。这种思想和价值取向在 20 世纪的最后二十年间一直处于主流地位。追求卓越的学校教育成为英国政府 1997 年教育白皮书和其后五年教育发展规划的主要内容。英国政府在 2002 年公布的国家教育目标是

“通过教育、培训和就业，给予每个人机会使他们的潜能得以最充分的发挥进而建立一个包容、公平和具有强大经济竞争力的社会”。[6]就其实质而言，这一国家教育目标的核心和价值取向强调英国的教育必须为提升英国国力，使英国在21世纪成为一个具有竞争力的经济强国服务。为此，英国政府在教育领域中采取了两个主要的战略：实行更多的中央集权；推行层层教育问责制。这包括自1993年以来，由英国国家教育标准署对全国的基础教育进行全面的质量监控，对学校的督导评估报告要公开发布在国家的报刊媒体上，地方教育局，像中小学一样，也必须接受国家督导的检查和评估，如果检查不合格，将和“失败学校”一样面临重新“组阁”甚至被“移交”给社会中介机构的危险。2009年，督导的权力进一步扩大，督导的范围扩大到了高等教育层面。英国国家督导的评估在英国的学校改进和学校管理中占有相当重要的地位。英国的学校公认，尽管有各种不同的校外评估机构，但最重要的校外评估机构是国家督导。所有学校对国家督导的报告都极为重视，“报告中所指出的需要改进的方面都能得以最及时的纠正”。[7]国家督导人员能够促进学校制订教育改进计划，并向学校提供进一步改进的重点，起到其他的校外评估机构所起不到的监督指导引领作用。英国著名学者、伦敦大学教授Stoll[8]指出，在英国，教育督导对学校和学校改进的影响大于其他任何的校外评估机构。2010年4月颁布的最新《教育督导评估细则》也体现了英国政府的这种价值取向。

### 注释

[1]线联平．北京教育督导：改革、发展与创新[Z]．北京：北京教育督导评估国际论坛，2009. 6.

[2]孙河川，高鸿源，刘扬云．从薄弱走向优质[M]．高等教育出版社，2006.

[3] Ofsted. The Evaluation Schedule for Schools. Ofsted. http://www.ofsted.gov.uk/. 2010, 4.

[4]国务院．国家2010－2020年中长期教育改革和发展规划纲要．2010. 5. 6.

[5]陶西平．教育评估辞典[Z]．北京：北京师范大学出版社，1998(9)：112.

[6] Department for Education and Skills. (2002). Transforming Youth Work-resourcing excellent youth services. London: Auther/Connexions.

[7] Wikeley, F., Stoll, L., Lodge, C. (2000). Effective school improvement: the English Case Studies. In: R. de Jong. (Ed.). Effective School Improvement Programs-a description and evaluation of ESI programs in eight European countries (pp. 45－177). Groningen, the Netherlands: GION.

[8] ibid.

# 附录1 英国督导对学校进行督导检查时使用的评估量表

| 教育督导评估表<br>（等级：1. 优 2. 良 3. 一般 4. 不合格） | |
|---|---|
| | 等级 |
| 学校的整体效能 | |
| 个人和学生群体的成果 | |
| 学校持续改进的潜能 | |
| 学校需要在哪些方面进一步改进？建议与需要采取的行动 | |
| 这所学校是否需要采取特殊的措施或需要改进的警示 | 不需要 |
| | 部分需要 |
| | 需要 |

| 1. 成果：把所有变量都考虑在内，学生的质量如何 | |
|---|---|
| 1.1 学生的成就以及乐学的程度<br>■学生成绩<br>■学生的学习质量和进步<br>■特教生或残疾生的学习质量和进步 | |
| 1.2 学生的安全感程度 | |
| 1.3 学生的行为表现 | |
| 1.4 学生采用健康生活方式的程度 | |
| 1.5 学生对学校和社区的贡献程度 | |
| 1.6 学生掌握适应未来工作的能力和保障经济无忧的技能程度此项需考虑：学生的出勤 | |
| 1.7 学生的精神、道德、社交和文化发展的程度 | |
| 2. 学校教育效能 | |
| 2.1 教学的质量<br>应考虑：<br>■以评促学的运用 | |
| 2.2 通过合作，课程满足学生需求的程度 | |

续表

| 2.3 有效的关爱、引导和支持 | |
|---|---|
| 3. 学校领导与管理的效能 | |
| 3.1 领导与管理的效能,包括对改进的愿望与推动力<br>■教与学的领导与管理 | |
| 3.2 校董事会激励和支持学校攻克难关、履行法定职责的效能 | |
| 3.3 让家长和监护人积极参与学校改进的效能 | |
| 3.4 促进学生学习和其福祉的合作效能 | |
| 3.5 促进公平消除歧视的效能 | |
| 3.6 实施监管的效能 | |
| 3.7 促进社区和谐的效能 | |
| 3.8 获取资源和有效使用资金的效能 | |

| 学前教育效能 | |
|---|---|
| 整体效能<br>应考虑:<br>■儿童在学前教育中的成果<br>■学前教育的质量<br>■学前教育的领导和管理效能 | |

| 大学预科效能 | |
|---|---|
| 整体效能<br>应考虑:<br>■学生在大学预科中的成果<br>■大学预科的质量<br>■大学预科的领导和管理效能 | |

| 整体效能:寄宿学校效能 | |
|---|---|
| 寄宿学校效能 | |

# 英国督导如何评估学生的学习效能和核心素养

孙河川　向琴群　金蕊

**摘　要**：一所学校学生的学习效能和核心素养的高低直接决定该校教育效能和教育质量的高低。在中小学校管理工作中，于教育督导工作而言，如何评估一所学校学生的学习效能和核心素养？应当从哪些维度去评估？应当有哪些测评点？在国内外均属于极具挑战性而又十分前卫的研究。因而，对发达国家的中小学校评估指标进行系统研究，提炼出可以用于改进我国学校督导评估和中小学校质量管理评估的指标，尤其是提炼出科学前瞻的、接地气的、具有可测性的、可操作性的、有价值的测评点，有着重大的现实意义。以英国政府颁布的英国普通中小学校督导评估指标为例，其使用了学生的学业成就以及乐学程度，学生安全感程度，学生行为表现程度，学生健康生活方式程度，学生对学校和社区贡献程度，学生出勤情况，学生是否掌握适应未来工作的能力和学会保障经济无忧技能，以及学生在精神、道德、社交和文化等方面发展程度等八个维度和其测评点去评估学生的学习效能和核心素养，为我国构建此类指标体系或测评点提供了借鉴与参考。

**关键词**：学习效能；核心素养；测评点；教育督导；评估指标；英国

## 一、导言

《国家中长期教育改革和发展规划纲要》对我国的教育督导工作提出了新的任务与要求。如何在新形势下，有效地评估和提升学校的教育质量，制定出既科学前瞻，又接地气，且具有可操作性的学校督导评估指标是我国各级教育督导和第三方教育评估机构面临的瓶颈。与此同时，在对中小学校的管理工作中，如何评估一所学校学生的学习效能和核心素养？应当从哪些维度去评估？应当有哪些测评点？在国内外均属于极具挑战性而又十分前卫的研究。而关注教育质量、科学测评学生学习效能和核心素养已成为世界教育发展的一大趋势。目前，要有效地进行评估、监测我国中小学校的教育质量，在很大程度上，取决于要有一套既科学、前瞻又具有可测性的评估指标,其中最难之处是如何设计在整套评估指标体系中,最起关键作用的测评点。测评点的全面与否以及其质量高低,直接决定了评估指标体系质量的整体高低,以至于测评点的细化成为世界各国教育评估指标体系中的难点。对于学生的学习效能和核心素养如何评估?用什么样的测评点进行评估?我国教育评估专家们对此做过许多的尝试,但效果并不理想。

放眼世界,在测评点细化方面做得最好的国家之一便是英国。在全球,英国长期以来以创造标准著称,如伦敦的格林尼治标准时间、全球会计行业证书标准、世界足球的规则标准,等等。因而,《新民晚报》2015 年 11 月 10 日李大伟的文章宣称:“世界上通行且行之有效的标准往往产生于英国。”以“追求卓越和追求高质量的教育公平”为目标,英国国家教育标准署(OFSTED)颁布了一套官方的《英国教育督导评估指标》。这套英国教育督导评估指标的核心部分是《英国普通中小学校教育督导评估指标》。本文作者曾撰文介绍过英国教育督导对中小学校督导评估的一级、二级、三级指标,但从未介绍过四级指标,即被一线督导人员称之为“测评点”的四级指标。而测评点才是每个国家督导评估指标或质量监测指标中的“刀刃”和“利器”。因此对于评估学生学习效能和核心素养而言,本文具有重要的现实意义及其特有的社会运用价值。

## 二、英国对普通中小学校的督导评估指标

### 2.1 英国指标不同于他国指标的最大特征

英国这套对普通中小学校教育督导评估指标的最大特征是:督导在评估一所普通中小学校时,主要是评估这所学校在各方面的效能(Effectiveness)。在对普通中小学校的效能评估时,英国督导共用了 3 项一级指标、19 项二级指标、39 项三级指标、155 项四级指标(被我国一线的督导人员称之为“测评点”,以下均统称为“测评点”)。这 3 个一级指标,依次为:

a. 学生的成就(即学生的学习效能和核心素养);

b. 学校教育效能(课堂层面和教师层面的效能);

c. 学校领导与管理的效能(校长和学校管理层的效能)。

在这 3 项一级指标下相应衍生出 155 项测评点。英国的中小学校督导主要对中小学校的三种效能进行评估,即学生的学习效能和核心素养、学校(教师和课堂)的教育效能、学校领导的管理效能。从这三个方面去评估一所学校的整体效能。在英文原作不到两页的督导评估表中,提到“效能”的地方多达 19 处。将学校的总体效能(total effectiveness)写在了评估表第一栏中最突出的位置,由它代表每所学校的总评分等级。另外,指标中的第二项一级指标直接以“学校的教育效

能”命名，而不是用“学校的教育质量（school educational quality）”命名，在第三项一级指标“学校领导的管理的效能”中，它的所有 8 个二级指标都以“……效能（effectiveness）”命名，可见英国政府对“学校效能”的重视程度。

2.2“效能”与“质量”的区别

一所学校的“效能（effectiveness）”与一所学校的“质量（quality）”相比，区别在哪里呢？英语中的“质量”一词强调的是相对于国家质量标准而言，一所学校整体素质所处的现在状态，它是静态的，相当于英语动词的“现在时”。而“效能”的概念则强调的是一所学校在原有的基础上“进步的幅度”和“提升的空间”，它是动态的，相当于英语动词的“现在完成进行时”，是一所学校与自身的过去相比的进步幅度和提升的程度。这一点对于薄弱学校尤其重要，因为相对于“优质学校”或“重点学校”而言，薄弱学校的静态成就，是无法与前者抗衡的。但如果是评估优质学校或薄弱学校的进步幅度，前者就不一定占优势了。因而，用“学校效能”来衡量和评估一所学校的质量，相对而言更公平，也得到了英国大部分中小学校校长和教师的拥护和认同。在中国，情形也与英国类似，评估一所学校、一名教师或一个学生的进步幅度，对于无论是学苗优的优质校或重点校，还是学苗由于各种社会经济因素欠佳的薄弱校，都认为是一种相对而言最公平的质量评估标准。本文中学生的“学习效能”既包含了学生的学业成就和各种能力，也包含了学生的核心素养，如：学生在精神、道德、社交和文化等方面的素养，是否具有国际视野、社会主流价值观、懂法守法维权、自律自主、善于沟通与交流、创新与创造、信息技术、团队合作、服务社会和奉献社会、勇于发明和创新、善于风险管理、积极进取、良好的学习技能和个人品格、善于分析问题和解决问题，是否乐于探求、理解并尊重文化差异，是否能理解、接受、包容、尊重来自不同国度、不同地域、不同社会经济地位的种族和宗教信仰，等等。

## 三、英国督导评估学生学习效能所用的一、二、三级指标

限于篇幅，本文只聚焦于英国政府在对其普通中小学校进行督导评估时的第一个一级指标，即对“学生的成就”（学习效能和核心素养）是如何评估的。英国教育督导对学生学习效能的评估是多维度的，它使用了 8 项二级指标（即八个维度），17 项三级指标。它们分别是：

维度一：学生的学业成就以及乐学的程度

1.1 学生成绩（学校所提供的 16 岁学生的中学毕业成绩，如：测试、考试成绩及其他，也应考虑不同学生群组、不同课程、不同学科在发展趋势中的任何重要变量）

1.2 学习质量和进步,包括特教生和残疾生在内(最近三年的数据)

1.3 成就及乐学的程度(学生学习质量、进步及成就,包括学前教育和大学预科取得的成就。不能只用一年的数据,除非是新建学校)

维度二:学生的安全感程度

2.1 学生在校的安全感,包括他们对安全的认识

2.2 学生感到不安全时,能向学校寻求保护

维度三:学生行为表现的程度

学生的课堂表现和在校期间的行为表现

维度四:学生健康生活方式的程度

4.1 学生,特别是高危生,能了解伤害他们的生理、心理、情态、健康的要素,以及知道如何应对

4.2 学生,特别是高危生,在学校通过努力,改善身心健康的状况

维度五:学生对学校和社区贡献的程度

5.1 学生愿意为学校或社区承担一份责任并发挥作用

5.2 学生参与讨论影响他们学习和福祉问题的决策与咨询

5.3 学生对社区和学校所作贡献产生的影响

维度六:学生的出勤情况

6.1 出勤(无故缺课、无故迟到早退等情况)

维度七:学生是否掌握适应未来工作的能力和学会保障经济无忧的技能

7.1 学生的语言、识字、数字、信息、沟通能力水平与他们的年龄相符

7.2 学生扩展知识和增强对世界的理解力,掌握先进技能和提高自身素质,以利于未来的学习、培训、就业和生活

7.3 学生对自己未来的选择所了解的程度

维度八:学生在精神、道德、社交和文化等方面发展的程度

8.1 培养学生的洞察力和人生观,以及他们对社会主流价值观的理解

8.2 培养学生在未来生活和工作中必备的技能和个人素质,以及他们对自身文化和其他不同国度、不同地区和不同地域文化的理解。

## 四、英国督导评估学生学习效能时所用的测评点

上文我们介绍了英国教育督导在评估学生学习效能和核心素养时所使用的八个维度,以下我们将对这八个维度中的精华(测评点)进行一一解析。在这八个维度中,学生的学业成就和乐学程度居首位。

4.1 学生的学业成就以及乐学程度的测评点

在督查每所普通中小学校时,并不是只查看该校在过去一年中学生所取得的学业成就,而是要查看该校连续三年之中,在国家核心课程方面学生的学业成就。另外学校还必须提供16岁学生的各种成绩。在英国,16岁是高中二年级,凡是年满16岁的学生必须参加国家统一的普通中等教育资格证书的考试(GCSE),该证书相当于我国的高中毕业证书,而这种考试则相当于我国的高三会考。

英国学生参加国家统考是按年龄段进行的,例如学生必须参加11岁、14岁和16岁的SAT考试。其中11岁的考试类似于我国的小学毕业考试,14岁的考试类似于我国的初中毕业考试,而16岁的考试则类似于我国的高三会考。对学生成绩的测评点则是学生人数达到特定国家基准线(例如语文、数学、英语达到国家二级、四级、六级考试水平等)的百分比、不同层次学生的通过率和完成率、学生平时的测试和考试成绩、所有不同学生群体的成绩、不同科目的达标情况、学校连续三年的成绩、也包括学校参加非强制性的标准化考试成绩、学生参加普通中等教育资格证书考试成绩、其他课程测试的成绩、学校对成绩达标的跟踪记录和教师对学生的质量考评,等等。上述测评点在英国被用来评估一所学校中学生的学业成就。

除此之外,英国对学生学业成就的测评点还关注每一个学生的成长与进步,尤其是特教生和残疾生的学业进步幅度,对于学生中的弱势群体赋予了更多的爱和关注。由于要测评学生和学校的进步幅度,那么必然不能使用一年的数据,因此英国的中小学校在评估时都用最近三年的数据,除非是新成立的学校。英国测评点关注学生获取知识、开发理解力、对学习能力和实践技能的掌握。学校和教师如何开发学生在不同学科中的学习潜能。另外,在进校观课时,观察学生在不同学科上课时的兴趣、热情、投入程度等,从而判断学生的乐学程度。与此同时,督导还运用背景增值和其他增值测量法,去测量学生的进步幅度,包括不同学生群组之间是否存在巨大的差异(例如:少数民族学生、入学前不同基础学生群体、不同性别的学生群体、天才学生群体、英语非母语的学生群体,等等)。测评点还包括要分析学校在哪些方面未达到标准,哪些方面可以做得更好等。除此之外,督学还要查看地方教育局对学校的评估状况;学校整体的增值数据(对学生16岁之后的学习成绩进行持续跟踪);测评点还包括学生学习质量、进步及成就,包括学前教育和大学预科学生(高中的第三学年和第四学年)取得的成就。学校的自评报告和大学预科成绩评估报告。学生是否达到挑战性的目标;查阅学生档案情况;学校对不同学生群体进步状况的分析,如对管护生、少数民族学生(包括吉卜赛裔、罗马裔、爱尔兰裔学生)、非常规时间入学的学生、低社会经济地位的学生等不同的学生群体。

4.2 学生安全感程度的测评点

在评估学生的安全感程度时，英国政府的教育督导评估指标用了以下7项测评点去评估：首先它要求不同学生群体、家长、监护人、教职员工、学校董事会成员等对学校的安全问题进行评估。然后要求学生填写对各种可能的危险，例如对水灾、火灾、公路交通事故、铁路交通事故以及与新技术有关产品的了解程度、如何评估和回应这些灾害或事故。面对不同形式的烦恼、欺辱等，学生是否仍然感到安全。学生和不同宗教信仰、不同种族、不同性别，和残疾人、和老师或成年人相处时，是否感到安全、是否感到被尊重、是否能够放松，等等。学生是否觉得自己的话语被认真聆听，在遭遇不公时，学生是否懂得投诉，向谁投诉，怎样寻求帮助等，这也是学生的核心素养之一，懂法、守法、维权。如果学校出现了不安全或危险的问题，学生和家长是否确信学校能采取正确的行动，能公平、公正地解决安全问题，等等。

4.3 学生行为表现程度的测评点

评估学生在校的行为表现程度包括两个方面：课堂表现和课后在校的表现，这也是核心素养的重要内容。英国教育督导所用的测评点有：学生的学习态度和课堂表现。课堂上或校内是否存在经常干扰他人学习或威胁到他人安全的行为？学生不良行为影响教学的比率？同学间的交往情况？学生如何对待校内公共设施？在课间休息时、全校集中时，或其他活动中，学生能否顾及他人，能否礼貌待人？学生是否具有自律的能力与愿望？学生遵守学校行为规范情况，查看学校有关学生行为的文本记录，包括是否发生过种族歧视，欺负同学的行为、学校对学生的处罚情况（如公开全校点名、被罚面壁以及在午餐和集体活动中突发的事件）；校内违规处罚和开除事件的比率和形式等。除此之外，还包括学生和家长对本校学生行为举止的评估；学生对免受骚扰、安全的重视程度、不同社会经济地位家庭背景的孩子相处的融洽程度等。

4.4 学生健康生活方式程度的测评点

在评估学生是否学会和养成了健康生活方式方面，英国督导采用了以下测评点：通过了解学生在学校就餐时对食物的食用情况，评估校餐食品是否健康，学生是否喜爱。了解学生参加体育课的情况和学生参加课外活动的情况，包括参加跳舞、音乐、运动等有利于健康的课余活动情况。征询学生是否了解吸烟、吸毒、酗酒等不良行为对身心情感所带来的伤害？在同学之间是否存在压力？学生是否懂得工作与生活的平衡关系？是否了解体育运动（如步行或骑车上学）与健康饮食的好处，并将其融入自身生活之中。学校对学生的健康采用了哪些促进策略？学生对社会教育、健康教育以及其他方面课程的评估情况。除此之外，督导还必须广泛征询学生、家长、监护人、教职员工、校董事会成员等多方面人士的意见,将看似抽象、不可测的要素都变成可测的、具体的、可以进行考量的测评点。

4.5 学生对学校和社区贡献程度的测评点

在评估学生对学校和社区的贡献方面,英国教育督导使用了以下测评点:学生是否愿意为学校或社区承担一份责任并发挥积极作用;学生参与影响他们学习和福祉问题的决策与咨询情况;学生参加社区和学校活动的情况;学生对社区和学校所作贡献产生了什么样的影响;学校激励学生在社区或学校活动中积极承担责任以及担任领导角色的比例;学生参与和推广提高社区生活质量和发展潜能活动的比例;校董事会是否给学生提供了机会为学校和社区作贡献,并参与影响社区的决策;例如:通过调查和讨论、鼓励学生为学校和社区建设建言献策;当学校对学生的学习和福祉进行规划和决策时,学生与教职工是否应邀参与;学生参与地方、国家和国际慈善活动的情况;不同背景的学生在参与学校和社区活动中的感受;家长、成年人、当地社区成员对学生参与社区活动的评估;如果学校有专业特色,如何帮助学生利用学校的专业特色对社区作贡献等诸多方面。上述测评点也是对学生核心素养程度的测评。

4.6 学生出勤情况的测评点

在评估学生的"出勤"方面,学生是否无故缺课,是否迟到早退是学生出勤率的重要指标。教师是否无故缺课,是否无故长期休病假也是学校出勤率的重要指标。另外,英国教育督导还采用了以下测评点去评估一所学校的出勤率:遵照"改善学校自我评估的报告和分析数据",每所学校自评后发布在学校网络上的出勤数据,学校的总缺勤率和持续缺勤率数据。鉴于没有规定未到法定上学年龄儿童的数据,因此在这方面学校可使用自己的数据。学校掌握的不同学生群的出勤率,包括学困生,残疾生,少数民族学生的出勤率;学校中连续缺勤的学生或教师的比率、根据英国政府制定的国家标准,缺勤率超过20%便为连续缺勤。另外英国督导对缺勤的方式也进行统计,各层面出勤率的百分比,这些比率是否有变化等。

4.7 学生是否掌握适应未来工作的能力和学会保障经济无忧技能的测评点

在评估学生是否掌握了未来发展的技能方面,英国教育督导使用的测评点有:学生的语言、识字、数字、信息、沟通能力水平是否与其年龄相符;学生是否掌握了扩展知识和增强了对世界的理解力?是否愿意并掌握先进技术,以利于未来的学习、培训、就业和生活?学生对自己未来的选择和愿望了解的程度。学生在现实生活中使用语言、识字、算术和信息技术的能力;学生是否提高了学习技能和养成了良好的个人品格,是否具备团队合作的能力,分析问题和解决问题的能力,组织活动能力,领导力等。学生是否守时;学生是否提高了对现实社会的问题意识,是否了解持续发展的重要性,是否懂得机会掌握在自己手中,是否有进取心并知道如何获得成功;是否掌握了进入企业工作所需的能力和素养,包括勇于发明、勇于创新、敢于冒险、善于风险管理、积极进取、为实现梦想而不断努力;是否具有符合其年龄的理财、经济、经营等理念、学生、家长、监护人是否认为学校为孩子的未来教育、培训、未来就业打下了良好的基础。更多的测评点还包括对校外合作机构的雇主、培训者、员工等进行调查和访谈,倾听他们对该校学生的评估,另外还包括学生中学毕业离校后,选择继续学习和培训的百分比,以及不再继续学习、不再参加培训和没有就业的离校生人数及百分比等。这些测评点从本质上来说,就是对学生核心素养的测评。

4.8 学生在精神、道德、社交和文化等方面发展程度的测评点

在评估学生在精神、道德、社交和文化发展方面,英国教育督导用了以下的测评点:学校是否培养了学生的洞察力和人生观;学生对社会认可的主流价值观的理解和接受程度;学校是否培养了学生生活和工作中必备的技能和个人素质,以及学生对自身文化和其他不同国度、不同地区和不同地域文化的理解程度。在学生的精神发展方面,学校是否培养了学生对生活的乐趣,是否尊重和关心他人的价值观、信仰、宗教等,是否乐于自我探索,乐于取长补短,能发挥想象力,运用创造性思维,乐于自我反思。在道德发展方面,学生是否明辨是非,明白行为造成的后果,对道德和种族问题是否有兴趣研究,并有所见解。在社交发展方面,学生能在不同的场合使用不同的社交技能,能合理对待不同宗教、不同民族及不同社会经济地位背景的学生,乐于社交,合作愉快,并能有效解决争端,了解、关心不同层面的社区和社会的运作和表现方式及其功能。在文化发展方面,学生能了解、能鉴赏传统文化及其广泛的影响力,乐于响应并参与艺术、体育、文化等活动,乐于探求、理解并尊重文化差异,能理解、接受、包容、尊重来自不同国度、不同地域、不同经济地位的种族和宗教信仰。这一部分的测评点完完全全就是对学生核心素养的测评。

## 五、英国学生学习效能和核心素养测评点对我国的启示

启示一:抛弃单维度评估,选择多维度评估

从英国教育督导对学生学习效能评估所使用的测评点可以看到,首先,这些测评点是多维度的,并非单维度。在我国现行的对学生学习成就的评估中,往往存在两个极端:要么只看高考成绩或中考成绩;要么回避用刚性指标看任何考试成绩。这种非白即黑,非黑即白的极端主义均有违于辩证唯物主义的思想。学校

教育既要看到冷冰冰的分,也要看到活生生的人。英国教育督导在评估学生的学习效能和学习成就时,使用了八个维度,既重视学生的学业成绩,例如关注学生在不同年龄段参加国家核心课程分级考试的成绩、参加国家统考的中学毕业成绩,也关注学生乐学的程度、学生学习进步的幅度、学生的安全感程度、学生在校内的行为表现程度、学生的健康生活方式程度、学生对学校和社区贡献的程度、学生的出勤情况、学生是否掌握适应未来工作的能力和学会保障经济无忧的技能,以及学生在精神、道德、社交和文化等方面发展的程度。这八个方面,基本上包含了培养学生核心素养和全人发展的核心维度。较之单维度只看考试成绩,或完全抛弃考试成绩的评估,英国教育督导所采用的八大维度测评点让人眼前一亮,既看到了冷冰冰的分,也看到了活生生的人。人才的培养,国家的进步,民族的富强,国际话语权,科技上台阶,需要我们培养的下一代掌握科学技术人文社科知识,需要科学的教育评估与测试。同时更要培养他们的核心素养,让他们成为一个懂法守法的正常人,一个具有健康生活方式,能够掌握适应未来世界、未来社会发展所需能力和技能的人。除此之外,“更根本的是看学生是否具备服务国家、服务人民的社会责任感,勇于探索的创新精神和善于解决问题的实践能力”。

在英国的测评点中,服务国家、服务人民的社会责任感主要体现在学生对社会认可的主流价值观的理解和接受程度上,体现在学生的人生观上,更体现在学生对学校和社区的奉献精神上。而勇于创新和解决问题能力的培养则体现在是否“提高了学习技能和养成了良好的个人品格;是否具备团队合作的能力,分析问题和解决问题的能力,组织活动能力,领导力等”这样的测评点上。这些测评点不但可以测试学生效能,更可以测试学生的核心素养。

启示二:用增值评估(进步幅度)去看待每一个学生

英国教育督导测评点用增值评估(进步幅度)去看待每一个学生。不是只看静态的分数高低,而是关注每个学生,尤其是学困生、残疾生、特教生、少数民族学生的进步幅度。这种增值评估主要了解每个学生与其入学时的起点或基础相比,在校学习期间各方面的发展状况和进步幅度。例如,由于各种主客观的原因,一个入学时参加国家统考考试成绩只有 40 分、基础很差的学生,经过三年的学习后,参加国家统考成绩达到了 60 分,提升了 20 分。但他与进校时国家统考成绩 70 分,三年后考 75 分的同班同学相比,尽管在总分上还是低了 15 分,但与他进校时自身基础相比,他的增值幅度已经超越了考 75 分的同学,这种进步幅度是值得充分肯定和鼓励的。能够看到每个学生的进步,对于教师、家长和学生都是很重要的,教师对一个学生的态度往往会点燃或熄灭这个学生心中的希望或明灯。教师对于每个孩子的影响是终生的。每个孩子都有自身的特质,希望教师关注他、在乎他、关心他、疼爱他、呵护他,引领他,需要教师看到他的进步,能经常表扬他、鼓励他、激励他。

启示三:对学生真正的尊重和关爱

英国教育督导测评点体现了对学生真正的尊重和关爱。它十分重视学生的安全和安全感。它问询学生是否觉得自己的话语被他人认真聆听?在遭遇不公时,是否懂得投诉?向谁投诉?怎样寻求帮助?当面对不同形式的烦恼、欺辱时,是否感到安全?和不同宗教信仰、不同种族、不同性别,和残疾人、和老师或成年人相处时,是否感到安全?在同学之间是否存在压力?是否感到被尊重?是否能够放松?与不同社会经济地位家庭背景的同学相处是否融洽,等等。这种尊重和关爱还体现在它对学生的餐饮及生活习惯的关注上,例如通过关注学生在学校就餐时对食物的食用情况,了解学生是否喜爱校餐。征询学生是否了解吸烟、吸毒、酗酒等不良嗜好对身心健康所带来的伤害?是否懂得工作与生活的平衡关系?是否了解步行或骑车上学等运动的好处并身体力行。这种尊重和爱进一步转化为对学生良好品格的关注和培养上,例如关注学生是否养成了守时的良好习惯?是否爱护公共设施?是否顾及他人,是否礼貌待人?是否具有自律的能力与愿望?是否了解个人持续发展的重要性?这种尊重和关爱还体现在问责上,它问责学校领导和学校董事会,是否给学生提供了为学校和社区作贡献的机会?是否鼓励学生为学校和社区建设建言献策?是否邀请了学生和教职工代表参与涉及学生利益和福祉的规划和决策?上述的这些英国教育督导的测评点在我国的教育督导和学校管理评估指标体系中是空缺的,值得参考和借鉴。

启示四:将抽象概念具体化、可测化

在所有的评估指标体系中,最难的是如何对抽象概念诸如核心素养进行测评。例如如何测评学生在精神、道德、社交和文化等方面的发展?这是一个极大的难题和挑战。英国督导在对精神、道德、社交和文化这四个核心素养的抽象概念如何评估时,使用的测评点尤为精彩。通过实地考评、观察和发放问卷,它在评估学生精神方面的发展时,主要的测评点是考量学校是否培养了学生对生活的乐趣,学生是否乐于反思、自我探索、取长补短,发挥想象力和创造性思维等。在道德发展方面,是否明辨是非,明白行为可能造成的后果,对道德和种族问题是否感兴趣并有所见解,成为了主要的测评点。在社交发展方面,学生能否在不同场合使用不同的社交技能,能否合理对待来自不同信仰、不同民族及不同社经地位家庭的学生,是否乐于社交,与人合作是否愉快并能有效解决争端成为主要的测评点。在文化发展方面,学生能否了解和鉴赏传统文化及其影响力,是否乐于响应并参与艺术、体育、文化等活动,是否乐于探求、理解并尊重文化差异,是否能理解、接受、包容、尊重来自不同国度、不同地域、不同社会经济地位的种族和宗教信仰成为了具体化和可测化的测评点。

## 参考文献

[1]李大伟．英国，傻瓜式的智慧[N]．新民晚报．2015.11.10.

[2]Ofsted. The Evaluation Schedule for Schools. Ofsted[EB/OL]. http://www.ofsted.gov.uk/. 2010，4

[3]袁贵仁．提高教育质量，需要着力落实哪几大任务[N]．中国教育报．2015.11.9.

# 以摩尔小学督导个案为例看英国督导评估指标

孙河川　史丞芜

**摘　要**：国外的督导机构如何对学校进行评估？怎样进行细化的"督"和"导"？笔者以英国督导团对"摩尔小学"进行的教育督查为例，介绍英国对小学教育的督导评估维度以及指标，以期为健全我国的教育督导制度、制定科学的督导评估维度和指标提供借鉴。

**关键词**：英国小学督导；摩尔小学；督导报告；比较研究

## 一、以摩尔小学督导个案为例看英国小学督导评估

位于兰开夏郡斯凯尔默斯代尔市的摩尔小学是一所社区学校。该校有注册学生335人，另有51名半日制托管的学龄前儿童。学生年龄在3－11岁，具有种族背景的学生人数低于全英平均线。大部分学生的家庭背景不是很优越。学生进入托儿所的成绩整体上低于全英平均水平。27%的学生需要特殊教育，远远高于全国平均水平。

对摩尔小学进行督导评估的督导组由5名专业督学和一名行外督学构成。在5名专业督学中，包括一名注册督学，负责对物理科学课程进行评估。另外4名督学的分工为：一名负责对英语、地理、历史、宗教教育进行评估；一名负责对数学、信息与通信技能、设计与技术、音乐教育进行评估；一名负责对基础阶段的艺术与设计能力进行评估；一名负责对学生的语言沟通能力进行评估（Inspectorate for Education，2005）。

在英国小学教育督导诸多督查的项目之中，对学校教育质量的评估是重中之重。与督查英国其他学校一样，摩尔小学督导组主要集中督查三大方面（也就是研究中常说的一级指标或维度）：学生的学习和发展；学校的教育质量；学校的领导与管理。

（一）对学生的学习和发展的评估

在对摩尔小学的督查中，对于学生的评估主要表现在：对学生认知成果的评

估;对学生的态度、价值观以及个人素养的评估。

1. 对学生认知成果的督查

在这方面的督查主要体现在对所学科目、学生在国家核心课程考试中所取得的成绩的评估。评估的主要依据是学生在二年级和六年级期末时参加全国统一考试所取得的成绩。但对二年级和六年级学生督查的科目有所不同。在二年级期末参加全国统考中,督查的科目只有阅读、写作、数学;而在小学六年级期末全国统考中,督查的科目除语文(也就是英语)、数学、科学外,还有地理、历史以及学生的写作能力、演讲能力、掌握拼写和标点符号的能力以及计算能力等。评估学校质量好坏的主要参照系数有两个:一是各科国家统考的全国平均成绩;另一个是上一学年学校在全国各科统考中的成绩(见表1、表2)。

**表1　摩尔小学二年级2004年参加全国统考成绩一览表**

| 科目 | 学校成绩 | | 全国平均成绩 | |
|---|---|---|---|---|
| | 2004年 | 2003年 | 2004年 | 2003年 |
| 阅读 | 17.5 | 18.3 | 15.8 | 15.7 |
| 写作 | 18 | 18.1 | 14.6 | 14.6 |
| 数学 | 18 | 18.2 | 16.2 | 16.3 |

**表2　摩尔小学六年级2004年参加全国统考成绩一览表**

| 科目 | 学校成绩 | | 全国平均成绩 | |
|---|---|---|---|---|
| | 2004年 | 2003年 | 2004年 | 2003年 |
| 语文 | 26.7 | 27.1 | 26.9 | 26.8 |
| 数学 | 26.3 | 27.3 | 27.0 | 26.8 |
| 科学 | 27.9 | 28.6 | 28.6 | 28.6 |

从表1和表2可以清楚地看到:摩尔小学二年级学生的成绩无论是2003年还是2004年均高于全国统考平均成绩。而六年级学生三门统考科目的成绩在2004年均低于全国平均成绩,而在2003年则都高于或与全国平均成绩持平。由此可见,该校六年级学生的平均成绩较之2003年有所下滑。尤其是数学科目,在2003年高出全国平均0.5,而2004年则低于全国平均0.7。

2. 对学生的态度、价值观、人格素养的督查

在这一评估中,主要督查学生的出勤率。英国的学校和教育督导非常重视学生的出勤率和迟到率等。学校把每个学生的出勤率、迟到率与其他的学生进行对

比,并定期向家长报告,以期家长能敦促孩子保持高出勤率和遵守学校的作息时间(见表3)。而且还对学生参加学校各项活动的心态和表现进行评估,具体有以下8个指标:

**表3 对学生的态度、价值观、人格素养的评估指标**

| |
|---|
| 1. 学生在上课时的课堂行为表现 |
| 2. 教师授课时学生注意力集中的程度 |
| 3. 学生参与课外活动的积极程度,其中包括特殊教育学生参与课外活动的积极程度 |
| 4. 高年级与低年级学生关系如何 |
| 5. 学校提供给学生培养责任感和相互尊重的机会多少的评估(如学生是否定期参与学校委员会的工作、是否具有学习责任感、对于"团队成员"这一概念的理解程度等) |
| 6. 对于周围环境的尊重和关心程度 |
| 7. 学生对于宗教信仰的意识以及如何对待他人的宗教信仰 |
| 8. 是否参与音乐、舞蹈、艺术和设计等庆祝活动 |

(二)对学校教育质量的督查

这一部分是摩尔小学教育督导评估的重点。主要对教学与认知、学校课程设置、教师对学生的鼓励关爱和引导以及学校与学生家长、社区、其他学校伙伴的关系这四部分进行评估。在这一评估过程中,督导组成员分别随堂听课58节,并根据以下的评估标准把教师教学分成了卓越、优秀、好、满意、不满意、差、极差七个等级(表5)。但在四部分中还包括了以下细化的评估指标。

在对教学与认知的评估中,英国督导组所用的主要评估指标有以下11项(表4):

**表4 对教学与认知的评估指标**

| |
|---|
| 1. 教师对学生的期望值 |
| 2. 师生关系 |
| 3. 教师掌握知识的程度 |
| 4. 引导学生思考与解答问题的能力 |
| 5. 教师的语言表达能力 |
| 6. 教师整合不同知识教学的能力 |
| 7. 课堂上激发学生的学习积极性与想象力的程度 |
| 8. 将课堂教学与作业紧密结合的程度 |

续表

| 9. 对学生综合评估的程序 |
|---|
| 10. 是否为学生制订了学习计划 |
| 11. 对学生每周一次的课外辅导以及助教的评估 |

**表 5　督导组所抽查的 58 节课的教学情况**

| 卓越 | 优秀 | 良好 | 满意 | 不满意 | 差 | 极差 |
|---|---|---|---|---|---|---|
| 3(5%) | 23(40%) | 24(41%) | 8(14%) | 0 | 0 | 0 |

注:(表格中通过七种类型来判断所抽查的课堂教学情况,括号之内为百分比)

在对开设课程的评估中,英国督导组所用的主要评估指标有以下 12 项(表 6):

**表 6　对开设课程的评估指标**

| 1. 学校课程设置的合法性 |
|---|
| 2. 学校是否有两年以上详细的教学滚动计划大纲 |
| 3. 课程大纲涉及知识范围的程度 |
| 4. 课程中是否把思维技能教育、文化教育、宗教教育等其他认知方面的教育渗透到每节课中 |
| 5. 课程设置中各科之间的衔接性和灵活性的程度 |
| 6. 课程设置兼容的程度 |
| 7. 课程是否新颖和丰富,能否给孩子们发挥创造力和表达力的机会 |
| 8. 课程框架构建的衔接性,在孩子的头脑中是否有清晰的轮廓 |
| 9. 课程设置对具有不同能力的学生和不同文化背景的学生是否公平 |
| 10. 各科课程时间安排的科学性 |
| 11. 学习的环境与学习资源 |
| 12. 各科教师队伍的配备情况 |

在对学生的关爱、指导与鼓励评估中,英国督导组所用的主要评估指标有以下 8 项(表 7):

**表 7　对学生的关爱指导与鼓励的评估指标**

| 1. 教职员工作息时间 |
|---|

续表

| |
|---|
| 2. 学校的安全环境以及安全保护措施的状况 |
| 3. 对教师进行安全措施的培训情况 |
| 4. 教师对学生指导与引导的及时性 |
| 5. 学生是否有征求教师意见和找教师帮助的意识 |
| 6. 教师对于学习成绩有进步或行为表现好的学生是否给予正面的激励 |
| 7. 是否促使学生进一步明确自己的目标,能够正确地进行自我评估与评估 |
| 8. 学校是否认识到可以最大限度地开发学生的智能 |

在对学校与学生家长,其他学校以及社区的伙伴关系的评估中,英国督导组所用的主要评估指标有以下3项(表8):

**表8 与学生家长、其他学校以及社区伙伴关系的评估指标**

| |
|---|
| 1. 家长与学校的联系方式 |
| 2. 学校与社区联系的方式与程度 |
| 3. 学校与其他学校或大学的联系 |

摩尔小学与家长联系的具体做法有:在学校开学之前与家长们在学校的操场上进行非正式交流。教师们在每天下午放学之后与来访的家长交谈。为家长开设很多家长课程,如:如何指导孩子阅读等。同时,学校定期提供课程的内容等信息,定期举办家长晚会,欢迎家长参与校外活动与访问并参与学校事务与各种活动。摩尔小学还组织学生放学之后或在假日里参加当地社区的活动,定期举办向当地的所有适龄儿童开放的迪斯科晚会,邀请当地居民访问学校(包括警察局联络长官、狱警以及消防队员)。学校经常有效地利用当地各种资源来丰富课程的内容,如参观教堂、艺术画廊、国家公园和聆听音乐会。同时还为幼儿游戏协会提供活动场所,家长与蹒跚学步的幼儿游戏组每周都可以在这里举行活动。

(三)对学校领导与管理的督查

在对学校领导与管理的督查方面,英国督导组所用的主要评估指标如下(表9):

**表9 对学校领导与管理的督导评估指标**

| |
|---|
| 1. 对校长的评估: |

续表

| 校长工作的热情以及这种热情对教师的感染力 |
| --- |
| 校长的团队建设能力,是否使每位教师都为学生提供了高质量的教学 |
| 在校长的领导下,学校继续发展的战略计划是否稳固地建立在对当前学校工作评估的基础之上 |
| 领导者与管理者工作的配合程度 |
| 2. 财务管理状况 |
| 3. 学校的监控体系 |
| 教学任务的完成情况和达标情况 |
| 需要进一步提高和改善的方面 |
| 4. 学校的培训体系 |
| 教师资格培训 |
| 在职教师培训计划 |
| 教师上岗培训 |

## 二、英国教育督导对我国的启示

虽然各国的政治、经济、文化和教育的大环境以及教育制度等方面存在明显的差异,导致了教育督导的目的、内容、方法和评估指标体系的不同。但是,拥有一套科学、完整、细化、可操作的督导评估指标体系确是各国督导制度之必需。英国在督导人员的专业化、评估指标的科学性、完整性、可操作性和细化等方面,有如下值得我国学习和借鉴的地方。

(一)教育督导机构的独立性

为了在国际竞争中稳操胜券,自 20 世纪 80 年代后期以来,英国政府强化教育督导对全国教育质量的监督、指导作用,实行对 7 岁、11 岁、14 岁、16 岁学生的统考,并将全国教育督导系统(教育标准局)从教育部独立出来,直接对议会负责,并拨给专门的、充足的经费以确保其运转。这样保证了教育督导的中立和公正。并在此基础上,在全国公布教育督导对每一所学校督查的结果和报告,并建立专门的网页,国家教育标准局有权对不合格的学校冠以“failing school”(失败学校)的帽子,这样的学校如果在两年之内没有改变,将被关闭学校。对于督查中所发现的不合格的地方教育局也面临同样的结局。英国教育标准局督导的工作也将人们的注意力集中到外部问责制的测评和拟订成功学校的标准上。到 1997 年 9

月,340 所学校因为没有通过英国教育标准局督导的检查,被作为要求采取“特殊措施”的单位。政府要求这些学校要在两年的时间内提高教学质量,达到教育标准局督导提出的标准。随后的两年内关闭了 14 所学校,有 40 所学校已被责令采取“特殊措施”。工党执政后,政府采取了“公开点名”的政策。在两周内,他们在国家媒体上公布 18 所“失败”学校的名字,并将其列为要采取彻底行动的目标,行动的内容包括将学校关闭(又称“杀校”)、学校易名、聘请新校长、重聘教师以及重新开办学校。国家期望地方教育局能够介入并与学校一起努力改善现状,并像学校一样服从国家督导的监测和评估。1999 年末,一个地方教育局经过检查被发现不合格后,其行政管理权就被移交给了一家私人公司。2000 年 1 月,另外 3 个地方教育局也面临同样的结局。上述举措在英国的中小学教育中引起了极大的震动,整个社会对教育质量的关注提高到了空前未有的高度,学校发展和改进运动也随之成为自发。如果没有教育督导机构独立于教育行政管理部门这一极具前瞻性的举措,很难出现这样的学校将外动力变为内动力的局面。

(二)严格的教育督导人员任用制度和专业化

一个权力极大、具有独立性的国家教育督导系统,在一个舆论监督机制强大的国家之中,其选用人员(督导)必须是懂教育的行家里手。英国政府对督导人员的选拔非常严格,重视督导人员的学历和专业化,实行公开选拔,有严格的考试录用机制,不亚于我国的公务员考试制度。不但有岗前培训,而且还有在岗培训。到摩尔小学督查的 6 位督导人员中,除一名行外督学外(任用目的是保证督导工作的客观性),其他 5 名督学都是专业的督导人员,还有一名负责这个督导小组的注册督学,有很深的专业造诣,这使得教育督导评估工作的专业性得到保证。这对于我国督导人员的聘用有一定的借鉴之处。

(三)转换督导职能,要“督”更要“导”

在摩尔小学的督导报告中,在对每一项指标进行等级评估之后,督导小组都会指出摩尔小学在该项中存在的不足,并针对这一不足提出切实可行的具体整改方案。而且把它作为下一次督查的重点。除此之外,把本次的整体督导结果与上一次的督查结果进行对比,以比较该学校的改进程度。由此可见英国教育督导机构不仅充当着监督者的角色而且也充当着指导与服务者的角色。

(四)细化督导评估指标,增大科学性和可操作性

从对摩尔小学的督导报告中可以看出,无论是对于学生、教职员工,还是对教学质量的评估等诸多方面,其督导评估指标细化程度让人惊叹,不但有一级指标(3 项),二级指标 10 项,还有三级指标 54 项。例如,从督导人员对摩尔小学学生出勤率进行督查来说,督导组不仅把学生的出勤率与全国学生出勤率的统计数据

相比较,而且还与非官方统计的学生出勤率进行比较。同时,他们还检查学校是否定期把这些情况告之家长,使家长能敦促孩子保持高出勤率和遵守学校的作息时间。上述54项细化的指标可以使督导人员从不同的角度对学校进行督查,更为透彻地反映学校的实际情况和存在的问题,使评估结果更为客观,具有完全的可操作性和科学性,这很值得我国借鉴。

(五)对学生认知成果的督查聚焦于学生参加国家核心课程统考的成绩

与大部分西方国家一样,英国督导组在对学生认知成果的督查方面,聚焦于学生参加国家核心课程统考中所取得的成绩。在英国,学生参加全国统考所取得的学业成绩是衡量一所学校在认知教育方面最重要的指标。在此方面,英国督导组不但要看每所学校当年参加全国核心课程统考的成绩,将它与全国平均成绩进行比较,而且要将它与该校前一学年甚至前几学年的成绩进行比较,查看其“增量”。他们认为只有这样才能比较客观地看出一所学校在对学生认知教育方面的效能,以及对国家教育目标的实现程度,而不是离开科学数据的空泛之谈。

(六)对学校教育质量的督查离不开随堂听课

广泛抽查教师的授课质量,进行随堂听课这是英国教育督导对中小学督查的重点。在对摩尔小学的督查中,督导组成员分别随堂听课多达58节,并根据评估标准把教师的课堂教学分成了卓越、优秀、好、满意、不满意、差、极差七个等级。其中包括教师对学生的期望值、师生关系、教师掌握知识的程度、引导学生思考与解答问题的能力、教师的语言表达能力、教师整合不同知识教学的能力、课堂上激发学生的学习积极性与想象力的程度、将课堂教学与作业紧密结合的程度、对学生综合评估的程序,甚至包括教师是否为学生制订了学习计划,是否对学生进行了每周一次的课外辅导等细化指标。随堂听课对于了解一所学校的真实教学质量无疑是很重要的,更为重要的是它可以帮助授课教师改进其授课质量,这种帮助是有的放矢的、实实在在的。此举在英国受到了教师们的欢迎和好评。

(七)对学生的学习态度、价值观、人格素养、交流与通信能力、语言表达和书写能力进行全方位督查

从英国摩尔小学的督查报告中可以看到,对于学生的评估不仅重视学生的统考成绩,而且也重视对学生的学习态度、价值观、人格素养、交流、语言和书写能力进行评估。对于教师教学水平的评估不仅以学生的考试成绩为依据,而且也重视教师的教学行为、教学过程以及学校的课程设置是否有利于学生的各种认知、技能的发展,等等。而在我国的中小学教育中,虽然常常提到要全面发展学生的各种技能和素质,但在教育督导中对素质教育怎样进行评估却涉及的很少,也没有细化的、科学的指标。在这一方面,英国的教育督导为我国如何进行素质教育评

估提供了宝贵的经验和可供借鉴的、可操作的评估指标。

## 参考文献

[1]钱一呈. 外国教育督导与评估制度研究[M]. 中央广播电视大学出版社,2006.

[2]李帅军. 法国教育督导制度的历史、现状与特色[J]. 河南教育学院学报哲学社会科学版.2003,(1).

[3]郑丹,宗菲菲、孙河川. 关于中国与荷兰教育督导制度的比较研究[J]. APERA Conference,2006.

[4]中华人民共和国教育部国际合作与交流司,教育概况[M]. 首都师范大学出版社,2001.

[5]刘朋. 荷兰教育督导监督职能演变及其启示[J]. 国外中小学教育.2006,(5).

[6]中华人民共和国教育部国际合作与交流司. 教育概况[M]. 首都师范大学出版社,2001..

[7]Inspection Report of Holland Moor Primary School in Skelmersdale, Lancashire. 2005.

[8]Kervezee, C. Supervisory Framework for Primary Education. 2005.

# 法英两国教育督导制度比较研究

杨晓琳　李琳琳

**摘　要**:教育督导是当今世界各国对教育实施科学管理的一种主要方式,它和教育立法、教育经费并称为教育行政的三大支柱。教育督导已经成为现代教育管理中不可缺少、不可替代的一个重要环节,对教育督导的重视和加强程度也成为教育管理现代化程度的一个重要标志。由于各个国家的政治、经济、文化和教育等方面的条件各异,因而在教育督导的目的、内容、方法和形式也各有不同,形成了各具特色的教育督导制度和模式。本文试从督导机构、督导人员、督导方式、督导职能四个方面对法英两国的教育督导加以比较研究。

**关键词**:法国督导制;英国督导制;督导制度;比较研究

近现代意义上的教育督导制度起源于欧美,迄今已有二百多年的历史。[1]教育督导是促进教育法律法规和方针政策贯彻落实的重要手段,是保障教育目标实现的有效机制,是转变政府职能、加强教育宏观管理的重要环节。[2]当前,中国教育改革处在极为重要的转型时期,建立一个有中国特色的、科学的、有效的督导与评估制度是当务之急。这需要学习和借鉴外国教育督导的成功经验,进而促进我国教育督导制度的发展与完善。

## 一、法英两国教育督导制度的历史发展进程

### (一)英国教育督导制度的历史发展进程

英国是世界上建立教育督导制度最早的国家之一。根据英国的教育法案,英国政府早在1839年就设立了皇家督学团,开展了对学校的督导。[3]1871年英国颁布《初等义务教育法》,国家在教育科学院设督学处,由枢密院院长任命一位首席督学为督学处处长,加强对义务教育的督导,以适应义务教育的实施和社会对提高教育质量的要求。1902年通过《中等义务教育法》使督学机构不断加强,职权不断扩大。[4]1944年通过的教育法案,进一步明确了皇家督学开展教育督导工作

的内容、程序和要求,是英国现在教育督导制度的全面建立的基础。[5] 1988 年的《教育改革法》,对当时的教育进行了一系列的改革,推行了国家统一课程,改革的中心是强化中央对学校的控制,监控教育政策的执行情况及学校的教育质量情况,这就要求教育督导团对学校进行视导时要加强对课程设置的考察。[6]

1992 年通过的《家长法案》、《市民法案》,使英国现代教育督导制度发生了一次重大的变革。[7] 这两个法案规定:每个家长有权了解学校的办学情况和教育质量,政府应当加强教育的开放度、透明度,并鼓励学校的竞争。根据这两个法案,英国教育标准局(Office for Standard in Education,简称 OFSTED)从原教育部(1995 年改为教育就业部 Department of Education and Employment)独立出来,成为现在的一个"不属于教育部"的政府部门,以加强中央政府对全国教育质量的监控。[8]

(二)法国教育督导制度的历史发展进程

法国教育督导制度起源于 19 世纪初。1802 年 5 月,法国政府颁布《国民教育总法》,对法国教育制度进行改革。其中,总法明确规定建立教育督导制度,提出设立总督导。总法的颁布和实施标志着教育督导制度在法国的正式建立,比英国早了 37 年。1840 年前后,法国初步建立起包括总督学、大学区督学和省督学在内的三级教育督导体系。[9]

19 世纪下半叶以后法国教育督导制度开始向多元化、专业化方向发展,呈现出一些新的特点,这表现在四个方面。第一,法国教育督导的政治地位得到明显的提高。从 1852 年起,教育总督学的任免由教育部长提名,共和国总统颁任免令,总督学的待遇得到提高。第二,在教育部内独立设置督导机构。第三,总督学的队伍明显扩大,设立了高等教育总督学、中等教育总督学、初等教育总督学、幼儿园总督学。第四,督学队伍的专业化倾向得到发展,总督学的等级制度开始形成。专业化倾向表现为两大趋势:第一个是总督学按学科专业进行分工;第二个是按督导工作性质进行分工。从过去实行的全面督导,广泛督查,实行对学科督导与对学校其他工作的督导分离,继而又出现了一些新的督导团体。如:财务总督学、经济总督学、图书馆和文献总督学等。二次世界大战时期,督学队伍扩大了,专业队伍分工发展了,但对教育机构的总体评估却有所削弱。[10]

20 世纪七八十年代,法国对教育督导制度进行了改革和调整。如 1980 年,法国公共教育总督学正式改名为国家教育总督学,并按专业组织督学工作小组。1984 年开始,国家教育行政总督学加强了对高等教育的宏观调研,总督学试行向社会招聘。1986 年地区教育督学开始在教师评估和管理中发挥主要作用,国家总督学则转向宏观评估和调研。[11]

法国教育督导制度经过 200 多年的发展,在法国社会达成了共识:教育督导是教育机器中不可缺少的齿轮。

## 二、法英两国现行的教育督导制度比较

### (一)教育督导机构

#### 1. 英国教育督导机构

英国教育督导机构是教育标准局,其最显著的特点是它的独立性。教育标准局的总部设在伦敦,由皇家总督学领导,下设两个局长。在全国各地设有12个分部。现在有工作人员600人(含皇家督学300人),在总部工作的有300人,其中皇家督学100人,其余在各地分部。英国教育标准局的经费由财政部从中央税收中拨付。每年1.5亿英镑,折合人民币约20亿元,约占全国教育经费总额的0.1%,其中3200万英镑用于机构运转。[12]

教育标准局相对独立于教育就业部,直接对议会负责,皇家总督学还可以制定有关督导的政策。英国有关教育法案明确规定:教育标准局的目标是通过定期督导、公开报告、提出建议来提高工作水平和教育质量。教育标准局的主要职责:(1)制定评估标准、建立高效的评估体制;(2)根据教育大臣提出的一些要求进行某些方面的督导评估工作;(3)制定督学与撰写督导报告的规章,公布督导报告;(4)对督学的工作进行监督;(5)加强教育标准局自身建设使其有效运行。教育标准局督导评估的范围:(1)全国所有中小学校和幼儿园教育;(2)资格大纲委员会管理的师范学校、教师培训工作和中等及中等以下私立学校;(3)地方教育行政部门的教育工作。

#### 2. 法国教育督导机构

法国的教育督导机构主要分中央、学区和省三级。中央一级教育督导机构是设在国民教育部内的总督局,负责全国教育制度的运行,进行宏观监控和评估,对高等学校的行政和经济、对中等及以下学校各方面工作和教师进行督导、检查、指导和评估的机构。局内共有在编总督学243人,平均年龄56岁。从任务和职责上区分为:国家教育总督学156人;国家教育行政总督学55人、副行政总督学32人。根据职责范围的不同,下设四个总督导处:(1)国民教育总督导处,按学科分组,其职责是对国家的教育制度进行宏观监督和评估,包括教育类型、教学内容、大纲、教学法、教学程序和实施方式,参与对地方督导人员、校长、教师的招聘与培训工作。(2)国民教育行政总督导处,主要职责是负责高等教育及大学区、省之间的教育行政督导。对属于国民教育部长领导或管辖的部门、机构及人员在行政、经济、财会等方面实行督导。(3)图书馆总督导处,其职责是检查图书馆的组织和运转。(4)青年与体育总督导处。主要职责是对学校的体育教学及教师进行

督导。

法国本土分为96个行政省，在教育行政方面，法国中央将96个省划分为28个学区。[14]学区一级的教育督导机构为设在大学区总长公署内的大学区督学处，可分为地区教学督学、学区督学和参谋顾问人员三种情况。地区教学督学是专门的督学人员，分学科设置，基本上是每学科每学区一名，也有少数负责几个学科、学区的。学区督学也在学区长领导下工作，但这些督导人员实际不做督导工作，其职责主要是行政工作。另外，在学区长周围还有十余种专兼职顾问和参谋人员。

**表1　法英两国教育督导机构比较**

| | 英国教育督导制度 | 法国教育督导制度 |
|---|---|---|
| 教育督导机构 | 教育标准局 | ①国民教育部内的总督局<br>＊国民教育总督处<br>＊国民教育行政总督导处<br>＊图书馆总督导处<br>＊青年与体育总督导处<br>②大学区督导处<br>③各省教育厅的督导处 |
| 督导机构工作人员数量 | 600人<br>（含皇家督学300人） | 共计243人<br>＊国家教育总督学156人<br>＊国家教育行政总督学55人<br>＊副行政总督学32人 |
| 教育督导机构的职责 | ①制定评估标准、建立高效的评估体制<br>②根据教育大臣提出的一些要求进行某些方面的督导评估工作<br>③制定督学与撰写督导报告的规章，公布督导报告<br>④对督学的工作进行监督<br>⑤加强教育标准局自身建设使其有效运行 | ①对国家的教育制度进行宏观监督和评估<br>②负责高等教育及大学区、省之间的教育行政督导。对属于国民教育部长领导或管辖的部门、机构及人员在行政、经济、财会等方面实行督导<br>③检查图书馆的组织和运转<br>④对学校的体育教学及教师进行督导 |

续表

| | 英国教育督导制度 | 法国教育督导制度 |
|---|---|---|
| 教育督导机构评估的范围 | ①全国所有中小学校和幼儿园教育<br>②资格大纲委员会管理的师范学校、教师培训工作和中等及中等以下私立学校<br>③地方教育行政部门的教育工作 | ①学前教育<br>②中小学教育<br>③高等教育<br>④公立图书馆等领域 |

省级教育督导机构设在各省教育厅的督学处,省督学称为国民教育省督学,在本省范围内工作,负责对小学、初中段的职业教育和学前机构的督查,主要督查这些机构的教育教学工作,并负责管理和评价教师及有关人员。

法国的教育督导涉及学前教育、中小学教育、高等教育以及公立图书馆等领域。主要对学校的教育、组织、生活、管理等方面进行督导,同时对教育行政、财政等工作进行督导。

综上所述,法英两国教育督导机构具有各自的特点,见表1。

(二)教育督导人员的选拔和任用

1. 英国教育督导人员的选拔和任用

英国的督学构成有三级,即皇家督学、注册督学和督学。英国督学的任职非常严格,其选聘、培训及日常管理有一套严格的制度。(1)皇家督学,既是教育教学方面的专家,又是国家公务员,为终身制。皇家督学,必须具备丰富的教育教学经验,有较强的管理能力、分析能力和写作能力。(2)注册督学,是能够领导一个小组对学校进行评估的专业人员,具有督学资格,有五次以上参与督导评估活动的经验;有评估英语、数学、科学等主科教学的经历;具有较强的管理、分析和写作能力,需要经过推荐和考试,不是终身制,每三年进行一次考试,合格者留任,不合格者退出;任用后每年还要接受培训。(3)督学,必须具有硕士学位,四年以上教学经验和学校管理经验。要经过培训,经考试合格后,由教育标准局颁发证书,获得督学资格。教育标准局于 1993 年提出了在全国范围内招聘"特约督学"的决定,每一个进行教育督导的团队都必须有一位"特约督学"参加。之所以需要"特约督学"参加,主要原因是有利于从多个角度对学校问题进行诊断。"特约督学"也通过公开招聘产生,招聘后将参加一定的督导培训,完成培训后即可具备参加教育督导的资格。英国对督学的选拔是公开而且是严格的,有一套严密的程序,政府授权代理机构负责督学考试,其考试也是非常严格的。国家教育标准局还有专门负责督学培训的小组,负责制订督学培训计划,监督培训质量。

2. 法国教育督导人员的选拔和任用

法国的教育督导人员分为国家教育总督学、大学区督学和省督学。在各级督导人员的选拔与任用上,有着明确的任职条件,执行着严格的选拔、招聘程序,一切过程都依法办事。从各级督导人员的任职条件看,(1)年满45周岁的正式公务员;在国民教育领域服务10年以上,其中至少有5年从事教育工作的经历,必须具有国家博士学位、指导研究导师资格、大学教师职称或中学高级教师职称。(2)大学区的督学,年满40岁,要求具有博士学位,或具有学士学位的省级督学人员,担任过大学教授、讲师、高中校长、高中教师、师范学校校长、省督学等职务。(3)省督学,年龄至少40岁;须持学士学位、硕士学位、中学教师能力证书、技术课教师能力证书等。可见,法国的各级督学的任职条件是十分明确的。

法英两国教育督导人员的选拔和任用,具有相同点,但也有一些不同之处,见表2。

**表2 法英两国教育督导人员的选拔和任用条件**

| | 督学的构成及任职条件 | | | 有无特约督学 |
|---|---|---|---|---|
| 英国教育督导人员 | 皇家督学<br>＊必须具备丰富的教育教学经验,有较强的管理能力、分析能力和写作能力 | 注册督学<br>＊具有督学资格,有五次以上参与督导评估活动的经验;有评估英语、数学、科学等主科教学的经历;有较强的管理、分析和写作能力;非终身制,每三年进行一次考试,合格者留任。每年还要接受培训 | 督学<br>＊必须有硕士学位。四年以上教学经验和学校管理经验。经考试合格后,由教育标准局颁发证书,获得督学资格 | 有 |
| 法国教育督导人员 | 国家教育总督学<br>＊年满45周岁的正式公务员;在教育领域服务十年以上,其中至少有五年从事教育工作的经历,必须具有国家博士学位、研究生导师资格、大学教师职称或中学高级教师职称 | 大学区督学<br>＊年满40岁,具有博士学位,或具有学士学位的省级督学人员,担任过大学教授、讲师、高中校长、高中教师、师范学校校长、省督学等职务 | 省督学<br>＊40岁,学士学位、硕士学位、中学教师能力证书、技术课教师能力证书等 | 无 |

(三)教育督导方式

1. 英国教育督导方式

英国教育督导方式,主要涉及督导人员的配置和督导工作方法两大类。

督导人员的配置。开展督导工作,首先涉及督导人员的配备问题,英国采取的是分工督导,而且在中央督学分区的前提下再进行分工。中央一级督导人员的分工有:(1)一般督导人员与专门督导人员。英国将中央督学分为两类,一类从事对整个学校工作的一般行政督导或教育行政督导,另一类从事以教学活动为对象的专门督导。英国皇家督学有四种,其中的普通督学属于一般督导人员,专科督学则属于专门督导人员。(2)分级分类督导人员与分科督导人员。皇家督学在首席督学的安排下,负责对在册督学进行监督。英格兰和威尔士以及几个大的督导区的做法不尽一致。有的将皇家督学按分级分类原则配置,如分成初等教育、中等教育、师范教育和特殊教育等方面的督导人员;有的按学科原则配置,如分成外语、数学、历史、体育等科的督导人员。[17]

督导工作方法。英国的督导工作方法可以分为观察分析法、检查测验法、座谈调查法等几类。所谓观察分析法,就是督导人员深入课堂了解教学情况,分析学生的作业,学校有关材料和文件等。英国督学通过观察课堂教学,以了解教师采用的教材、方法是否适合学生特点,对学生的期望值是否适度等。所谓检查测验法,就是对学生进行口头或书面的测验,并对结果加以分析。英国皇家督学现在越来越多地采取数量分析和统计检验方法。所谓座谈调查法,就是同各方人员包括教师、家长、学生、学校领导、社会组织代表等进行座谈,了解情况,参加学校的各项集会和活动,听取与会者的发言或汇报,英国皇家督学近年来倾向于从事全国性调查,然后公布调查结果。[18]

2. 法国教育督导方式

法国教育督导的方式同英国教育督导的方式有很多的相同点,其教育督导的方式同样涉及督导人员的配置和督导工作方式、方法两大类。

督导人员的配置:(1)一般督导人员与专门督导人员。法国将中央督学分成两类,一类从事对整个学校工作的一般性督导或教育行政督导,另一类从事以教学活动为对象的专门督导。法国的中央督学一分为二,教育行政督学,主要督导学校及所属机关的行政、经费、财务等事宜,教学督导则负责教学方面的督导事宜。(2)分级分类督导人员与分科督导人员。法国中央的教育督导人员分成若干组,即初等教育与职业教育组、艺术手工与家政组、数学组、自然科学组、哲学组、文学组、历史与地理组、现代语文组等,督导人员以分科配置为主。[19]

督导工作方法。法国政府和教育部的有关法令和文件,只分别规定了各级督导机构的设置、人员的招聘及其主要的职责,很少涉及具体的工作程序和方法。由于各种各样的原因,各级督导机构和不同地区的同级督导机构的工作情况有许多不同,有各自的主要领域和重点及各自的程序和方法,工作的随机性很大。法国督导人员较多采用观察分析法、检查测验法、座谈调查法等开展督导工作。

(四)教育督导的职能

1. 英国教育督导的职能

英国政府为了在国际竞争中不落后,采取了一系列果断措施,提高英国基础教育质量,提高教育的投入与产出比。政府一方面加大中央集权,增强外部压力,形成学校质量竞争的外推力;另一方面督促学校定发展计划,指导学校改进工作,启动内驱力。从两方面入手,促进基础教育质量的提高。[20]

首先,中央政府直接调控教育经费。中央政府按学校在校人数,将 90% 的教育经费通过地方教育局直接下拨给学校,仅 10% 的教育经费由地方教育局掌握使用。对经费的使用,国家教育标准局可以随时对地方教育局进行督查。

其次,建立了国家课程,使全国中小学校学生学习的内容和要求,有一个统一的标准。还统一了考试制度,由中央直接实行质量监控。

皇家督学每四年对一所学校进行一次督导评估。评估时间的长短,视学校规模的大小而定。督导评估的内容,主要涉及学校质量状况,学生学习成绩,教育成本效益,学生个人道德状况等。整个评估督导过程都是透明的,任何一个督导小组来都一样。在去学校评估前,每个督学都必须接受 10 – 15 天的培训,主要接受“统一评估标准、操作程序”等的培训,获得结业才能参加督导。每个督导小组中必须有一名行外公众人物参加(相当于我们这里的特约督导员),以保持公正。督学们到学校听课、听取家长和师生们的意见等。督导结束时口头向校董会、校长反馈,书面报告皇家督学质量审查通过后,向学校公布,并上传国际信息网,任何人都可以从网上查询。学校收到督导报告后的 40 天之内,必须针对问题提出改进措施,做出计划,并告知所有家长。

由于国家教育标准局直接对国会负责,克服了教育部门自己评估自己这一制度上的缺陷,使评估活动和评估结果更为客观、公正。且每年提交给教育大臣的年度督导报告,成为政府制定教育政策的重要依据。督导报告同时向社会公布,具有很强的权威性。因为英国政府十分重视教育成本效益,所以对督导认为不合格的学校,必须限期二年内改进,否则就会被中央政府接收或勒令关闭。

英国政府在增强外压的同时,还启动学校自身的内驱力,调动学校工作的积极性。为此,中央政府提出国家教育发展总目标,地方教育当局提出分目标,教育督导机构帮助学校按照中央和地方的要求,制订学校发展计划。督导评估前,先帮助学校开展自查自评,对照教育标准局提出的督导评估指标体系,对比新闻媒体公布的成绩数据,找出自己工作中的成绩与问题。督导评估后,督学们再帮助学校制订行动计划,巩固发展自己的强项,采取有效措施改变和克服自己的弱项,引导学校不断完善、不断发展。并使得教育督导机构与学校之间形成亲密的合作伙伴关系,既注重督,又注重学校的渐进过程。英国教育督导职能的发展趋势主要表现在建议咨询、发现推广、评价水平、参与规划四个方面,并且日趋加强。

2. 法国教育督导的职能

法国的教育督导工作由最初的监察和领导,逐步过渡到监督和指导,直到现在的检查、指导、联络和参谋,督导系统的功能得到不断调整和丰富。[21]目前各级教育督导机构共同的工作重点,一是考核校长和教师的教育教学工作。二是参与教师职前和在职培训。[22]但不同层次的教育督导机构在工作中的着眼点和对象又有所不同。如果把教育督导系统的主要职能归结为监督检查、指导帮助、参谋顾问三大方面,那么,总督学的工作重点是监督检查,然后指导帮助;大学区督学的工作重点首先是指导帮助和参谋顾问并重,其次才是监督检查。另外,从教育督导对象看,中央一级是各级各类教育,以中等教育为主;大学区一级是普通教育,以高等教育为主;省一级是学前、小、初中教育,以小学教育为主。

法国督学的督导报告在法国尤其受到重视,它不仅能帮助教育部长了解有关的情况,更为教育部的决策和政府调整教育政策提供了参考依据。在 1991 年以后,政府决定,总督学每年度的调研报告必须呈送给法国总统,由国家文献馆汇编成册,公开出版发行,以使全社会都能了解法国教育的现状和问题,支持和参与法国的教育改革。[23]法国教育督导的最显著的特点,就是在不断完善监督、检查、评估职能的基础上,将工作的重点放在加强指导、接受咨询、扩大服务的职能上,督导的范围侧重在教育教学领域,重点是督学。如今法国的教育督导正面临一个新的转折。法国教育体制的改革必然要求督学从单纯督导某一学科的教育教学质量,转向对教育制度整体运行的宏观监控,转向扮演地方教育行政长官直接合作者和技术顾问的角色。

## 三、总结

通过法英两国教育督导制度在历史发展进程、教育督导机构、教育督导人员的选拔和任用、教育督导方式及教育督导职能几方面的比较研究,我们会发现,两国重视和加强督导工作,设立专门的督导机构,明确督导职责,严格选拔督导人员,采用灵活多样的督导方式,具有严密的督导程序,通过立法确立了完整、系统的督导制度。

（一）法英两国教育督导历史悠久，法国早在1802年就建立了教育督导制度，英国在1839年也相应地建立起教育督导制度，开展教育督导活动。

（二）从法英两国教育督导机构上看，英国建立的是皇家督学统一领导的一元化督学机构，具有独立性。法国则建立起中央、学区和省一级，三级分工的督导机构，其显著特点在于它的分工性。

（三）从法英两国教育督导人员的选拔和任用看，英国的督学构成有三级，即皇家督学、注册督学和督学。法国的督学同样分为三级，即国家教育总督学、大学区督学和省督学。近年来，英国在全国范围内招聘“特约督学”，有利于教育督导机构从多个角度对学校问题进行诊断。法国则不存在“特约督学”。法国对教育督导人员有严格的年龄界限，要求具有博士或硕士学位，有教学的经历，对各级督学的任职条件要求十分明确。英国的教育督导人员同法国一样要经过严格的选拔、招聘程序，一切都依法办事，但是没有严格的年龄和博士学历的限制。

（四）从法英两国教育督导的方式看，法英两国在中央一级多采用分工制，而地方则往往具有较大的综合性。中央一级的督导人员的分工分为一般督导人员（督政）和专门督导人员（督学）；分级分类督导人员与分科督导人员。地方教育督导机构总的原则仍是分工督导。教育督导工作方法分为观察分析法、检查测验法、座谈调查法等几类。

（五）从法英两国教育督导的职能看，英国教育督导职能显著的特点是对学校具有“封杀”的权力——督导认为不合格的学校，必须限期改进，否则就会被中央政府接收或勒令关闭。督导机构对学校的评估，有统一的评定标准，并由中央直接实行质量监控。然而，法国教育督导的职能更侧重于监督检查、指导帮助、参谋顾问三大方面，对学校的评估，没有一个统一的标准。

综上所述，法英两国教育督导历史悠久，体制完备，其内容和涵盖十分丰富和广阔。从其发展过程来看，教育督导在教育行政管理中的地位、权威和作用不断得到强化；从其发展趋势来看，教育督导的观念在不断地变化和拓展，教育督导体制的改革在不断地深化，教育督导机构的建设日渐加强。教育督导人员的资格和要求在不断地提高，其选拔程序正逐步地走向科学化和规范化，教育督导工作的内容和方式在不断地完善，教育督导工作的水平、质量和效果也在日益提高。

**注释**

[1]郭德侠．中日美三国教育督导制度比较研究[J]．西北师大学报（社会科学版），2000（5）．97.

[2]周济．在第七届国家督学会议上强调:切实加强督导工作保障教育改革发展[EB/OL].http://www.moe.edu.cn/edoas/website18/info5354.htm,2003(9).

[3]李世恺．英国教育督导制度之考察,江苏高教[J].2001(3).86-87.

[4][5]徐初．英国现行的教育督导制度及其启示[J].河南职业技术学院学报(职业教育版),2003(4).53.

[6]中国教育督导考察团．考察英国教育督导制度的启示与建议[J].北京教育,1998(7-8).40.

[7]李钰．英国学校督导类型述评[J].外国教育研究,2003(7).39.

[8]丁笑梅．英国学校发展性评价改革及其启示[J].比较教育研究,2003(8).32.

[9]李帅军．法国教育督导制度的历史、现状与特色[J].河南教育学院学报,2003(1).21.

[10]国家教育督导管理学习考察团．德国法国访问考察报告[EB/OL].http://edu.qz.fj.cn/dd/ddxx/03/03ddxxw14.htm,2003.

[11]霍益萍．法国教育督导制度[M].北京:人民教育出版社,1999.45.

[12]李世恺．英国教育督导制度之考察[J].江苏高教,2001(3).86-87.

[13]国家教育督导管理学习考察团．德国法国访问考察报告[J].[EB/OL]http://edu.qz.fj.cn/dd/ddxx/03/03ddxxw14.htm,2003.

[14]陶秀伟．法中教育督导体制比较研究[J].沈阳师范大学学报(社会科学版),2004(4).1.

[15][16]洪成文.90年代国外教育督导发展轨迹初探[J].比较教育研究,2001(6).56.

[17]杨天平．法英日美教育督导工作之比较研究[J].普教研究,1995(a3).63.

[18]杨天平．法英日美四国教育督导的比较[J].比较教育研究,1995(b4).36.

[19]杨天平．法英日美教育督导工作之比较研究[J].普教研究,1995(a3).63.

[20]陈多维．英国教育督导制度考察报告[EB/OL].http://www.huedu.net/_jydd/show.asp?id=3766,2004.

[21]陶秀伟．法中教育督导体制比较研究[J].沈阳师范大学学报(社会科学版),2004(4).3.

[22]李帅军．法国教育督导制度的历史、现状与特色[J].河南教育学院学报,2003(1).24.

[23]霍益萍．法国教育督导制度[M].北京:人民教育出版社,1999.74.

# 法中两国教育督导制度比较研究

王阳　孙河川

**摘　要**：法国是世界上最早建立教育督导制度的国家之一，也是现今教育督导制度最为完善的国家之一。改革开放以来，中国教育督导制度得到了巨大的发展，取得了一定的成绩。但是，教育督导制度的进一步发展和完善需要借助国外的先进经验，根据我国的教育发展的需要，不断总结经验，开拓创新，与时俱进。本文对法中两国的教育督导制度做了简要介绍，并从中获取启示，以期提升我国教育督导水平，促进教育水平发展。

**关键词**：教育督导；督导制度；法国；中国；比较研究

教育督导是教育行政管理体系的重要组成部分，它既是国家对教育的监督系统，又是连接教育各部门的纽带和桥梁，在教育事业发展中发挥着重要作用。为了有效贯彻教育方针、政策和法规，使教育行政管理活动正常进行，法国十分重视教育督导工作，建立了世界上最早的教育督导制度。

## 一、法国教育督导制度简介

法国教育督导制度至今已有200多年的历史了，无论从督导机构设置还是工作职能或者是督导方式，都已是机构完善，体制健全。

（一）督导机构设置

法国的教育督导机构主要分中央、学区和省三级。中央一级教育督导机构是设在国民教育部内的总督局，负责全国教育制度的宏观监控和评估，对中等以下学校各方面工作和教师进行督导、检查、指导和评估的机构。[1]

根据职责范围的不同，下设四个总督导处：国民教育总督导处——按学科分组，其职责是对国家的教育制度进行宏观监督和评估，包括教育类型、教学内容、大纲、教学法、教学程序和实施方式，参与对地方督导人员、校长、教师的招聘和培训等工作；国民教育行政总督导处——主要职责是负责高等教育及大学区、省之间的教育行政督导,对属于国民教育部长领导或管辖的部门、机构及其人员在行政、经济财会等方面进行督导;图书馆总督导处——负责检查图书馆的运转和组织;青年与体育总督导处——负责对学校体育教学与教师进行督导。

从机构设置上我们就可以看出,法国的教育督导涉及学前教育、中小学教育、高等教育以及公共图书馆等领域。相关机构既对学校的教育、组织、生活、管理等方面进行督导,同时对教育行政、财政等工作进行督导。

另外,法国对教育督导人员的聘任条件也是极其严格的。国民教育总督学的招聘条件如下:年满45岁,具有公务员、大学教师资格,具有博士学历或指导研究导师资格,在教育领域服务10年以上,至少有5年从事教育工作的经历。考核委员会筛选应聘者后,为每一个空缺职位列出候选人名单,最后提交教育部长,由共和国总统以法令的形式正式任命。学区督学——地区教学督学应聘者必须是年满40岁的、任职至少满五年的国民教育督学。他们是具有一定职称的大学教师或中学高级教师,通过招聘考试的督学要经过两年的实习,合格后,由教育部长任命,并由共和国总统正式下令任职,成为正式的学区督学或地区教学督学。学区督学或地区教学督学至少从有8年工作经验的行政人员(其中至少4年在教育领域工作)中任命。通过招聘考试和培训的督学会被派往分学区实习,经过一年实习合格后,方可转成正式的国民教育督学。国民教育督学的应聘者的条件如下:在初等或中等教育领域的学习、管理、培训或就业指导等教育部门工作至少5年,具有本科学历。应聘者按照不同专业参加考试,合格者经过一年培训后可成为正式的国民教育督导。总体来看,各级督学的工作相同点是检查和评估教育体系、教师及教学机构的教学并参与教职员工的实习和培训。督学的工作也同样定期被上一级领导评估。

(二)教育督导的职能

国民教育总督学负责监督和评估国家教育制度,评估现行教育制度的成效、成果和潜力,参与初等和中等教育教学计划的制订,并针对现行教育政策提出意见和建议等。他们很少亲临教学课堂听课,更多的是从宏观上监督所有国民教育部管理下的教学机构,但不包括高等教育领域。国民教育行政总督学负责检查、研究和评估教育制度的运行和效果,其工作涉及除教学法和教学计划以外的教育及研究事务。图书馆总督学负责检查和评估公共图书馆的工作,其中包括市立图书馆、省级图书馆和大学图书馆。[3]

地方上的督学包括学区督学——地区教学督学,学区督学——国民教育省督学和国民教育督学。学区督学——地区教学督学由学区长领导,同时也在国民教育总督导处的指挥下工作,他们的职能包括:推进和评估教育政策或教学机构,检查中等教育领域教学员工的工作，等等。事实上，学区督学和地区教学督学分摊了教学和行政事务。学区督学就是出身督学和行政人员，而地区教学督学就是按其专业性质工作的专业督学。学区督学——国民教育省督学由学区长领导，有些学区督学——国民教育省督学还配有学区督学助理。监督教育行政的实施，检查行政管理和教学机构的财政状况，以及监督教师的教学方法，等等，这些都是他们的主要工作。国民教育督学由学区督学领导，主要负责检查、巡视和记录小学教师的工作。参与后者的入职培训和在职培训，组织教学活动，评估教育政策的推广和幼儿园及小学的运行工作。

（三）教育督导的方式

法国教育督导最为显著的一个特征就是分工督导，法国的中央督学分为教育行政督学和教学督学。教育行政督学主要就学校及所属机关的行政、经费、财务等事项进行督导，教学督导则主要负责教学方面的督导事宜。学区一级督学的分工与学区相类似。法国教育督导制度还有一项重要内容就是对中等和初等学校教员、校长，对学区督学定期进行个人评估和评分。法国对中小学教员实行行政和教学的双重评估原则，即：教员每年接受一次校长的行政评估，每四至五年接受一次督学的教学评估，对校长的评估制度是督导制度中比较薄弱的环节；学区督学，一方面评估教员和校长，另一方面自己也要接受学区长和总督学的双重评估。[4]

## 二、中国教育督导制度简介

我国的教育督导制度历史悠久，早在《学记》中就有“天子视学”，“王亲视学”的记载，宋代开始就建立了教育视察，监督机构，并设有专门的官职。到 20 世纪初，清政府派遣大量留学生去日本学习，从日本引进了近代教育督导的观念和制度，对于我国近代教育督导制度观念和制度的产生起到了很大的促进作用。1986 年 10 月，国务院批准教育部视导室更名为国家教委督导司，这标志着我国的教育督导制度的正式恢复和重新建立。1991 年，颁布了《教育督导暂行规定》。2000 年在《关于原国家教委教育督导团更名的批复》中将原国家教委教育督导团更名为“国家教育督导团”。在 2010 年颁布的《国家中长期教育改革和发展规划纲要》中，对教育督导工作更是做出了具体的规定，国家教育督导团办公室主任何秀超对《纲要》中有关教育督导的规定，简要概括为“九个一”[5]：一个完善，完善督导制度问责机制；一个制定，制定督导条例；一个探索，探索建立独立督导机构；一个建立，建立高水平督导队伍；一个健全，健全国家督导制度以及选拔任用制度；一个坚持，坚持监督和指导并重，确保督导权威性；一个加强，加强督导对教育的督导评价作用，独立履行义务，满足人民对教育的需求；一个开展，全国各省各地方要认真落实《纲要》精神，广泛开展创新性的督导工作；一个强化，强化督导宣传，引起全社会认识督导、关心督导，形成全社会支持督导工作的良好局面。

（一）督导机构设置

我国自 1986 年以来，建立了国家、省、地、县四级教育督导机构，网络逐步建立。全国 31 个省、自治区、直辖市都已建立了督导机构，截止到 2011 年 7 月，98.5% 的地（市）级建立了教育督导机构，其中 91.1% 是人民政府教育督导机构。全国已聘任了七届 302 位国家督学，第七届国家督学 99 人，其中含省部级总督学顾问 5 人，民主党派特约教育督导员 4 人。全国共有专（兼）职教育督导人员 46245 人，其中专职督导人员 19984 人（含专职督学 9033 人），兼职督学 26261 人（含教育部聘请的总督学顾问、国家督学及各级督导机构从民主党派、无党派人士中聘请的特约教育督导员 5116 人）。[6]

根据《教育督导暂行规定》，我国教育督导机构基本上形成了国家、省（自治区、直辖市）地（市、州、盟）和县（区、旗）四级教育督导机构体系。其中国家教育督导团办公室是教育部 24 个司局级内设机构之一。省、市、县三级教育督导的设置主要有以下三种类型：一是教育督导机构设立在教育行政部门内，但级别比其他职能部门略高；二是督导机构是教育行政部门的一个职能部门，权力来源于教育行政部门；三是督导机构在级别上与教育行政部门平行，教育督导机构的主要负责人由教育局或教委领导兼任。

（二）教育督导的职能

国家教育督导团负责拟定全国教育督导工作规划，制定教育督导与评估的方针政策、规章制度和标准，组织实施全国教育督导工作，监测评估教育发展水平和质量，就重大教育问题负责向国务院报告、提出建议，定期向社会发布国家教育督导报告。[7]

地方各级人民政府教育督导机构负责实施对本行政区域内的教育工作的督导，业务上接受上级教育督导机构的指导。教育督导机构由主任督学、副主任督学和督学组成，主任督学由同级人民政府任命，主持教育督导机构的工作，负责拟定本地教育督导工作规划，制定地方教育督导与评估政策、措施，具体组织实施地方教育督导工作，就当地重大教育问题向所属人民政府和上级教育督导机构报告、提出建议。

在《教育督导暂行规定》中，明确将我国教育督导规定为六个职责：一是制定教育督导工作的方针、政策、规章；二是制订教育督导工作的计划和指导方案；三是组织实施教育督导工作；四是指导下级教育督导工作；五是组织培训督导人员；

六是总结推广教育督导工作经验,组织教育督导的科学研究。

概括而言,教育督导的主要职责是:对下级人民政府的教育工作、下级教育行政部门和学校的工作进行监督、检查、评估、指导,保证国家有关教育的方针、政策、法规的贯彻执行和教育目标的实现。教育督导既要监督、检查教育行政部门和学校的工作,又要监督政府的教育工作,是我国教育督导任务的一大特色。

## 三、法国教育督导制度对我国的启示

### (一)法制保证

法国的教育督导制度之所以能如此完善,很大程度上取决于法国政府在法律上的制定。法国教育督导法制化建设非常完备,教育的根本大法健全,能够根据教育发展的进程,对其做出及时的修订。与根本大法相对应的,法国制定了可以帮助教育督导工作顺利开展、对督导工作要求详尽的、具有超强操作性的子法,法律制度的完善是法国教育督导工作高效的法制保证。在总统、总理签发的一系列法律法规中,对教育督导的职责、方式、聘任,乃至晋升标准都有明确且严格的规定。纵观发达国家教育督导法规建设的经验,其教育立法内容丰富、程序严格、体系完备、技术高明,注重教育投资立法,有广泛的教育法律监督系统,教育立法与教育改革已经形成良性循环。

为了教育督导稳定健康发展,我国应该制定一套完整、规范的法律、法规,必须要力求科学、明确、具体、可操作性强。如《教育督导法》、《教育督导细则》、《教育督导规定》以及各级各类学校的《教育评估标准》、《教育评估规范及细则》等。法国的教育法以及教育督导条例基本上是一事一条,一一对应,凡是明文禁止的,都有对应的处罚规定,并且对处罚的种类、形式都有具体明确的措施,因此,法国教育法律、法规具有明确的可操作性。“教育管理集权化国家适当分权或分权化国家适当集权这两种改革趋势,已成为各国教育立法制度的发展趋势。”

在我国,中央与地方都有教育立法的权力,因此,必须处理好中央与地方之间的立法关系。由我国过去的情况来看,由于我国教育部门要受到上级教育部门与同级地方政府的双重制约,因此,立法同时也要受到双重制约。据此,我国立法时需要注意一定发挥中央的宏观立法权,把握好教育督导发展的方向和进度;地方在制定督导法规时,应该依照本地区的实际情况制定适合本地区发展的法规,以弥补中央立法的不足之处;还应该注意在中央与地方制定法规时相互协调,减少摩擦。

### (二)提高教育督导人员的整体素质

督导人员的综合素质与督导工作的质量和效果息息相关,从而直接影响教育教学水平的提高与办学质量的提升。我国的教育督导人员主要问题在于对资格要求不够严格以及人员的业务水平要求不够高。例如,没有设立严格的考试制度,一般采用委任的方法,从而导致督导人员总体专业素质不够高;对督导人员的理论水平以及实践能力没有做出严格的要求;督导人员的培训工作流于形式,许多督导人员没有接受过专业培训。

顾明远教授指出“教育督学应该是教育专家,他们必须既有较高的学历,也就是说具有较高深的学识,同时又必须具备完备的教育理论知识,具有教学教育工作的实践经验”。因此,建立一支内部结构合理、理念先进、专业素质高、综合能力强、经验丰富、办事能力高的督导队伍是提高教育督导水平的关键之所在。

1. 制定督导人员任职标准,建立公开招聘制度

具体包括以下两个方面:第一,有过硬的专业督导知识。“督导专业化的核心是专业化,即督导人员必须成为教育评价的专家,在一般性综合督导的基础上,成为评估、督导和指导某一领域的专家。”由此,专业的教育督导人员应具备先进独特的教育教学思想,深知教育发展进程中的重大问题以及其发展趋势,思想独到,具有非常专业的教育学或者教育督导评估方面的知识。第二,督导人员向专业化发展。在督导人员的选聘中,应该按照督政人员、督学人员等不同类别进行选拔,同时应该招聘一些兼职督学,这些兼职人员中应该包括政府机关人员、教育行政人员、学校管理人员、在职的教师或学生家长代表等层面,这样更有利于教育督导的公开、公正、公平进展。

2. 对教育督导人员进行严格的管理及定期的培训

我国应该重视教育督导人员的培训与考核制度建设,尤其应该加强督导人员的岗前培训。在中央应该设立专门的督学培训小组以及考核小组,地方各级督导每年应接受定期的培训与考核。同时应该不断改革创新培训内容,争取创造与时俱进、开放灵活的培训风格,让理论更加迅速地转化为实践能力。在实践中,要让督导人员善于发现问题,提高其解决问题的能力,增强其研究能力以及撰写督导报告的能力。

3. 建立职责与权力分明的新型教育督导机构

督导包括“督政”与“督学”两个方面,在我国是以督政为主,这是由我国国情决定的。我国经济不发达,法制不健全,官本位思想严重,教育督导机构也隶属于地方的教育行政部门,要提高教育督导的执行力度最关键的是增强教育督导的权威性与独立性。

第一,教育督导的行政地位必须要相应地提高,建议其行政级别与地方教育行政部门或者地方政府平级或者高一点;应该在地方设置独立的教育督导室,可

以代表地方政府执行教育监督的权力,以更好地督学与督政,提高教育督导的效率与执行力度。

第二,教育督导室的最高领导应该兼任地方政府中的一个重要职位,参与地方政府、教育行政部门对一些重要的教育问题的讨论,拥有一定的表决权,也有直接向地方政府及相关教育行政部门建议的权力,由此可以增强教育督导的权威性。

第三,教育督导机构应该被赋予一定的行政处决权以及人事任命权,例如教育督导机构对教育工作中一些违法的行为有相关的司法权,对教育中违纪事件进行裁决,对人事任命有一定的发言权等。教育督导的权威性可以得到较好的保障。

法国是世界上最早建立教育督导制度的国家,近200年来,以"三权分立"的政治体制为基础,法国教育督导不断加强,不断完善,早已成为法国教育管理体制中不可缺少、不可替代的重要组成部分。法中两国国情、社会制度、文化传统、教育发展程度、督导面临的问题等都不同。但"他山之石,可以攻玉",借鉴国外有益的经验,必将有利于建设有中国特色的教育督导制度。

## 注释

[1]李帅军. 法国教育督导制度的现实状况与基本特色[J]. 外国中小学教育,2004,09:11-14.

[2]胡审严. 英、法教育督导制度及几点启示[J]. 宁波教育学院学报,2001,04:1-3.

[3]李帅军. 法国教育督导制度的历史、现状与特色[J]. 河南教育学院学报(哲学社会科学版),2003,01:21-25.

[4]刘冬梅. 发达国家教育督导制度的比较及启示[J]. 河南师范大学学报(哲学社会科学版),2002,02:100-103.

[5]陶秀伟. 中法教育督导体制比较研究[J]. 沈阳师范大学学报(社会科学版),2004,04:1-4.

[6]2010年全省教育督导室主任暨十二五"教育督导干部培训工作启动会议隆重举行. http://www.henannu.edu.cn/s/48/t/1425/55/70/info21872.htm

[7]教育部: http://www.woe.edu.cn/publicfiles/business/htmlfiles/moe/moe-901/200506/8062.html

## 参考文献

[1]霍益萍. 法国教育督导制度[M]. 北京:人民教育出版社,2000.

[2]雅基·西蒙,热拉尔·勒萨热著. 安延译. 国民教育的组织与管理[M]. 北京:教育

科学出版社,2007.

[3]朱华山. 传统与变革的抉择——细读法国教育[M]. 辽宁:辽宁人民出版社,2011.

[4]孙河川,马笑颜,何万里. 德中教育督导比较研究及其启示[J]. 教育前沿,2006,05:83 - 85.

[5]吴声远. 简析法国教育督导制度的主要特点[J]. 外国中小学教育,2004,08:24 - 26.

[6]杨天平. 英、法、日、美四国教育督导组织之比较[J]. 教育导刊,1995,05:16 - 18.

# 法国中小学教师督导过程述评

陈莹　孙河川　郑弘

**摘　要**：教师督导对提高教师教学水平起着重要的作用，在教育竞争日益激烈的今天，法国社会对教师督导的要求也越来越高。教师督导的方式不断改革和发展，督导评估的内容也不断拓展和更新，督导结果既是对教师能力的反馈，也是教师升职的重要参考。法国的教师督导制度得到了全国近一半教师的肯定和认可，有效地促进了法国教师的专业发展。本文从法国教师督导评估的过程出发，对督导前、督导中、督导后三个阶段进行介绍，为我国教师督导的改革和发展提出了开启校长与督学合作评估模式、重视教师督导内容的拓展与更新、注重对教师督导评估结果的公开和奖惩等措施。

**关键词**：教师督导；督导过程；法国；中小学

只有一流的教师，才能带来一流的教育、建设一流的国家，提升教育质量首先要提升教师的素质和效能，而教师评估是提升教师素质和鉴别教师效能的重要途径。[1]围绕这个问题，各国政府都在努力探索最有效的教师督导评估制度。在各国以往的评估过程中，督导与被督导人员之间常常存在着对抗和抵制，而法国的教师督导制度却打破了这种冲突。2010－2011 年，法国进行了一次中学教师督导评估体系的改革，这次改革废除了对教师打分的评估制度，取而代之的是由校长负责、教师自我评估和每 3 年一次的“专业能力面试”相结合的评估制度。2011 年 12 月 15 日，法国教师们走上街头示威游行，教育工作者抗议政府将教师评估和职业发展的权力完全交由学校领导决定的法令，他们担心如果进行改革，学校领导将取代督学，成为评估教育工作者的唯一主管。这样就容易导致校长带有主观倾向性评估，从而发生评估不公的情况。尽管在改革期间出现了教师抗议和示威游行，该法令还是在 2012 年 5 月 7 日发布，而在三个月后，法国教育部于同年 8 月 27 日废除了完全由校长负责的教师评估制度，改为由校长和督学共同负责督导工作。法国的教师希望可以由专业的督学人员来评估他们的教学能力，因为如果评估权力完全掌握在校长手中，就会导致很多腐败现象的发生。相对来说，校长和督学分工来打分的方式可以保证教师督导的公平和公正。

根据2011年5月法国人力资源总署(Directorate General for Human Resources, DGHR)的在线互动调查显示：49%的教师认为外部评估是十分重要的；42%的教师认为督导的频率不够；46%的教师认为教师督导评估是一个得到意见和建议的好机会；40%的教师认为针对个体的督导和访谈是客观分析教师教学能力的方式。[2]由此可以看出，法国教师督导之所以能得到近一半教师的认可和欢迎，是因为督学可以保证教师督导评估结果的公平，同时也可以为教师提供专业的咨询和指导。

## 一、法国教师督导的概况

法国实施教师督导的督导机构分为中央、学区和省三级。中央一级教育督导机构是设在国民教育部内的国民教育行政管理与科研总督导办(IGAENR)和国民教育总督导办(IGEN)。国家教育行政总督导办的职责是在行政、财政、会计和经济方面，对国民教育部长领导或管辖人员、部门、机构实施督导。国民教育总督导办由14个不同的专业督导小组构成，其职责是对国家教育制度进行宏观监督和评估；参与教师的招聘、培训和评估；评估教师的教学质量并打分；与有关专家合作，制定教学大纲。[3]

法国的教育督导人员分为国家总督学、大学区督学和省督学。法国现有总督学220名，其中国民教育总督学156名，国家教育行政总督学60名，图书馆总督学4名。学区督学有600名，省督学有1600名。[4]法国教师每3－5年就要接受一次督学的考核，而且考核的结果在一定程度上决定着教师的升职。小学教师是由国民教育督学(IEN：负责督导学前教育和小学教育)进行考核和评估的。中学教师，包括普通中学教师和初中阶段的职业技术教师，都要接受学区督学(IA－IPR：负责督导中学教育)或者国家普通职业教育督学(IEN－ET/EG：负责督导职业教育)和中学校长的双方面评估，校长负责评估教师的日常工作表现，督学负责评估教师的教学能力。[5]督学几乎都是由有着高学历、高专业素质、丰富的教育教学或管理经验和工作能力强的人员组成的，这也是法国教育督导在社会上能享有很高权威的重要原因。[6]

## 二、法国教师督导的过程

小学教师每3－5年就要接受一次考核，与过去法国临时突击式的督导方式不同，现在督学都会将听课的日期提前一周通知校长和教师，这样做的目的是为了让所有的老师都能有一段充足的准备时间,尽可能地展示自己的能力。目前的做法是,督学到达学校后便开始与教师沟通、进入课堂听课,在这个过程中校长需要协助督学的工作,但是不参与对教师教学能力的评估,他们的评估内容是教师的日常表现。校长和督学之间既互不干预又互相监督,共同保证督导结果的公平。

(一)督导前

当督学到达学校后,会将一天的工作计划告诉校长,为几个将要被督导的教师排出日程表,询问校长是否要调整计划。一般是上午评估3位教师,下午评估2位教师,每位教师的评估时间大约为1小时。[7]听课之前,督导人员首先会与教师进行单独的沟通和了解,同时教师应该提前准备好自己的备课笔记,还有能够展示其工作能力的一切材料,比如教师对学生作业的批改和评估、参与的项目、研究等。

(二)督导中

督导人员通过听课,对教师的教学能力进行评估。优秀的督学人员在开课十五分钟之内就可以对教师的教学能力进行打分。教师此次督导的最终得分是由"平日分数"和"教学分数"整合而成的。小学和中学的评分制是不同的,国家为小学教师设置了满分20分的单一评分标准,由督学进行打分。对于中学教师,有两个评分项目:一是"教学分数",满分60分,由督学打分;二是"平日分数",满分40分,由校长或学校领导打分。督学通常会关注教师四个方面的能力:教学设计和评估学生的能力;根据学生的学习情况,提供差异化教学的能力;语言表达能力;培养学生自主学习的能力。校长对教师的日常表现进行打分时,通常关注:出勤率和迟到、早退的次数;参与活动的情况和工作效率;管理能力和特长。

目前法国的教师督导制度在评估方式和评估内容上正不断地做出调整。在评估方式上,教师无须应对临时突击式的考核,督学会提前通知教师听课的日期和学科。在评估内容上,督导不仅重视课堂教学的内容,而且还要分析教职工的团队合作情况、学生的学习成果、学校综合的指标等。同时,教师参与培训、参与研究活动和指导新教师等内容也被考虑在教师督导的范围内,体现了法国对教师专业素质的重视。

(三)督导后

每节课结束后,督学都会指出教师上课的不足之处,并提出改进意见。督学人员结束对所有教师的督导之后,会组织校长与全体教师召开总结会议,为教师指出教学工作中存在的一些问题,教师也可以谈谈自己对课程的想法与准备工作,并对自己的工作做出总结。督学在五天之后,根据督导评估的情况打出分数,撰写督导报告。该报告共有两份，一份会上交给主管部门，用于国家统计和分析教育现状，另一份会被寄送到教师手中。报告的内容包括督学对教师授课内容和授课能力的评估结果和分数，尽管报告中也会包含一些对教师授课的意见和批评，但是督学总是会就教学能力和教师培训为教师提供一些建议。值得一提的是，法国督学的督导报告在法国尤其受到重视，它不仅能帮助教育部长了解有关情况，更为教育部的决策和政府调整教育政策提供了参考依据。[8]

督学人员的建议有没有被认真地对待和执行，取决于评估结果对教师利益影响的大小。法国教师督导的结果虽然在一定程度上影响着教师的升职情况，但是对教师工资的影响是极小的，教师的工资由一个单独的薪资评级标准决定，评估的主要依据是工龄和资历。[9]教师的工作能力和教育成果从表面上看没有在工资待遇上体现出来，这些分数也并不会立刻对教师的工资产生影响，但是在法国，不同级别的教师，工资待遇的差别是很显著的。就法国各级别教师的起始工资来看，高中高级教师工资比小学教师高出36%，比初中教师高出25%。大学讲师则分别高出小学教师50%，高出初中教师35%。教师退休时，上述工资差距将进一步拉大，高中高级教师高出小学教师95%，高出初中证书教师56%。大学教授高出小学教师215%，高出初中证书教师126%。[10]由此看出法国教师督导的结果对教师个人工资的影响并不大，但对晋职还是有影响的，这种影响也推动着教师的进步和成长。

## 三、启示

### （一）开启校长与督学合作评估的模式

回顾法国教师督导制度改革的历程，我们不难想象，如果教师评估完全由学校领导来实施，由校长决定教师的留任、晋升、加薪、解聘等人事决策，那么提高自身教学方法和教学能力就不再是教师发展的核心任务，由此产生的许多恶习无疑会导致教育质量的下滑。2012年7月5日至2012年10月7日期间，法国重建共和国学校的协商会议纪要中明确指出，校长和督学作为实施评估的双方，职责必须明确，而且两者之间要保持一种新的平衡。教师督导必须重申评估的双重功能，即管控和服务。校长作为行政领导者，他们有能力对教师的日常工作情况进行管理和考核，但他们并不一定具备评估不同课程的能力，也不完全具备鉴别教学方法和教学理论的能力，而这些恰恰是教师督导的工作。督导评估人员是教育各个领域的专家，他们可以依据自己多年的实践经验对教师的教学方法和课程内容进行评估和指导，为教师提供咨询和服务。因此实行校长与督学合作的评估模式既可以最大限度地发挥他们各自的优势，又可以让校长和督学相互监督，保障教师督导结果的公平。

(二)重视教师督导内容的拓展与更新

法国教师督导的内容,由原来的只评估教师的课堂教学能力,逐渐发展为多维度的评估。这其中有很多值得我国借鉴的地方,除了教学能力的评估外,还要分析教职工的团队合作情况,合作意识,互帮互助,互惠互补,如在维护校园安全、解决学生心理问题等方面是否团体通力合作,共同致力于学生的成功,等等。除此之外,法国教育督导考核教师参与培训、参与研究活动的情况也值得我们关注。科技的发展决定了未来教育的内容和方式,科学技术和大众传媒带来的庞大信息量正时刻冲击着学生的大脑,学生的操作和思考能力已经超越了我们的预期。如果教师缺乏培训和学习意识,不能及时更新自己的学科知识、教学技能和教学方法,那么这种教师就很难解答学生提出的前沿问题,何谈教学质量的提升。最后值得一提的是,法国将指导新教师也纳入了教师考核之中,而我们国家在教师督导的过程中更多的是关注教师个人的职业道德和专业能力。目前,我国教师老龄化的问题逐年加重,如何利用现有资源实现新老教师的交替,培养一批高素质的年轻教师是我国未来教育发展的突破口。基于以上几点,我国也应该重视教师督导内容的拓展与更新。

(三)强调对教师督导评估结果的公开和奖惩措施

1991 年以后,法国政府决定,总督学每年度的督导报告必须呈送法国总统,由国家文献馆汇编成册,公开出版发行,以使全社会都能了解法国教育现状和问题,支持和参与法国的教育改革。[11] 由此映射出了法国政府对教师督导评估结果的重视。一个国家要提高教师素质和教师效能,不仅要公开教师评估的结果,还要对教师实行奖惩措施。教师督导的评估结果虽然对法国教师的工资并没有太大的影响,但是该结果会作为教师晋升职称的参考,又因为法国不同级别的教师的工资差别是很大的,因此教师督导的评估结果对教师工资待遇的影响虽然不是立竿见影,但实际影响却是长远巨大的。教师工资是否应该与督导的结果相挂钩的问题,其实就是施行总结性评估还是过程性评估的问题。如果将教师督导作为一种教育质量保障机制,在教育活动发生后对教育效果进行评估,其直接的目的就是区别教学的优劣、分出等级、鉴定合格,那么此时应当采用总结性评估。而过程性评估不以区分评估对象的优良程度为目的,不重视对评估对象进行分等级鉴定和奖惩,它是通过诊断教育方案或计划、诊断教育过程与活动中存在的问题,为正在进行的教育活动提供反馈信息,以提高教育活动质量的评估。[12] 当督导人员代表国家对教育质量进行监测时,其直接目的就是在短时间内评估教师的教学能力,对教师进行打分,完成总结报告,督促教师的发展。鉴于这种情况,为了提高教师的教学质量,应该对教师施行总结性评估,公布其得分,实施奖惩措施。具体实行哪种评估,除了考虑评估的目的之外,我们还应该根据不同国家国民的文化水平来决定,比如教师普遍自学能力强,文化素质高,就适用于过程性评估。而从我国目前的实际发展情况来看,需要有硬性的规定和指标来鞭策教师的发展,因此总结性、奖惩性的评估更为适用,即通过公示评估结果和实施奖惩措施来激励教师的发展。

## 注释

[1]孙河川. 教师评估指标体系的国际比较研究[M]. 北京:商务印书馆,2011.

[2]MINISTèRE DE L'éDUCATION NATIONALE. The teacher evaluation system in France [EB/OL]. http://www.sici-inspectorates.eu/getattachment/9e11ce92-9c36-4e1e-af1e-a43d305437d7, 2012-12-11/2014-06-27.

[3]李帅军. 法国教育督导制度的历史、现状与特色[J]. 河南教育学院学报(哲学社会科学版),2003(1):21-25.

[4]中华人民共和国教育部. 对英国、法国教育督导和教育评估制度考察的报告[EB/OL]. http://www.moe.edu.cn/publicfiles/business/htmlfiles/moe/moe_626/201108/122815.html, 2011-08-02/ 2014-05-28.

[5]MINISTèRE DE L'éDUCATION NATIONALE. The teacher evaluation system in France [EB/OL]. http://www.sici-inspectorates.eu/getattachment/9e11ce92-9c36-4e1e-af1e-a43d305437d7, 2012-12-11/2014-06-27.

[6]吴声远. 简析法国教育督导制度的主要特点[J]. 外国中小学教育,2004(8):24-26.

[7]王厥轩. 法国中小学教育考察概述[J]. 外国教育,1998(7):18-21.

[8]线联平. 法英教育督导制度考察录[J]. 世界教育信息,2010(3):72-78.

[9] L'inspection générale de l'éducation nationale (IGEN). Mission et organisation de l'inspection générale de l'éducation nationale [EB/OL]. http://www.education.gouv.fr/cid76876/mission-et-organisation-de-l-inspection-generale-de-l-education-nationale.html, 2014.5.28/2014.11.5.

[10]高如峰. 法国义务教育教师工资制度研究[J]. 河北师范大学学报,1997(3):101-106.

[11]霍益萍. 法国教育督导学[M]. 北京:人民教育出版社,2000.

[12]陈玉锟. 教育评估学[M]. 北京:人民教育出版社,1999.

# 荷兰中学教育督导评估指标

王阳　孙河川

**摘　要**:纵览世界发达国家,无不拥有一个值得称道的教育系统,教育督导更为如此,荷兰、英国、法国则是此中翘楚。荷兰作为世界教育强国之一,其教育督导制度在全世界首屈一指。究竟荷兰教育督导制度是如何发展,哪里值得借鉴,带给我国教育督导制度什么启示?本文将对荷兰中学教育督导制度做一个简要分析。

**关键词**:荷兰;教育督导;指标体系;中学教育

当今世界正处在大发展大变革大调整时期。世界多极化、经济全球化深入发展,科技进步日新月异,人才竞争日趋激烈。教育变革与发展亦是如此。教育被视作提高一国的国际竞争力,促进国家经济、文化发展的重要工具。当各国经济、科技、军事等力量受到挑战与冲击的时候,改革的焦点会不约而同地指向教育。而教育的变革与发展,同样需要社会及国家提供各方面保障。教育督导便是其中较为重要的一环。纵览世界发达国家,无不拥有一个值得称道的教育系统,教育督导更为如此,荷兰、英国、法国则是此中翘楚。督导作为教育的“智囊团”与“监管团”,为教育提供改进措施的同时,也为其发展指明方向。世界教育变革与发展,离不开教育督导的有力保障。同样,世界范围内教育的变革与发展,也促使教育督导顺应时代潮流,不断改革完善自身,以适应教育变革的大潮流。

## 一、荷兰教育督导历史

荷兰的教育能排在世界前列,必有其值得借鉴的地方。在教育督导方面,荷兰始终走在前列。荷兰教育督导制度历史悠久,建立于1801年,可以说是世界上最早建立的督导制度,比1839年出现的英国督导制度还要早30多年。荷兰的教育督导制度职责范围很广,包括初等教育、中等教育、职业技术教育、成人教育以及特殊教育的督导与评估。教育督导局的主要职责是负责对教育质量进行督导,目前教育督导局设有一名总督学,四名主任督学,分别负责中学与特殊教育督导、中等教育督导、成人与职业教育督导和高等教育督导。

荷兰皇家督学至今仍受到世界各国邀请讲学访问,还曾来我国进行讲学与交流。相比我国教育督导制度,荷兰教育督导制度更为专业化系统化,而且经历了200多年的洗礼仍焕发着勃勃生机。虽然荷兰与中国在社会制度、文化背景等很多层面大不相同,但教育是不分国界的,荷兰教育督导及其评估指标的建立及实施,对我国教育发展还是有很大借鉴意义的。

本文所引用的荷兰教育督导指标体系,是2009年荷兰教育、文化和科学部下属的教育督导部下发的,范围是全国的中等学校,旨在提高荷兰中学教育质量与完善学校运作。早在2005年左右,荷兰教育督导部就曾下发中学教育督导指标体系和中学教育督导指标体系,此次修改主要在问题导向(Risk Based)方面,对督导对象进行了系统核定,规定如果学校发现问题或问题的前兆(Failure Signals),则对其进行专项督导或者定期督导,而对于未发现明显问题的学校,只进行普通督导,每四年进行一次普通督导。督导结果将在督导完成五个星期之后,在荷兰教育督导网上公示。

具体到督导内容,根据荷兰教育督导法(WOT),将督导对象主要集中在学校的基本成就水平和学生发展,关注于课程,学习时间,教学环境,学校环境,教师的教学策略,特殊需要的规定,测验,作业或考试的教学组织方面。此外,WOT规定,督查还包括评估学校的质量保证。以上几个方面已经发展成指标,它们被分类在WOT的质量方面,并已同教育部门的代表进行过讨论。关键指标构成了核心框架。本文主要介绍其核心框架。

## 二、荷兰小学教育督导评估指标体系

中小学督导框架(Core Framework for Primary and Secondary Education)是此次重新修订荷兰教育督导评估指标体系的重要组成部分。其中将督导重点集中在了五个维度,分别是成果(Outcomes)、教与学的过程(Teaching-Learning Process)、特殊需要和保障(Special Needs Provision and Guidance)、质量保障(Quality Assurance)和法律法规(Statutory Regulations),每个维度下边还有详细的下一维度指标。

如表所示:

| 一级指标 | 二级指标 | 三级指标 |
| --- | --- | --- |
| 成果 | 成果可以通过学生总体特点进行预期 | 1.1 在规定时间内低年级学生能够达标 |
| | | 1.2 高年级学生要在法定的时间段内完成学业 |
| | | 1.3 国家级考试中，学生能取得预期的成绩 |
| | | 1.4 学生参加国家统考的成绩和校内考试成绩的差距应在允许范围内 |
| 教学过程 | 课程的目的在于学生广阔发展和为学生准备升学或进入劳动力市场 | 2.1 低年级课程满足法定要求 |
| | | 2.2 高年级课程大纲要包含所有考试科目 |
| | | 2.3 一所学校中如果有较多语言学习的学困生(移民学生)，应开设满足其学生语言需求的课程 |
| | | 2.4 学校开设培养学生社交能力和潜能的课程 |
| | | 2.5 学校开设正向的公民教育和建设和谐社会的课程 |
| | 学生有足够时间掌握课程 | 2.6 不能随意取消已安排好的学校活动 |
| | | 2.7 学生禁止逃课 |
| | | 2.8 学生能有效地利用课堂学习时间 |
| | 学校环境安全并且相互尊重 | 2.9 通过学校组织的活动,使家长参与学校的管理与教学 |
| | | 2.10 确保学生在校安全 |
| | | 2.11 确保职工在校安全 |
| | | 2.12 学校向学生及职工传授安全常识 |
| | | 2.13 学校向师生宣讲安全常识并能洞察和预防潜在的不安全因素 |
| | | 2.14 学校采用安全举措以防范校内外的不安全隐患 |
| | | 2.15 学校的教职员工应教会学生尊重他人 |
| | | 2.16 老师能激发学生的学习动机,并教授学生谋福祉的技能 |

续表

| 一级指标 | 二级指标 | 三级指标 |
| --- | --- | --- |
| 教学过程 | 教师能向学生清晰地解释所讲内容,并有效地组织教育活动 | 2.17 教师授课清晰明了 |
| | | 2.18 教师能营造一种目标明确的学习氛围 |
| | | 2.19 学生积极参与教育活动 |
| | 教师调整课程,教学时间及教学任务等,以适应学生之间的发展差异 | 2.20 教师调整课程设置,以适应学生间的发展差异 |
| | | 2.21 教师调整课堂教学,以适应学生间的发展差异 |
| | | 2.22 教师调整教学任务,以适应学生间的发展差异 |
| | | 2.23 教师注重教学实践,以适应学生间的发展差异 |
| | 提供对特殊需要的保障 | 2.24 学校使用标准化工具和统一的系统,以监察学生的表现和发展 |
| | | 2.25 教师能系统地分析学生的发展进步 |
| 特殊需要和保障 | 学校引领学生适应其能力发展 | 3.1 学校持续地使用统一测试,以监督学生的学业发展 |
| | | 3.2 教师系统地分析学生的发展进步 |
| | | 3.3 入学后,学校为每个学生制定成长规划 |
| | | 3.4 学校监测学生是否按照预期发展成长,在监测结果的基础上做出合理的调整 |
| | 有需要额外关爱的学生,学校须提供额外关爱 | 3.5 学校确定哪些学生需要额外关爱 |
| | | 3.6 基于数据和分析,学校决定向特教生提供不同类型的关爱 |
| | | 3.7 学校全方位的关心学生 |
| | | 3.8 学校定期评价对学生的关爱 |

续表

| 一级指标 | 二级指标 | 三级指标 |
| --- | --- | --- |
| 质量保障 | 学校有质量保障系统 | 4.1 学校洞察学生的教育需求 |
| | | 4.2 学校定期评价学生是否达到培养目标 |
| | | 4.3 学校定期评价教学过程 |
| | | 4.4 学校进行系统的改进 |
| | | 4.5 学校确保教学过程质量 |
| | | 4.6 学校向校董事会汇报其教育质量 |
| | | 4.7 学校为推进积极的公民意识而对其教育质量进行评价 |
| 法律法规 | 5.1 学校代表校董事会将学校自评报告送达督导 | |
| | 5.2 学校代表校董事会将学校发展规划送达督导 | |
| | 5.3 学校代表校董事会将学校特殊需求送达督导 | |
| | 5.4 学校的课时符合法定要求 | |

注:此表是孙河川教授课题组引自荷兰教育、文化和科学部官方网站并翻译、整理而成。

http://www.onderwijsinspectie.nl/binaries/content/assets/Actueel_publicaties/2010/Risk - based + Inspection + as + of + 2009.pdf

该荷兰中学教育督导指标体系共有一级指标5项,二级指标10项,三级指标48项,系统地涵盖了督导的各个方面。本文仅对此督导评估指标体系,进行一个简要的介绍。

从一级指标来看,成果(Outcomes)、教学过程(Teaching-Learning Process)、特殊需要和保障(Special Needs Provision and Guidance)、质量保障(Quality Assurance)和法律法规(Statutory Regulations)五个层面,涵盖了学校所面对的所有问题及可能面临的问题。各国教育督导不约而同地将重点放在教学过程上,也说明各国纷纷意识到课堂教学的重要性,并且确实做到了为了学生的发展而考虑,学校设置和教育督导都集中在课程上。

在此指标中,教学过程 - 维度下包含"课程的目的在于学生广阔发展和为学生准备升学或进入劳动力市场"、"学生有足够时间掌握课程"、"学校环境安全并且成员之间相互尊重"、"教师向所有学生清晰解释所讲内容,并能有效地组织教育活动"、"教师调整课程、教学,时间足够学习所讲知识及教学,以适应学生之间的发展差异"、"提供保障特殊需要"六项。相比小学督导指标,中学督导指标则对学生有更高要求。中学生的年龄已经能对自己所做事情进行适当控制,所以在此时督导对象则由教师转向学生和教师的双客体。

（一）成果

对于成果层面，主要由“低年级学生达到教育水平可以预期”、“学生需要部分额外时间完成计划的第二阶段”、“国家级考试中，可预期学生成绩”、“学生国家级考试成绩和在校考试成绩的差距在可接受范围”几项指标构成。督导由集中在学校能够按照学生总体水平对其所取得的成绩进行预测，逐渐转向对学生受教育成果考核的督导。也就是说，荷兰教育督导是将学生成绩作为硬性指标对学校进行考核。由小学阶段的基础知识传授督导，转变为基础知识考核督导，也是由学生自身身心发展状况决定的。中学阶段，学生能够对自己的行为进行操控，国家也意识到对于教育的考核，最佳办法就是对考试结果进行考核，所以在学生成果这一层面，荷兰教育督导部将学生考试成绩作为唯一考核评估指标。

（二）教学过程

教学过程一项包括“课程的目的在于学生广阔发展和为学生准备升学或进入劳动力市场”、“学生有足够时间掌握课程”、“学校环境安全并且相互尊重”、“教师向所有学生清晰解释所讲内容，并能有效地组织教育活动”、“教师调整课程、教学，时间足够学习所讲知识及教学，以适应学生之间的发展差异”、“提供保障特殊需要”六个二级指标。相比小学督导指标，中学督导则对学生提出了更多要求。根据中学生身心水平发展，相应提出了道路选择、课程掌握、尊重他人等评估指标。与此同时，对教师的评估仍然集中于课堂教学，教师要在课堂教学过程中逐渐适应学生群体发展差异，督导框架中对教师要求很细致，但大都归属于授课时间、课堂组织形式、授课内容和关注学生个体差异几个方面，但从三级指标可以看出，荷兰的基础教育是真正将学生放在第一位的，学校、国家教育督导部门所做的一切，都是为了学校的更好发展，为了学生的知识与能力培养。为达到此目的，督导框架更是进一步对学生安全问题提出具体指标，从观念到应对措施，面面俱到。

荷兰的中学教育督导，对教学过程尤为看重。从教学内容来看，由小学督导的对知识进行要求逐步转变成为对结果进行评估。换句话来讲，荷兰教育督导部评价学校的一个重要指标就是学生在各级各类考试中所获取的考试成绩。由于荷兰的双轨制教育体制，中学毕业一部分学生可以直接进入职业教育，从而步入劳动力市场，所以在此阶段对学生成绩提出要求是直接面向就业的。从教学主客体来看，虽然教师是课堂教学的主体，但教师的出发点是基于学生的考虑，教学过程真真正正以学生为中心，一切从学生的角度来思考问题，对教师要求虽然细致，但却赋予了教师足够的自主性，对教学过程只是负责总体方向的要求，这样教师真正进行教学活动时，可以按照自己的意愿和学生的需求，多种渠道展开教学活动。

（三）质量保障

对于督导框架的质量保障层面，主要聚焦教育质量，包括“学校洞察学生的教育需求”、“学校定期评估学生达成的目标”、“学校定期评估教学过程”、“学校系统进行改进”、“学校确保教学过程质量”、“学校向校董事会展示其教育质量水平”、“学校为推进积极的公民意识和社会多样性而对其教育质量进行评估”七项指标。对学校提出了学校定期评估学生达成的目标、学校定期评估教与学的过程两个定期要求，并对学校洞察学生教育需求一项做出了规定。不仅仅限于课堂，同样对学生的公民化社会化对学校也提出了要求。教育是一项社会活动，目的更是培养学生为社会发展提供动力，荷兰教育督导指标框架正是基于这种考虑而提出此项要求。另外，由于荷兰中学很多是由私人所建，这也要求学校要对学校董事会有所交代，所以规定学校要向董事会呈现学校教育水平。

（四）法律法规

法律法规层面，是荷兰教育如此优质的制度保证。在此督导指标框架中，将所涉及的荷兰初等教育法的相关条款列出，包括“学校章程送达督查和校董事会，章程包括制定过程。（初等教育法，第 16 条，第 13 条）”、“学校计划送达督查和校董事会，学校计划包括制定过程。（初等教育法，第 16 条，第 12 条）”、“财团的特殊需要计划送达督查和校董事会，学校计划包括制定过程。（初等教育法，第 19 条）”、“计划教学时间符合法定要求。（初等教育法，第 8 条）”四项。结合荷兰教育督导法（WOT），将此指标框架提升到法律层面，并将法律作为此框架实施和贯彻的依据。教育法是国家教育能否达到优质的制度保证，正因为荷兰有着相当完善的教育法律法规，才得以立体式地撑起荷兰教育水平，也为荷兰教育督导工作提供了政策支持。

（五）特殊需要和保障

荷兰教育督导指标对学生的特殊需要提出了详尽要求。一方面出于对学生个体差异的考虑，对不同学生的需要提供不同程度的支持，更能合理利用资源，对学生的全面发展起到推动作用。另一方面，荷兰教育拨款占国内 GDP 总值的 4.6%，排名全世界第五，对特殊教育的拨款相比普通教育更多。学校为了获得更多财政支持，导致虚报本校需要特殊教育的学生数量，造成荷兰的特殊教育学生由全国人口的 1% 升到 4%，全国范围内学校虚报数目现象严重。为了克服这一问题，此次修订的教育督导评估指标体系将学生的特殊需要单独列出，不单单为了满足学生的个体差异，更是为了克服这个严重的问题。

具体到内容，包括“学校使用的标准化工具和程序一致的系统，以监察学生的表现和发展”、“教师系统地分析学生的发展进步”、“入学后,学校能从学生个体的教育视其发展”、“学校监控学生是否按照发展的角度来成长,并在其调查结果的基础上,做出合理的选择”、“学校确定哪些学生需要额外关爱”、“在所收集的数据进行分析的基础上,学校决定向有特殊需要的学生提供什么类型的关爱”、“学校系统化关心学生”、“学校定期评估对学生的关爱”八项指标。对学生需要特殊照顾的种类、数量和学生接受特殊照顾后得到的提升进行了规定,有效地克制了学校虚报有特殊教育需求学生数量这一问题,更能够最大限度地使学生获得全面发展,克服其个体差异对教育带来的影响。

总体而言,2009 年修订的荷兰教育督导评估指标体系,是一种基于“问题导向”(Risk-oriented)的督导评估指标。对全国范围内中学进行了细致的要求。荷兰教育一直走在世界前列,不单单是因为教育拨款多,不单单是因为教育理念先进,更多的是体现在具体行动中,体现在各个条款中。就我国目前状况来讲,没有一个可供参考的权威督导评估指标框架,这为教育督导部门进行工作时带来了很大困扰。

## 三、启示

相比较我国教育督导所存在的问题,从荷兰教育督导评估指标体系中,可以得到很多启示。

第一,荷兰教育督导制度健全。荷兰的教育能排在世界前列,必有其值得借鉴的地方。而我国教育督导虽然雏形出现较早,但直到今日,仍未能形成一套完整、有效的教育督导体制。在这点上,我们要向荷兰学习、借鉴的有很多。无论是教学过程,或是教育督导层面。鉴于此,2011 年荷兰皇家督学应国家教育督导团之邀来到中国,并同教育督导方面的专家和学者进行探讨,以便求取荷兰教育督导方面的真经。而我国也意识到这一问题,近年来也不断咨询专家意见以及到基层学校调研,以获得第一手资料。2011 年 10 月,已拟定教育督导评估指标体系框架,并收集了部分专家及教师的修改意见,对督导评估指标体系框架进行进一步修改。

第二,荷兰教育督导指标体系注重细节。从具体指标可以看出,荷兰教育督导指标体系中将荷兰语、数学等专门列为一项,通过以下四个具体指标“学生在中学毕业达到的荷兰语/数学水平,至少可以根据学生总体特点进行预期”、“荷兰语和数学课程设置”、“荷兰语和数学课程 1 - 8 年级均需开设”、“对于荷兰语课程,学校要考虑相当一部分学生的语言迟缓的需求”可以看出,荷兰教育督导评估指标体系制定内容更贴近实际需要,针对本国教育需求及国际形势而制定具体目标。作为两大基础学科,荷兰语面向传统,弘扬本国文化。而数学面向未来,是一切学科的基础。将传统和未来融合在初等教育中,使学生从小就接受传统教育和现代教育,真正使学生立足传统,面向未来。作为督导部门来说,将荷兰语、数学、社交能力、公民意识等等细节融合在教育督导指标体系当中,以国家身份对中学教育提出要求,并定期督导,提高全国中学教育整体水平,真正为了提高学生能力而努力,这在我国各省、各市的教育督导指标体系中是很少见的。我国督导指标则更注重督政,即国家教育方针的贯彻和硬件条件,参考各省、市教育督导指标体系,具体参照广东省广州市、广西壮族自治区、河北省、黑龙江省和吉林省五省(自治区)的中学教育督导指标,都不同程度地提到了贯彻方针、学校占地、布局和校园校舍问题。而对于具体课程和教与学的具体要求,在我国省市区督导指标中则很少体现。

第三,体系制定严谨、富有逻辑。无论从一级维度还是二级维度,都能看出荷兰教育督导指标体系的良苦用心。五个一级指标分别是成果、教学过程、特殊需要和保障、质量保障、法律法规,完整地覆盖了教育过程所涉及的层面,目标、过程、保障丝毫不差。根据系统理论,五个要素构成了一个有机整体,各司其职。细化到二级指标是同样的,例如在"教学过程"这个一级指标中,共包括 25 项三级指标,划分为课程、教学和学校环境几个层面,完整涵盖了教学过程中课程因素、教师因素、家长及社区因素,而且督导对象从学校到教师及学校职工,整个框架丰富而有逻辑。相比我国各省市区教育督导指标,虽说各个省市区的督导指标也存在其内部固有逻辑,但逻辑起点是不一样的。通过对指标的分析,能清楚感受到,荷兰督导指标的逻辑起点是提高学校质量,而我国教育督导指标的逻辑起点,更像是学校标准化。以河北省教育督导指标为例,二级指标分别是"管理能力、管理目标、管理机制、教务管理、学生管理、实施方案、课程评估、教师队伍、经费保障、教学设施、教学资料、研修计划、组织建设、制度建设、教学研究、主题研究、教学考察、教师评估、学生评估、命题评估、质量评估",这些指标都是可以更进一步具体量化评分的,但内容相对荷兰督导指标体系,分类不太明确,逻辑不清晰。如组织建设和制度建设,划分不清,二者难免在实施过程中会有交叉。

第四,荷兰中学教育督导指标目的明确,指向合理。由于中学阶段是荷兰学生面临升学和就业的重要阶段,中学过后,学生则将面临分流,一部分投入到职业教育中,然后跨入劳动力市场;另一部分升入大学,进行学术研究。面临这种双轨制的教育制度,荷兰教育督导评估指标的作用就能够彰显出来了。指向明确,对学校、教师和学生的评估都包括了两条途径,内容全面。相比我国督导制度,对考试和成绩要求闭口不谈,谈虎色变。由于我国应试教育推行甚久,近年来提倡的素质教育还没有实质性全国推广,考试一词在中国教育体制里则变得异常尴尬。而荷兰和一些西方教育发达国家则不同,考试是必要的,更是必需的。英国算是此中翘楚。7岁、11岁、14岁、16岁的孩子,都将面临全国范围内的统一考试,如果要继续读大学,还要参加类似于我国高考的A-Levels考试,目的是监测学生的学业进步和对全国教育状况有所了解。如何应对考试在我国的尴尬状况,该怎么考、多久考、考试结果怎么用,这些问题都是我们应该向西方教育发达国家取经的问题。

荷兰作为世界上的教育强国之一,有着很多可供借鉴的地方。而教育督导或许只是其中的一小方面,需要我们开阔视野,踏实学习的东西还有很多很多。罗马不是一日建成的,荷兰能有如此优质的教育及教育督导制度,也是历经几百年的改革发展。遵循历史的脚步,一步一步踏踏实实地学习,并且努力达到超越,这是学习国外先进经验的目的,也是本文的最终期盼。

**参考文献**

[1]沈伟,卢乃桂. 问责背景下的教育质量:何为与为何[J]. 全球教育展望,2011(2):56.

[2] Inspectionte of Education, Minnistry of Education, Culture and Science of Netherlands. Risk-based Inspection as of 2009.

[3]马国贤,马志远. 教育支出占GDP的比重:国际比较与政策建议[J]. 教育发展研究,2009(3).

# 荷兰基础教育质量监测与评估

潘晶　孙河川

**摘　要**:CITO作为独立于政府的第三方基础教育质量监测机构,承担着荷兰全国的专业化考试评估、教育质量监测和改进等工作。荷兰基础教育质量监测的内容和手段对我国基础教育质量监测工作有很多的借鉴,比如完善小学阶段的毕业考试、加大对国家监测数据的充分利用、建立高效的监测机构、重视学生能力的发展等。

**关键词**:荷兰;基础教育;质量监测

从严格意义上说,教育质量监测属于教育督导工作中的一部分,与一般意义上的考评不同,它是从国家整体角度出发,从对教育进行管理的角度,对全国教育质量情况进行比较分析,并做出宏观把握。[1]在对教育情况进行清楚掌握的前提下实施教育质量监测,通过找准问题、分析原因,得出有利于改进教学的科学建议等环节,有利于促进学生的全面发展,提高整体教育质量。荷兰CITO的教育质量监测系统有很大的普适性,可以被世界范围内不同国家的教育体系所借鉴。[2]文章通过分析荷兰CITO提供的全国性学生监测评估服务系统,并结合我国的实际情况进行分析,以期为我国开展基础教育质量监测提供参考和借鉴。

## 一、CITO的发展历史及概况

荷兰的教育质量监测与评估主要是由荷兰国家教育测量研究院(Centraal Instituut voor Toets Ontwikkeling,CITO)承担。CITO在1968年建立之初是官方性质的考试管理机构,到1987年成为公法机构,受荷兰教育法保护和约束,再到1999年适应市场和国际形势,进行了私有化改革,享有很多监测的实质权力。CITO代表国家行使权力,是教育部的重要组成部分。同时,CITO也负责制定全国各类考试题、统考题和标准题。各级学校在决定是否采用CITO的测试题上有很大的自主权,但目前荷兰有超过75%的学校都在用CITO标准的考试题,可见其在荷兰的影响力。至今,CITO一直作为一个专业化的考试评估服务机构,为荷兰全国提供学生监测评估服务。[3] CITO目前也开始涉猎基础教育、高等教育以外的考试领域,如企业招收员工的考试、公司内部考试等。同时CITO也为教育机构、政府部门和企业提供教育测评、训练和测评建议。CITO的理念、技术和手段等也为许多其他国家采纳使用,如印度尼西亚、南非等。

CITO将权威、客观、可靠作为其核心理念。心理测试研究与信息中心(Psychometrisch Onderzoeks-en Kenniscentrum, POK)是CITO重要的研发机构。此外,CITO还设有专门的信息中心,内有大量与考试测评有关的书籍资料,面向有限的人群开放。专门的网页ToetsWijzer(http://toetswijzer. kennisnet. nl/main. asp Browser = IE)则面向公众,及时更新CITO所提供的考试和培训产品相关的信息。[4]

## 二、CITO的监测对象

CITO的组织非常庞大,不仅负责组织全国范围内每个教育阶段的毕业考试,并且也对全国学生(从幼儿园到23岁成人结束)整个阶段的受教育情况进行跟踪、调查和监测。

荷兰的教育体制分为三个阶段,初等教育、中等教育和高等教育,其中初等和中等教育属于义务教育。[5]4-12岁的儿童要接受8年的初等教育,即小学教育。从12岁开始进入4-6年的中等教育。中等教育分为三种形式:初级职业中等教育、普通中学教育和大学预科教育。完成普通中学教育和大学预科教育的学生,有机会进入应用科技大学或综合大学等高等教育学府继续攻读学士和硕士学位。其中,小学结束阶段的CITO测试,是非强制性的,并不要求全体小学毕业生都参加。但是,类似于中国高考的荷兰中等教育毕业考试,则是强制性的,每个学生必须参加,否则得不到全国认可的高中毕业证书。

## 三、CITO对基础教育的监测与评估内容

CITO对基础教育的监测和评估体系包括一整套灵活的、成体系的、完整的针对学前到中等教育阶段学生的评估程序。该体系包括一系列带有多种目的的评估工具、灵活的登记技术、多样的诊断性框架和可定制的报告格式。CITO的测试使用传统的纸质试卷或者最新的计算机方式。总体而言,该体系主要关注学生绩效中的以下几方面内容:对核心技能的掌握、社会情感的发展、学习态度、与统一基准线的差距(与同组学生,同所学校学生和同一地区学生相比的差距)、所有时期的教育成果。[6]

虽然 CITO 对全国小学阶段的毕业考试不作统一要求,但大多数学生在小学教育结束阶段都会参加“CITO 基础教育最后的测试”(CITO Eindtoets Basisonderwijs,Citotoets),该成绩结合学生的兴趣,并参照家长和教师的意见及评语,决定了学生将来进入某种发展方向的中学,进而会在一定程度上决定学生未来的发展方向。[7]小学阶段的学习和成长,对一名学生以后的发展会有很大的影响,所以CITO对小学阶段的教育质量监测尤为重视,每年对全国处在不同学年的小学生要进行一至两次的各方面综合能力测试,表 1 是 CITO 的监测与评估体系对荷兰全国小学生的监测指标。

**表 1　CITO 学生监测系统中的测试**

学生年龄(4 - 12 岁)

| 年份<br>科目 | 第 1 年 | 第 2 年 | 第 3 年 | 第 4 年 | 第 5 年 | 第 6 年 | 第 7 年 | 第 8 年 |
|---|---|---|---|---|---|---|---|---|
| 排序 | √ | √ | | | | | | |
| 语言 | √ | √ | | | | | | |
| 空间与时间感知 | √ | √ | | | | | | |
| 技术性阅读 | | | √ | √ | √ | √ | √ | √ |
| 阅读理解 | | | √ | √ | √ | √ | √ | √ |
| 听力理解 | | | √ | √ | √ | √ | √ | √ |
| 词汇 | | | √ | √ | √ | √ | √ | √ |
| 拼写 | | | √ | √ | √ | √ | √ | √ |
| 总体语言能力 | | | | √ | √ | √ | √ | √ |
| 算数/数学 | | | √ | √ | √ | √ | √ | √ |
| 对世界的感知 | | | | | | √ | √ | √ |
| 社会情感的发展 | | | √ | √ | √ | √ | √ | √ |
| 英语 | | | | | | | √ | √ |
| 科学与技术 | | | | | | √ | √ | √ |

注:第 1 - 2 年:学前班阶段;第 3 - 4 年:基础阶段;第 5 - 6 年:中间阶段;第 7 - 8 年:最后阶段。

如表 1 所示,荷兰 CITO 对全国小学生进行的学业监测科目包括排序、语言、空间与时间感知等 14 项内容。在不同的年级阶段,对学生学习成果或效果的监测评估聚焦在不同的方面，如表中不同年级所显示的“√”所示。荷兰4－5岁的孩子，要开始进入小学接受为期8年的小学教育，其中第1－2年的学习类似于中国的学前班，在这一阶段，CITO的监测内容只有孩子的排序能力、语言表达能力和空间与时间感知度三项。孩子在学校里学习的功课并不多，主要是在教师的引导下，在游戏中锻炼听说及表达能力、学习与他人沟通合作、学习触摸感知物体等。从第三年开始，孩子们的学习功课增加了很多项目，要学习一些基本的阅读、听力、词汇、算数等功课，并且CITO开始关注孩子的社会情感发展。到第6年的学习时，CITO又增加了一项关于科学与技术方面的新的监测内容，旨在引导学生接触了解最前沿的科技成果，开阔视野，培养创新能力和创新意识。在第7年的学习中，英语开始被CITO作为测试科目，其作为一门国际化的语言工具，在荷兰的学校课程中占有很大的比重。实际上，荷兰有好多小学在四五年级时就开设了英语课程，为学生的英语学习打下良好的基础。

### 四、CITO对基础教育的监测与评估手段

CITO的监测与评估手段是考评与教学相融合。CITO在对小学阶段学生进行的每年一至两次的测试活动中，每名学生每门功课的成绩都会被连续记录。CITO会把每次的成绩与该学生同学科不同时期的成绩标注在一个固定的量尺上，并进行对比，以此来监测学生在几年中的增量和进步幅度。在早期鉴别学生和学校出现的问题时，这个标准能够起到非常重要的作用。除了每年一至两次的常规测试之外，像平日里教师在课堂上开展的观察学生学习状况、定期举行小测验、对学生进行表现评估等也都是常见的评估手段。

另外，CITO采用的全国范围内的标准化考试能把评估学生的视角扩展至班级与学校之外，可以把学生的成绩与国内其他学生的成绩进行比较。教师从而能够把以全国数据为基础的常模参照结果报告和每名学生的内容参照结果报告相结合，这些信息对课程开发者和政策制定部门也是非常有帮助的。[8]

连续每年的监测，是教师发现学生问题、以防学生掉队的风向标，风险预测好比是教育学中的天气预报。CITO很好地担当起了风险预测的责任，教师每次对学生测试评估时即根据CITO的数据分析学生的进步。风险监测系统实际上就是周期性的，而且以随时监测的方式来预测学生即将或已经出现的问题，并及时采取有效的补救措施。对风险的监测包括以下三个阶段。

第一，识别问题阶段。在这一阶段，教师的主要活动就是把每名学生的学习进步认真记录下来，同时对测试结果进行一个很好的解释。这个阶段包括三个过程：施测、进行评分记录和作出一个初步的评估解释。

第二,分析问题阶段。根据上一阶段的记录,如果发现学生并没有取得很大的进步,甚至出现了停滞不前的状况,那么就有必要对相关数据进行进一步的采集。这样做,不仅可以对测试结果进行一个深层次的检验,也可以对学生的问题与相关标准的差距做出一个清晰的定位。

第三,采取行动帮助学生阶段。根据前两个阶段收集到的一些信息,可以充分地制定出一个完备详细的,有助于帮助学生改进并可以评估行动结果的计划。[9]

## 五、借鉴及启示

从 2015 年起,我国国务院教育督导办在全国范围内开展关于“义务教育质量监测”的工作,确定语文、数学、科学、体育、艺术、德育为六个监测的学科领域。每年会在全国范围内开展对两门学科的监测工作,测试时间在 6 月中旬,[10]并且以义务教育阶段处在认知发展和学习能力发展两个关键期的四、八年级学生为监测对象。我国的各级地方政府和相关部门也在积极响应和执行国务院教育督导办的指令,积极开展义务教育质量的监测工作。与此同时,教育质量监测开展历史悠久、经验丰富的荷兰,可以为我们提供一定的借鉴及启示。

荷兰的 CITO 教育质量监测评估系统在监测理念、技术、手段等方面,对我国的国家层面和地方层面都有可借鉴和可吸取之处。主要归纳为以下几个方面:

### (一)小学阶段的毕业考试

荷兰小学毕业考试的目的是为小学教育提供一个全国性的客观测试,以检测小学生在语言、算术等方面的知识水平。而相比之下的中国,一直以来也没有全国范围的成型小学阶段毕业考试。CITO 狠抓小学阶段的毕业考试有它的实际意义。一方面,教育考试评估作为教育事业发展的重要环节,是促进教育体制机制改革创新,实现以育人为本的人才培养机制的重要抓手。在小学读书的 5 – 12 岁孩子正属于人生成长和发展的关键时期,在孩子探索世界的这个时期应该给其足够的信息,而且还要给孩子大脑的发育和思维的发展提供各种条件和机会。另一方面,考试作为必不可少的,且对学习效果可以起到监测作用的手段,不仅可以帮助教师和学生改进学习效果,而且也作为一种恰当的激励手段,对孩子也可以起到激励和鼓舞的作用。

### (二)国家监测数据的充分利用

CITO 对全国不同年级学生的知识和能力要求都有一条基准线,相关数据都会公布在媒体或 CITO 的网站上。教师可以充分参考和利用 CITO 提供的数据,把自己学生的学习成绩与国家规定的基准进行对比,通过数据来分析差距,分析哪些地方学生表现得好,哪些地方又有问题,如何进行补救等。CITO 的相关方面数据好比是一个风向标,指引着教师为学生制订更加合理的学习计划,也能对日常教学中学生的学习进步做出评判,从而很好地帮助学生取得进步。

相比之下,中国教师不清楚自己的学生各方面水平在全国平均成绩中的位置,因为他们获取不到全国学生学业情况的数据以及国家的最低基准线。在中国,相关的数据都是保密的,国家教育质量监测中心统计之后也只是发到省级教育厅,而下面的各市和县基本没有机会获取、了解到详细数据。中国应当学习和借鉴 CITO 的做法,相关教育统计数据要公开化,加大教师对我国基础教育质量监测中心统计出的各方面教育数据的利用。

(三)建立高效的监测机构

荷兰教育质量监测机构 CITO 是既独立又从属于教育行政系统,这与我国的情况有些不同。相对理想的状况应该是,在开展监测活动的过程中,作为有很大行政权力的政府,在教育质量监测工作方面应该侧重于对监测目标的制定做出宏观上的把握,并注重对监测方法进行管理,如颁布一些关于教育质量监测的法律法规,制定出切实可行的国家标准和评估指标体系,选择合理可行的监测机构并且根据监测机构提供的监测结果,从而对教育质量有一个宏观的调控。而监测方面具体的实施工作,应该交给专业的基础教育质量监测机构,要充分保证监测机构有一定的自主权。其负责相关专业工具的编制、监测工作的具体开展实施、数据分析与监测报告的撰写。目前我国教育质量监测中介机构发展得还不够完善,还不能充分满足监测工作开展所需的专业与技术要求。[11] 因此,我们国家和地方政府需要培养并支持专业评估机构的发展。

(四)重视学生能力的发展

通过前文的分析可以看出,荷兰的教育质量监测是以多样的课程为中心展开的,其不仅关注学生对学科课程目标的达成情况,更重视培养学生掌握知识、灵活运用知识的能力,同时对学生的情感、态度、价值观也有很多关注,涵盖了学生全面发展的内容。对比之下中国现阶段对教育质量的评判,还存在“唯分数论”的状况,即只根据学业成绩来判断一名学生的好坏。我们不能局限于把教育质量监测做成了对“学生学科知识应试能力”的监测,可以借鉴 CITO 从关注学生发展的角度来监测教育质量,遵循人的认知规律,真正把教育质量监测做成是对学生“人”的监测。

我国教育质量监测工作的开展,要在借鉴他国优秀经验的基础上,形成自身的特色。教育质量监测作为科学诊断和评估教育的重要手段,施测的最终目的不是评比,而是在于引导。我们要从关注学生的全面发展角度,坚持以人为本,从学生的角度去充分培养他们的学习能力、创新意识以及实践能力。[12]建立并完善一个科学合理的、充满中国特色的教育质量监测体系，从而把我国基础教育的质量逐步提升上去。

## 注释

[1]李希贵，李凌艳．教育质量监测：为了国家教育目标[J]．人民教育．2007(13)-(14).

[2][6]笔者翻译自荷兰国家教育测量研究院 CITO 网站[EB/OL].http://www.cito.com/

[3][11]王蕾．荷兰 CITO 学生监测评估系统对构建中国教育考试评估体系的启示[J]．中国考试．2011(5).

[4]国家教育考试评估研究院课题组，林霄霄．荷兰教育评估院(CITO)[EB/OL].http://www.kecheng.net/news_57005.html.

[5][7]网易教育．荷兰的孩子如何考大学[EB/OL].http://edu.163.com/12/0629/09/855IPFVH00294JD0.html，2012-6-29.

[8]Lubbe, M. vander( 2007). Pupil Monitoring System for Primary Education. Paper presented at the 33th IAEA Annual conference Baku Azerbaijan.

[9]汉克·A·莫兰德斯(荷)．荷兰初等教育监测与评估系统[J]．考试研究．2011(6).

[10]教育部督导办《国家义务教育质量监测方案》[EB/OL].http://www.ec.js.edu.cn/art/2015/4/23/art_10347_170979.html，2015-4-15.

[12]辛涛，李峰，李艳凌．基础教育质量监测的国际比较[J]．北京师范大学学报：社会科学版 2007.(6)：6-10.

# 美国最新 NAEP 阅读课程评估指标

杨志明　孙河川

**摘　要**:美国教育进步评估(简称 NAEP)是美国国内最具权威性的、长期持续对全美中小学学生在各个学科领域的学业成就进行评估的机构,由它所进行的评估结果享有"美国国家成绩单"之称。《2013NAEP 语文阅读框架》不但承继了以往框架中的精华,而且对大部分评估内容和指标进行了修订和更新。NAEP 阅读评估指标共分为八个核心维度,建构了基础教育阶段学生应该达到的阅读学习目标体系。该套评估指标重视对学生阅读水平的评定,并拥有完善的阅读评估指标体系和明确的评估标准,这对完善我国义务教育阶段语文阅读课程的评估指标体系提供了借鉴和启发。

**关键词**:美国;NAEP;阅读;评估指标

美国国家教育进步评估(National Assessment of Educational Progress,简称 NAEP)由美国国会授权,教育部负责实施,主要评估全美 4 年级、8 年级和 12 年级学生在阅读、数学、科学、地理以及其他科目的学业成就水平,定期报告中小学教育质量的进展情况,其报告单被誉为"美国国家成绩单"。[1] NAEP 把语文阅读列为核心课程,其修订的语文阅读框架在提高基础教育阶段学生阅读能力方面发挥了关键作用。正如马世晔所言:"阅读素养已经成为衡量一个国家的'软实力'的关键指标,成为关涉国家和个人竞争力的重要因素。"[2]《2013 NAEP 语文阅读框架》不但继承了以往阅读框架中的闪光点,而且通过大量的实践和调研,对其进行了更新,使之更加合理和完善。基于此,文章首先介绍框架制定的背景,然后聚焦于对阅读评估指标的解析,旨在通过介绍及解析,总结出有益经验与启示,这对于完善我国中小学语文阅读课程评估指标体系具有重要的参考价值和实践意义。

## 一、《2013NAEP 语文阅读框架》制定的背景

《2013NAEP 语文阅读框架》的设计是制定者基于对阅读的深入调查研究,并

收集大量反馈意见,在修订的过程中主要关注于能够影响学生阅读能力发展和学业成绩上的重要指标内容,突出指标内容的可测性。主要体现在如下四个方面:首先,从新框架所采用的数据来看,参考全美比较领先的一些有关阅读研究的评估指标和指令方面的数据,注重于评估指标对学生学业的测评;其次,从制定新框架的人员上看,既包括美国教育界的领导、专家和学者(如国家和地方政府的政策制定者、教研员、评估专家、教师),也包括非教育组织机构的一些行外人士的意见(如企业的代表和民众的代表),与此同时一些语文阅读评估的组织机构也参与其中,如 NRP(the National Reading Panel)、IRA(International Reading Assessments)等;再次,从获取修订意见的渠道来看,理事会通过互联网的间接方式和举办研讨会的直接方式征集到很多建议,由此可以看出新框架不仅凝聚着广大教育工作者智慧,而且在某种程度上体现出美国大众对阅读评估的意愿;[3]最后,从该框架所发挥的作用来看,从宏观的角度讲它是一个具有重要意义的语文阅读评估指南,有利于提高学生阅读成绩,让国家受益;从中观的角度看,阅读框架强调培养学生的阅读能力,发展学生的阅读技巧需要教师、家长以及全社会来共同承担;从微观的角度看,该框架提供的学生语文阅读成绩可以在一定程度上诊断出学生学习中的不足之处,有利于进一步改进。[4]

## 二、全美 2013NAEP 阅读评估指标概述

全美 2103NAEP 阅读评估指标整合了以往框架中有价值的部分,并对不合时宜的部分进行了修订,同时又吸收了其他阅读评估机构的先进经验,可以说这个最新的阅读评估指标体系更有利于评估工作在全美国的开展和实施,能真正发挥评估的诊断和警示作用,进而改进阅读教学,提高学生的阅读能力。全美 2103NAEP 阅读评估指标共有 8 个核心维度,即“评估内容”、“认知能力”、“评估词汇”、“评估诗歌”、“材料来源”、“选材长度”、“选材要求”和“试题类型”,每个核心维度下边还有详细的下一级指标。整理如表 1 所示:

**表 1　2013 全美 NAEP 语文阅读评估指标**

| 一级指标 | 二级指标 | 三级指标 |
| --- | --- | --- |
| 1 评估内容 | 1.1 文学类文本 | 1.1.1 小说 |
| | | 1.1.2. 纪实文学 |
| | | 1.1.3 诗歌 |
| | 1.2 信息类文本 | 1.2.1 说明文 |
| | | 1.2.2 议论文 |
| | | 1.2.3 说服性文本 |
| | | 1.2.4 程序文本 |
| 2 认知能力 | 2.1 查找与记忆 | 2.1.1 查找和回忆的方式提取文中的信息要素 |
| | | 2.1.2 学生对重要信息的理解和记忆能力 |
| | 2.2 整合与解释 | 2.2.1 从文本中获取的新信息，并与原有知识进行重新融合 |
| | | 2.2.2 用抽象思维对新、旧信息进行比较，形成一种新的解释 |
| | 2.3 批判与评估 | 2.3.1 理解文本内容，了解作者的观点和意图 |
| | | 2.3.2 结合其他方面的知识客观地评估文本内容 |
| 3 评估词汇 | 3.1 运用系统的方法对学生掌握词汇的情况进行评估 | |
| 4 评估诗歌 | 4.1 四年级 | 4.1.1 对学生阅读诗歌进行评估 |
| | 4.2 八年级 | 4.2.1 对学生阅读诗歌进行评估 |
| | 4.3 十二年级 | 4.3.1 对学生阅读诗歌进行评估 |
| 5 材料来源 | 5.1 材料具有可读性和启发性 | |
| | 5.2 可以从文学作品中摘录一些材料 | |
| 6 选材长度 | 6.1 四年级 | 6.1.1 学生阅读的文章长度在 250 - 800 个单词 |
| | 6.2 八年级 | 6.2.1 学生阅读的文章长度在 400 - 1000 个单词 |
| | 6.3 十二年级 | 6.3.1 学生阅读的文章长度在 500 - 1500 个单词 |
| 7 选材要求 | 7.1 专家判定 | |
| | 7.2 至少两次达到对于材料本身的可读性证实 | |
| 8 试题类型 | 8.1 客观题 | 8.1.1 多项选择题 |
| | 8.2 主观题 | 8.2.1 简答题和论述题 |

注：笔者根据“Reading Framework for the 2013 National Assessment of Educational Progress”翻译整理而成。http://www.nagb.org/content/nagb/assets/documents/publications/frameworks/reading-2013-framework.pdf

由表 1 可知,NAEP 阅读评估指标由 8 个一级指标,18 个二级指标,21 个三级指标构成,这些评估指标基本囊括了语文阅读评估过程中所有可能面临的问题。美国将语文阅读作为核心课程之一,这也充分说明了美国政府意识到语文阅读在整个基础教育阶段所发挥的重要性,真正做到了为学生的继续学习和发展而考虑。本文将对此阅读评估指标体系进行一个简要的解析。

(一)评估内容

对于内容层面,主要由“文学类文本”和“信息类文本”2 项二级指标所组成。其中,文学类文本一项指标下包括“小说”、“纪实文学”和“诗歌”3 项指标;信息类文本由“说明文”、“议论文”、“有说服性的文本”和“程序文本”4 项三级指标所构成。这种划分在一定程度上使得评估内容与学生阅读的文本内容相统一,并且规定出每类文本类型所包含的文本体裁,评估内容具体而又明确,这不仅有利于指导评估工作的开展,而且确保评估内容与学生学习内容相结合,进而保证评估结果的真实性。从某种程度上来说,两类文本所包含的文本体裁范畴也就是对 NAEP 阅读评估内容范畴的划定。为此,文学类文本和信息类文本在各被测试年级的分配比重就显得格外重要。详细信息请如表 2 所示:

**表 2　文本所占比重**

| 年级 | 文学类文本 | 信息类文本 |
|---|---|---|
| 4 | 50% | 50% |
| 8 | 45% | 55% |
| 12 | 30% | 70% |

注:出处同上。

由表 2 可见,NAEP 最初在评估 4 年级时,两种类型文本所占比重相同,但是随着年级升高,文学和信息两类文本所占比重呈现出此消彼长的发展趋势,重点发展学生阅读哪种体裁文本的能力,在文本类型所占的比重上表现得十分突出。从文学类文本看,随着学生阅读能力不断提升,对阅读文学类材料(如小说、传记、诗歌等)比重呈现出不断减少的趋势,如表 2 所示:4、8、12 年级依次是 50%,45%、30%;相对而言,学生阅读信息类文本的比重却越来越大,如表 2 所示:4 年级:50%;8 年级:55%;12 年级:70%。观察这一变化趋势可以发现:NAEP 阅读评估会随着学生阅读能力的提高,逐步侧重于对信息文本的测评,而信息文本主要包括说明文、议论文、工程介绍材料、科技材料等,这些阅读材料都是学生在生活中经常接触到的,材料本身具有很强的实践性和学科性,学生可以通过阅读这些资料从中获取到所需要的有价值信息,以此来提高运用理论指导实践活动的能力。

(二)认知能力

认知能力一项包括"查找与记忆"、"整合与解释"、"批判与评估"3 个二级指标。以下将逐一介绍这 3 项二级指标。

首先,"查找与记忆"一项包括"以查找和回忆的方式提取文中的信息要素"和评估"学生的对重要信息的理解和记忆能力"2 个三级指标。读者通过定位查找文章中的重要信息要素(如文学类文本中的时间、地点、人物、事件、结果等),着重培养学生对重要信息的记忆,学生可以利用这些从文本中找到的相关信息去回答试题,强化训练学生基本阅读技能。例如,学生可能会总结出文章中提出的主要观点,或者找出重要的细节,对此加以记忆,利用这些收集到的相关信息要素去回答试题。

其次,"整合与解释"一项指标是由"从文本中获取的新信息,并与原有知识进行重新融合"和"用抽象思维对新、旧信息进行比较,形成一种新的解释"2 项三级指标构成。强调学生要从文本内容中获取新信息,并与原有知识进行重新整合,对相关信息进行比较,进而形成一种全新的理解与认识。值得注意的是:学生对信息加工和处理,在此基础之上形成自己的全新认识,可以说这一过程是真正体现出学生对文本本身零散信息的驾驭能力。

最后一项是"批判与评估",它所体现的是一种更高水平的阅读技能,该项评估指标包括"理解文本内容,了解作者的观点和意图"和"结合其他方面的知识客观地评估文本内容"2 个三级指标构成。学生阅读的重点依然是文本内容,无论学生有何种态度和立场,评估都要在基于文本类型和内容的背景下进行。NAEP 阅读评估指标强调学生阅读的目的是对文本的批判,并结合相关文本知识对该文本内容做出客观评估,因此可以说这不仅是对学生提出的更高标准,也是发展学生阅读能力的一次质的提升。

为了更清楚了解这三种阅读能力在培养学生阅读过程中所发挥的重要性,现将各自所占的比重整理,如表 3 所示:

**表 3　认知目标所占的比重**

| 年级 | 查找与记忆 | 整合与解释 | 批判与评估 |
|---|---|---|---|
| 4 | 30% | 50% | 20% |

续表

| 年级 | 查找与记忆 | 整合与解释 | 批判与评估 |
|---|---|---|---|
| 8 | 20% | 50% | 30% |
| 12 | 20% | 45% | 35% |

注:出处同上。

由表3可以看出,这三项评估指标所占比重会随着被测试学生的年级不同而改变:从评估指标所占比重情况来看,"查找与记忆"一项随着学生年级的升高,所占的比重呈现出一种逐步减少的趋势,如:4、8、12年级依次是30%、20%、20%;其次从"批判与评估"所占比重看,恰恰与"查找与记忆"发展趋势相反,该项所占比重是随着学生逐步升入高年级而递增,尤其是在12年级的时候所占比重达到35%;最后看"整合与解释",因为该项是介于三项中的过渡阶段,该项在各个年级所占比重一直是最大的:4和8年级时均是占总比重的50%,在12年级的时候尽管比重降低到45%,但还是三项之中比重最大的一项。由此可以看出"整合与解释"在整个认知过程中处于核心地位,它是衔接发展学生基础阅读能力和高级阅读能力的过渡阶段,因此重点发展学生"整合与解释"能力就显得尤为重要。

(三)评估词汇

"评估词汇"一项仅包括1项二级指标"运用系统的方法对学生掌握词汇的情况进行评估"。掌握一定的词汇是学生进行有效阅读的基本前提条件,因此NAEP单独以一级指标的形式列出"评估词汇"一项,体现出学生掌握词汇对发展阅读能力的重要性。当然,NAEP也指出"评估词汇"要求评估人员要采取系统的评估方法,要能够真实地评测出学生掌握词汇的情况。

(四)评估诗歌

"评估诗歌"一级指标是由3项二级指标和3项三级指标所构成。基于对Reading Framework for the 2013 National Assessment of Educational Progressed的研读可以发现,NAEP阅读评估指标增加了"四年级学生阅读诗歌的评估"这一项指标。如今NAEP对4年级、8年级和12年级的学生都要进行阅读诗歌的评估,由此也反映出阅读评估指标正在逐步提高对学生阅读诗歌能力的要求标准。

(五)材料来源

"材料来源"一项指标是由"材料具有可读性和启发性"和"从文学作品中摘录一些材料"2项二级指标所构成。由此可以看出,NAEP强调学生阅读材料的来源要达到两个标准,一个是阅读材料本身要具有一定的可读性和启发性,二是选择性地从一些文学作品中摘录一些材料作为阅读材料。NAEP 从根本上规定了阅读材料的属性以及来源渠道，保证了学生能够阅读优质的文本材料。

（六）选材长度

"选材长度"一项指标依据评估对象不同也分为"4 年级"、"8 年级"和"12 年级"3 项二级指标，其每个二级指标都下设具体的三级指标：4 年级、8 年级和 12 年级的学生阅读的文章长度依次是在 250 – 800 个单词，400 – 1000 个单词，500 – 1500 个单词。由此可以看出，NAEP 在评估"选材长度"之时采用的是以具体的数值代替文字表述，并依据评估对象的不同选择不同长度的材料，即依据学生所在学龄阶段的高低来决定阅读材料的长短情况。

（七）选材要求

选材要求主要包括"专家判定"和"至少进行两次对材料可读性的证明"2 项二级指标。NAEP 针对学生阅读材料的要求主要是从两个层面来加以规定的：一个是从主观层面上看，它是以"专家判定"的标准来表述的；另一个是从客观层面上看，要对选取的材料进行至少两次的可读性检测，只有证明其真正具有一定的阅读价值才可以被选用。由此体现出，NAEP 制定"选材要求"一项指标之时真正做到了主观判定和客观实证相结合的原则，凸显了选择阅读材料要具有一定的价值属性。

（八）试题类型

NAEP 阅读评估是以试题为主要手段。一级指标"试题类型"是由"主观题"和"客观题"2 项二级指标所构成的。其中，"客观题"一项包含"多项选择题"1 项三级指标；"主观题"是由"简答题"和"论述题"2 项三级指标所构成。多项选择题（multiple-choice）包括四个选项：一个正确的选项和三个不正确的选项。简答题（Short constructed-response items）可以用一个或几个词语，或者由一个或两个句子进行回答，学生花大约两到三分钟完成。论述题（Extended constructed-response items）将会以较长的、详细的一段或几段文字来进行作答。简答题和论述题的评分标准将以学生回答的内容为根本依据。因此，学生必须拥有一定的阅读能力，方可从文本获取相应的信息来回答此类问答题，以此获得学分。NAEP 制定两大类型试题的目的是检测 4、8、12 年级学生阅读水平的真实情况，因此该部分也是整个评估过程当中重要的一个环节。为了直观地了解各项试题所占用的时间比重，笔者现将 4、8、12 年级的学生在各项试题上所花费时间百分比整理如表 4 所示：

**表4　各项题目所花时间的百分比**

| 年级 | 多项选择题 | 短建构反应题 | 长建构反应题 |
| --- | --- | --- | --- |
| 4 | 50% | 40% | 10% |
| 8 | 40% | 45% | 15% |
| 12 | 40% | 45% | 15% |

注:出处同上。

表4中的数值表示这些特定类型的题目会让学生所花费的时间长短。4年级学生将分别花费50%时间来回答多项选择题和进行书面作答(包括短建构反应题和长建构反应题);然而,学生随着年级的升高,在8年级和12年级的学生均要花掉60%的时间准备书面作答,相反用于选择题上的时间减少至40%。由此可以看出,NAEP阅读评估会逐步侧重于对学生书面作答能力的检测,这在一定程度上不仅有助于提高学生的语言表达能力,而且训练了学生的逻辑思维能力。

## 三、启示

学生拥有良好的阅读能力是获取丰富知识必不可少的基础,也是成功学习其他领域知识的前提条件,因此提高学生的阅读能力,重视对学生阅读水平的评估就显得尤为重要。

(一)重视对学生阅读水平的评定

良好的阅读能力是保证学生继续学习和今后发展的重要条件,也是学生步入社会所具备的基本技能之一。美国NAEP将评估中小学学生阅读的时间划分为三个不同时期,即4年级、8年级和12年级,由此可以看出NAEP评估学生的阅读水平实行的是常态化机制,而非集中到学生学习的某一时间进行集中评估。然而,我国中小学学生阅读能力的评估多是以各种语文考试或是升学考试为主,其测评结果都伴有一定的临时性,这样测评数据很难成为评估学生阅读能力的可靠依据。因此无法从根本上反映出学生的真实阅读水平,进而阻碍了教育人员了解学生阅读能力的发展状况,影响到教师语文教学计划的改进。其次,我国过于强调培养学生的阅读能力,而缺少对学生阅读水平高低的鉴定,即重视培养学生阅读能力的过程,忽视学生阅读成果的评定。然而,NAEP已经将语文阅读课程列入"长期趋势评定"(Long-term Trend Assessment),即比较学生成绩在几年内的变化,以此来测评该阶段内学生阅读发展的水平。[5]因此可以说NAEP实行的是常态化、跟踪式的评估方式,而非集中到学生学习的某一时期进行重点评估。由以上分析可以看出,我国政府应重视对义务教育阶段学生语文阅读能力的评估,评估时间实行常态化机制,发挥评估指标的监督与指导作用。

(二)制定完善的阅读评估指标体系

目前我国阅读课程改革还处在探索阶段,鉴于我国义务教育阶段中小学语文阅读教学呈现出的复杂状况,尚未形成一套完善的阅读评估指标体系,这就容易导致评估人员在对学生语文阅读能力评估之时存在一定的主观性和随意性,进而影响评估结果的真实性。对此,我们可以合理地借鉴全美2013NAEP阅读评估指标中的有益经验。其一,明确评估内容。NAEP划分为文学文本和信息文本两大部分,其中每个部分详细地列出所包含的具体文章类型;其二,完备的评估体系。NAEP分为"评估内容"、"认知能力"、"评估词汇"、"评估诗歌"、"材料来源"、"选材长度"、"选材要求"和"试题类型"八个核心维度,这八个核心维度涵盖阅读可能涉及到的各种问题;其三,NAEP继承优秀评估理念,吸收其他阅读评估组织的有益经验,融合了教育工作者和非教育工作者的意愿,深入调查和研究,使得评估标准更加符合新时期中小学学生语文阅读发展的需要,评估指标能够真正发挥其测评与引导作用。

(三)明确语文阅读的评估标准

我国虽然确立了义务教育语文课程标准,但没有清晰地规定出小学、初中两个阶段的学生要达到什么样的阅读水平,而且每个年级的学生语文阅读是怎样的,在我国课程评估标准中更是没有清晰的划分。由此阻碍了阅读教学的改进,如:教师不清楚学生阅读水平要培养到什么样的程度才能达到国家标准,才能符合教学目标的要求。可以说,阅读评估标准如同量尺上的刻度值,没有准确的数值,怎么去准确地评估学生阅读的真实水平呢?[6]美国NAEP语文阅读评估标准是依据所处不同学龄阶段学生所具备的阅读能力进行划分的,评估指标是以清晰的数值指标代替形式上的文字规定,语义表达上明晰而不含糊。如"选材长度"依据学生所在年级的不同,规定文章所包含的单词数量,这是NAEP制定评估指标的一大亮点,这样在执行评估的过程中才会有助于评估人员有针对性地对学生阅读能力进行测评,提高评估效率。[7]因此,明确的评估标准不仅有助于提高评估人员的办公效率,避免主观因素的影响,而且在一定程度上确保了测试结果的可信度,提高教学效能,[8]这一点是十分值得我国在制定阅读评估标准时所借鉴的。

## 注释

[1] An Overview of NAEP. [EB/OL]. http://nces. ed. gov/nationsreportcard/subject/_commonobjects/pdf/2013455. pdf.

[2]马世晔．阅读素养与国家竞争力[J]．教育测量与评估(理论版),2010(7):13.

[3] Reading Framework for the 2013 National Assessment of Educational Progress[EB/OL]. http://www. nagb. org/ content/nagb/assets/documents/publications/frameworks/reading-2013-framework. pdf.

[4]张华华,王纯．美国教育进展评估带给我们什么启示[J]．教育测量与评估,2010(2):4-9.

[5]An Overview of Procedures for the NAEP Assessment [EB/OL]. http://nces. ed. gov/nationsreportcard/pdf/about/2009493. pdf.

[6] 何光峰．美国 NAEP 阅读能力评估框架之评估与借鉴[J]．教育评估与测量,2012. 4:16-19.

[7]杨志明,孙河川. NAEP2013 阅读框架的新亮点[J]．教育管理研究,2014(1).

[8]孙河川．教育效能与学校改进研究的引领者和推动者:国际学校效能与学校改进学会[J]．比较教育研究, 2009(3):81.

# 美国高等教育评估机构的现状与发展趋势

潘晶　孙河川

**摘　要**:美国是世界上最早开展高等教育评估的国家,拥有世界上独具特色的高等教育评估中介机构。美国实行由非官方机构进行教育评估,并且不断探索创新,保持着其高效、健康的运行。美国高等教育评估机构的发展趋势是:更加注重依法评估,提高评估工作的公开性和透明度,提高权威性,并且美国高等教育认证体系逐渐对许多国家产生着影响。

**关键词**:美国;评估机构;发展趋势

美国高等教育评估,主要是由第三方中介组织进行。美国作为开展教育认证及其机构认可最早的国家,对世界各国的影响颇深,所以谈到国外教育评估机构时大多都从美国说起。一般认为,世界教育评估的历史要从 1784 年美国纽约州立大学董事会的成立开始,这是一个先驱性的学校评估组织。1885 年后美国 6 个地区性院校认证协会相继成立,后统一并更名为美国大学协会。1905 年德国柏林大学宣布,凡美国大学协会成员学校的毕业生都可以直接到该校攻读高一级学位,从而首开国际“学历互认”的先河,也促进了教育评估的国际化发展。

## 一、核心概念的界定

高等教育评估中介机构是我国高等教育评估界为了区别于完全由政府部门操纵的教育评估而提出的一个新概念。截至目前,并无统一定义。对“高等教育评估中介机构”的概念做出比较系统和直接界定的,有两种具有代表性的观点:第一种观点是“纽带桥梁说”,该说认为:“高等教育评估中介机构是通过评估联系政府、社会与高校的纽带和桥梁”。[①]第二种观点是“专门评估组织说”,该说认为:“教育评估中介机构是通过业务委托,对学校的教育质量进行价值判断,并以评估结果影响委托人决策的一种介于政府、社会和高校之间,具有相对独立性的专门评估组织。”[②]总体而言,上述两种观点从结构与功能的角度对高等教育评估中介机构加以认识。结合两种观点并综合分析,可以对高等教育评估中介机构做出如下界定:高等教育评估中介机构是由独立于政府和高校的法人组成,并运用科学评估连接政府、社会和高校三方面,提供专业咨询服务并履行一定的监督职能,具有严格的行为规范的正式的专业组织。

## 二、美国高等教育评估机构的现状

美国是开展教育认证("认证"属于一种合格性评估)及其机构认可("认可"是对认证机构的执业资格的承认)的发源地。美国教育评估机构随着高等教育的发展而发展,日臻完善,形成了比较完备的体制。目前,美国的高等教育评估机构主要由南北两个地区性机构和一个全国性机构组成。分别是:美国南部院校认证协会(SACS)、美国西部院校认证协会(WASC)、美国高等教育认证理事会(CHEA)。

### (一)美国南部院校认证协会(SACS)

美国南部院校认证协会于1895年在佐治亚州亚特兰大成立,是一个私有的、非营利的自发性群众团体,负责美国南部11个州的各级各类学校认证事宜。该组织有三个分支机构(高等院校委员会、中等学校委员会和初等学校委员会),各自相对独立地行使其职责,制定各自的标准与程序,由各自的代表机构实施管理。高等院校委员会有800多所会员学校,专职工作人员约25人,每年有500万美元的活动经费,其中300万美元用于人员津贴。其组织体系很完善,以资格认证的方式吸收会员,由会员大会推选出77人组成的高等院校委员会,建立由13人组成的常务理事会,常设机构负责日常认证、培训、年会等事务性工作,并建立约有4000人的专家库。并且其内部分工明确,会员代表大会的主要职责有:推选出高等院校委员会的成员,审核、修订委员会推荐的认证标准,审批委员会推荐的候选院校和会员的会费,推选出上诉委员会,并接受、处理某些认证决定的上诉。

高等院校委员会的主要职责是推荐高等院校继任和离职的委员会成员,选举常务理事会,在委员会休会期间代理其工作,审定候选院校和成员院校认证标准,审查政策与程序是否符合协会的章程规定,批准上报的现场评审院校,基于公布的标准、政策和程序,受理和仲裁院校对认证结果的诉讼,按需要任命特别研究委员会。常务理事会的主要职责是对委员会的政策和程序做出解释,制定程序并监督特别委员会和常设机构的工作,审查常设机构的工作目标和经费预算,检查常设机构的工作并进行年度评估,提出新方案、计划和政策建议。

美国南部院校认证协会采用完整的认证标准体系,高等院校委员会评估一所院校,做出认证决策主要基于以下几点:(1)认证原则——诚实、公开、提高质量;

(2)核心标准——接受认证必须符合的条件;(3)全面标准——院校宗旨、管理效率、教育教学、教育资源等;(4)共同标准——基于学校、政府、社会和学生等各方面的共同要求,这几方面构成完整的认证标准体系。

(二)美国西部院校认证协会(WASC)

美国西部院校认证协会由高等院校认证委员会、社区及初等院校认证委员会、基础教育认证委员会联合组成,各自独立开展工作,并各出3个代表组成认证协会理事会。其中,委员会由26个成员组成,总部现有19个专职工作人员,每年约300万美元的活动经费。现有3500所各类会员学校(包括基础教育、继续教育、特殊教育、职业教育、成人教育等),该协会是美国六大地区性认证协会之一,其运行机制与南部认证协会高等院校委员会相似,评估活动却有自身特点:很注重学生的学习结果,早期的评估活动往往关注教育的“输入”条件(如设施设备、教师的学历、图书资料等)。当前,许多国家把评估工作重心转移到教育活动“过程”(如规划、管理、服务等),而该机构则把评估的重心转移到学生的学习结果上来,其所制定的《关注学习:WASC学校认证标准》,以学生的学习为重点,关注学生学习结果,关注设备、资源起到的作用。

美国西部院校认证协会的另一个特点,是开展跨国教育认证活动。从20世纪70年代起,美国开始在海外办学,并成立了“教育认证国际委员会”,后来更名为“跨地区教育认证国际委员会”。该机构分工负责美国在东亚地区及欧洲部分国家办学的认证工作,为此专门成立了“海外学校东亚地区理事会”,并制定出一套认证标准及使用手册,曾在日本、中国、德国、新加坡等国开展跨国教育认证活动。

(三)美国高等教育认证理事会(简称CHEA)

该机构是在全国认证委员会和地区认证委员会联合会于1975年合并成中学后教育认证委员会(COPA)解体后,在临时性的全国高等院校认证决策委员会和高等教育认证认可委员会的基础上,在美国高等院校校长建议下于1996年成立。由全美60多个认证机构和3000多所高等院校共同组成,是一个非营利、具有独立法人地位的社会团体。理事会由15人组成,其中6人组成执行委员会。理事会由高等院校和认证机构两方面成员组成,共同协调全美的各类认证活动。

CHEA是一个自愿结成的群众团体,其基本目的:一是提高学术质量,确认认证机构有推动提高学术质量的标准,并与院校宗旨的框架相适应;二是向社会公证。代表公众审查教育努力的结果,证明其是否与公众和高等教育界的愿望相一致;三是鼓励改革和完善。确认认证活动能鼓励院校和项目进行有目的的改革和完善,并推动持续的发展变化。在CHEA组织系统内,主要通过认可和认证这两种形式来维持这一群众团体的运转和行业自律,从而实现组织自身的目的。

美国高等教育认证理事会系统运作的外部动力,主要源于政府的教育项目资助和事业拨款。凡经政府认可的认证机构,其认证结果被看作政府拨款和项目资助的重要依据。截至到2003年底,在美国大约有8个地区性和13个全国性院校认证机构以及76个专业认证机构,在这近100个各类认证机构中,接受CHEA或联邦教育部USDE认证的机构数大约各占总数的60%左右,其中有近30%的机构接受了"双重"认可。

## 三、美国高等教育评估机构的发展趋势

(一)依法评估,更好发挥社会中介作用

美国向来强调大学自治,联邦政府仅是通过资助等方式对高等院校施加影响,高等院校则具有较大的办学独立性和自治性。在这种教育管理实行地方分权的体制下,高等院校主要向州政府承担社会教育责任,而教育发展的方向主要受非官方的联合团体和学术组织的影响,并将高等教育质量的监控责任交给了各级各类认证机构。200多年的历史,奠定了教育认证组织在教育管理中的应有地位,并在政府、学校和社会之间不断进行自主改革与调整,构建起自我管理体系进行行业自律,很好地发挥了社会中介的作用。而以后这种坚持依法评估下的中介作用有望更好实现。

(二)提高评估工作的公开性和透明度

进一步提高评估工作的公开性和透明度有利于保障评估工作公正性的实现。面对公众问责,2008年颁布的《美国高等教育机会法案》中强调"评估机构要把为公众提供信息视为常态工作,有必要为公众提供更多的附加信息,而不仅仅是一种简单的告知"。[③]为此,美国高等教育认证委员会要求其会员机构向社会公布年度报告,为公众提供更多关于院校教育质量的信息。评估机构只有严格依据评估标准和程序开展活动,对自己公布的信息负责,为公众的利益和需求服务,才能切实履行好高等教育质量"守门员"和"信息员"之职。

(三)以积极改革和完善评估制度来提高权威性

首先,要对高等教育改革和发展做出迅速应对。以美国远程教育与培训协会(Distance Education and Training Council,DETC)为例,该协会是经美国联邦教育部和高等教育认证委员会双重认可的一所全国性评估中介机构,根据远程教育发展需要,近年来,该协会积极开发远程教育质量评估体系,制定一系列严格的评估标准和程序,不断提高评估权威性,取得了良好效果。[④]

其次,要不断完善评估制度。鉴于评估标准在整个评估过程中所发挥的导

向、诊断和基准等重要作用，其修订工作始终是评估中介机构关注的重点，机构应通过不断修订标准来确保评估结果的权威性。

（四）美国教育认证体系对许多国家产生深刻影响

美国六大地区认证协会已把“触角”伸向其他国家，在向各国进行教育输出的同时，六大地区分工进行“跨地区教育认证”，对“教育输入国”的教育评估发展产生了直接影响。当前，国际上已建立了一些全球性、地区性的评估机构协作组织，如高等教育质量保障机构国际网络和华盛顿协议等。目前国际通行的做法是，通过教育评估机构之间的合作或相互认可，从而实现学校和专业之间的“学历互认”。另一方面，在各国重新构建政府、学校、社会相互关系的过程中，受“新公共管理”思潮的影响，也普遍重视发挥社会中介的力量。而美国的教育认证机构作为社会中介组织参与教育管理，同时建立完善的组织体系进行自我管理和行业自律，正符合这种服务型政府建设的要求，因而美国教育认证的做法及组织体系备受世界各国青睐。

## 四、结语

高等教育评估中介机构参与教育管理是美国高等教育的一个重要特点，也是美国行之有效的高等教育质量保障手段之一。美国高等教育评估中介机构在构建美国院校评估体系，保证美国高等教育持续、健康、快速地发展起到了非常重要的作用。通过中介机构评估促进高等教育质量的提高，是被高等教育实践证明了的一条规律性措施，也是世界各国高等教育发展和质量建设的共同途径，有很重要的研究意义。我们可以汲取所长，并结合我国实际对美国高等教育评估机构模式有所应用和发展。

## 注释

[1]陈玉琨．论高等教育评估的中介机构[J]．中国高等教育评估，1998，(2)：9.

[2]杨晓江．关于教育评估中介机构的界定[J]．江苏高教，1998，(5)：19.

[3]Accreditation and the Higher Education Opportunity Act of 2008[EB/OL].[2011－07－22] http://www.chea.org/Government/HEAUpdate/CHEA_HEA45.html.

[4]DETC Degree Programs Graduates and Employers Evaluate Their Worth[EB/OL].[2011－07－29]http://www.detc.org/downloads/publications/DETC_Graduate_Survey_2010.pdf.

## 参考文献

[1] 孙河川．教师评价指标体系的国际比较研究[M]．北京：商务印书馆，2011(12).

[2]谢笑珍译. 美国高等教育质量认证与评估[M]. 北京:北京大学出版社,2013(3).

[3]李伟娜,王宇翔. 美国高等教育评估机构发展探析[J]. 黑龙江教育(高教研究与评估),2006(6).

[4]宣葵葵. 美国高等教育评估中介机构发展新趋势及启示[J]. 中国高教研究,2012(3).

[5]王洪斌,张漪. 美、英、法三国教育评估机构的现状与发展趋势[J]. 评价与管理,2008(12).

# 德中教育督导比较研究

孙河川　马笑颜　何万里

**摘　要**:现代教育督导制度是伴随着现代教育制度而产生和发展的。为了适应当代社会和国际竞争以及由此带来的提高教育质量和学校效能的要求,许多国家采取了各种各样的措施建立各自的教育督导体系。尽管各国督导工作的性质,督导工作的范畴以及督导工作的方式有所不同,但从本质上讲,对一个国家的教育来说,督导工作对于教育质量的提升,对于教育行政管理的"监督",对于学校效能与学校改进以及教师课堂教学的"指导"等诸多方面具有不可缺少和不可替代的作用。本文介绍了德中两国督导制度的发展状况、督导制度的模式,并重点比较了两国在督导机构、督导人员的任职资格、督导职责、督导评估范围以及督导职能等五个方面的异同。提出了针对我国教育督导制度的具体的整改策略,为我国教育督导制度的进一步完善和发展提供了有益的启示。

**关键词**:教育督导制度;督导机构;督导职能;督导评估

教育督导是指教育督导组织及其人员对下级政府、下级教育行政机关和所属学校的教育、教学、管理工作所进行的检查、监督、评估及指导活动,使教育、教学、管理工作达到遵循教育规律,提高教育质量的目的(李帅军,2003)。教育督导是教育管理的重要组成部分,是促进教育法规和方针政策贯彻落实的重要手段,是保障实现教育教学目标的有效机制。本文拟从德中两国督导制度的发展状况、德中两国教育督导制度的模式比较,包括督导机构、督导人员的任职资格、督导职责、督导评估范围以及督导职能这五个主要方面对德中两国教育督导制度进行比较研究。最后在结语部分,我们总结了德国教育督导制对我国教育督导制的启示和可供借鉴之处。

## 一、德中两国督导制度的发展状况

### (一)德国教育督导制度发展概况

德国教育督导制度直接的历史渊源,可以追溯到1919年的魏玛宪法。该宪法的第144条规定:“所有的学校接受国家监督……学校监督由作为专家培养的专任公务员来实施。”而现行的督学制度基本上是以1949年的波恩《基本法》为依据建立的。这个宪法是对魏玛宪法的继承,它一直被实施到1969年才有所改动。该宪法第七条第一项中规定,学校监督由教育行政当局进行,它包括三个方面的内容:一是对教育活动的专业监督;二是对教师的勤务监督;三是对学校设置者的法的监督(刘淑兰,1995)。由此可见,德国的教育督导是隶属于教育行政管理当局中的一个部门,不同于英国的国家教育标准局。

20世纪70年代,在德国教育审议会等组织的建议下,许多州对教育督导制度进行了改革,为实现从多领域督导向单一化学校专门督导的转化付诸了努力,同时还进一步构想了按教学科目实行督导的专业分工。1970年的《教育报告》、1973年的《劝告》,都提议对不同种类、不同教学科目、不同的教育活动派出专门的指导人员,他们对学校和教师在教学科目、学生的升学就业等方面进行指导,对在学习、行为发展上有障碍的学生进行指导建议,他们是与德国以往的督导人员不同的专门的督学者。

2000年,德国联邦教育与科学部部长布尔曼(Bulmhan)女士组织了一个以教育改革为议题的教育论坛,并于2002年提出了“十二条教改建议”。在“十二条教改建议”中,教育论坛提出了学校的自主权问题。“建议”指出要调整国家监督的方式方法,增强督学对教师工作的咨询能力,加强教育质量的内部与外部评估工作。为此,教育论坛提出了促进学校自主的三项建议,其中一项就是调整、改进学校督学的工作方式,将督学的工作重点从考核、评估转变为咨询和支持。在教育论坛看来,督学不应当只是教师的“判官”,他更应当是教师的“导师”。可见,改革者的基本指导思想是改变以往的筛选、封闭和管束的模式,代之以促进、开放的人本化的调控模式(周丽华,2003)。

### (二)中国的教育督导制度发展概况

中国的教育督导作为教育行政体制的组成部分,自新中国成立以来,随着教育督导制度的建立和健全经历了曲折的发展过程。1949年,中华人民共和国成立教育部,教育部内设视导司。此后,视导司几经废兴、职能几经变化。到1957年以后,我国中央教育行政部门在很长时间内未再设专门的教育督导机构,也无专职的教育督导队伍,我国教育督导制度也随之沉寂。1984年,教育部增设视导室,并聘请了一批视导员，负责巡视、检查和指导全国各地的普教工作。1986年9月，教育部视导室更名为国家教委督导司，负责对全国教育工作进行督导，这标志着我国当代教育督导制度得以重建。自重建以来，我国当代教育督导制度随着我国教育的改革与发展，特别是党和国家教育方针政策的重大变化不断发展完善（凌飞飞、廖其发，2005）。

我国教育督导工作，包括督政和督学两个部分。其中“督政”即监督下级人民政府及其有关职能部门履行教育工作职责，依法行政，这是在我国教育督导工作的实践中提出并不断发展起来的；“督学”即对所属学校的教育、教学、管理工作进行监督，推动学校全面贯彻教育方针。从提出“督政”的时候起，“督政”就一直是教育督导工作的首要任务，无论是历次专项督导检查，还是“两基”评估验收，都主要是围绕“督政”来进行的。根据《教育法》和《义务教育法》的规定，结合我国的实际，不仅“两基”主要是政府行为，而且“两全”目标的落实，素质教育的实施，也首先要仰仗政府之力。教育法律、法规的贯彻执行，也首先是政府行为。这与世界多数国家实行的以督学为主的教育督导制度有所不同。也是中国这样一个在文化维度上属“large power distance”国家的特色（Sun，2002）。

从微观层面，地方督导机构对学校教育、教学、管理工作进行的督导主要有以下三种模式：(1)教育督导机构设立在教育行政部门内，隶属于教育委员会（或教育局）编制，但比教委的其他职能部门地位略高。它虽然直属教委领导，但与此同时又是由政府授权，享有代表政府对下级政府的教育工作进行督导的权力。例如辽宁省的教育督导团虽然隶属于辽宁省教育厅领导，但其名称为“辽宁省人民政府教育督导团”，由主管教育的副省长担任督导团的负责人，故其权力同时来源于政府领导和教育行政部门领导；(2)督导机构就是教育委员会（或教育局）的一个职能部门，权力来源于教育行政部门，在很多既没有由主管教育的副省长挂帅也没有冠名为“××省人民政府教育督导团”的省份均是如此；(3)督导机构作为与教育委员会（或教育局）平行的教育督导机构，其主要负责人由教委或教育局领导兼任（俞家庆和李文长，1995）。

上述的前两种模式在我国教育督导中所占的比例较大，其教育督导机构受同级的教育行政部门领导，其职责也由同级的教育行政部门领导决定；第三种模式所占比例较小，其教育督导机构的负责人本身就是教育行政部门领导。虽然我国的国家教育督导团已经上升为归国务院领导，但由于国家教育督导团办公室仍然是教育部的一个司级单位，仍是教育部的一个下属单位，乃至各省的教育督导团办公室和各省教育厅的关系仍是隶属关系。不具有独立性，也就不可能对上级领导（教育部或教育厅）实行真正意义上的监督。

## 二、德中两国教育督导制度的模式比较

(一)教育督导机构

●德国

在德国,各级教育行政机构也是教育督导机构,而且教育行政机构的从属关系也就是督导组织的从属关系。德国各级教育行政机构的设置为:中央一级是联邦教育局;州一级是教育部或州文化部,州教育局等;地方教育行政机构分区县两级,区政府设教育厅,县市设教育局。州以下各级教育行政机构均设有督导人员。通常而言,初等教育的督导由县市教育局负责;中等教育的督导由州教育部负责;联邦教育局对联邦教育则主要起协调规划、建议、咨询等作用(刘冬梅,2002)。

●中国

我国在1991年就制定了《教育督导暂行规定》,形成了中央、省、市、县四级教育督导机构。全国有17个省(区、市)是省人民政府的教育督导团,14个省仍然称省教育厅(局)教育督导室(团)等。

在中央一级,成立了国家教育督导团,其主要职责是行使对下级人民政府贯彻教育方针和政策的情况指导、监督、检查、评估的职能,负责制定全国教育督导工作条例和有关教育法规等,对省级开展某些专项的督导与评估,如"普九"情况、经费投入、教师队伍、教育发展水平等。在省一级,建立了人民政府的教育督导团,其主要职责是对各市人民政府的教育工作,对下级教育行政部门和学校的工作进行监督、检查评估和指导,以保证国家有关教育方针、政策法规的贯彻执行和教育目标的实现;同时,负责制定省级督导工作规划、确定督导工作重点,组织协调本省教育督导工作,培训市县级督导人员,开展教育督导研究等。市县级教育督导机构也都是在市县级人民政府及教育局设置,成立相应级别的督导室,主要负责市县教育督导工作计划,组织开展教育督导工作,负责对有关教育行政部门或学校进行行政或教学监督、检查、指导和评估。

(二)教育督导人员

●德国督导人员的主要职责是负责人事管理,对教师的任用、分配、晋升进行督导;对教学方法、教学组织进行督导;对教师和校长工作给予指导;对教师的资格考试和在职进修进行督导等。

在德国,联邦一级并无督导机构和督导人员。在联邦以下各级教育行政机构中,教育行政长官即是教育督导的负责人。在他之下,设人数不等的督学长,分别管理各自负责的区域、学校和学科教学,在督学长之下,按学校和学生人数的多少,设若干名督学。

督学的任用采用招聘制。先由州教育部发布公告,公开招聘。欲申请督学职位者,由本人提出书面申请。之后,需经过正式的考核,其中包括:上一次公开课,作一次关于教育和教学的学术报告,接受考核委员会的面试。通过考核,由行政公署教育处向州教育部上报候选人名单,由州教育部正式任命。通常情况下,督学往往选自中小学校长。任职后,督学还需参加专门的业务进修。

●中国对各级督学的要求

国家督学:热心于教育督导工作;熟悉基础教育;曾担任副厅(局)级或相当于副厅(局)级以上领导职务;在职人员年龄一般不超过60岁,退(离)休人员年龄一般不超过65岁。

省专职督学:拥护党的路线、方针和政策,热爱教育事业;熟悉教育法律、法规规章,有较高的政策水平;具有大学本科(县可为大专)以上学历或同等学力,有10年以上教育工作经历,有一定教育管理经验;遵纪守法,作风正派,办事公道,勤政廉洁;身体健康(以辽宁省为例)。省兼职督学和特约督学除应具备上述条件外,还应具备的条件有:担任或者曾经担任科级以上领导职务或者具有高级专业技术职务;男性不超过65周岁,女性不超过60周岁。担任特约督学的,还应当是民主党派或者无党派人士。

市专职督学包括主任督学、副主任督学、督学、助理督学(以沈阳市为例)。市专职督学的任职条件:拥护党的路线、方针和政策,热爱教育事业;熟悉有关教育的法律、法规,具有较高的政策水平和教育管理水平;具有大学本科以上学历或者同等学力,有10年以上从事教育工作的经历;坚持原则、秉公办事、勤政、廉洁;法律、法规规定的其他条件。

**表1　德中两国教育督导人员比较**

| | 德国 | 中国 |
|---|---|---|
| 选拔 | 公开招聘制 | 多由教育行政部门提出人选 |
| 学历 | 大学毕业,学过教育专业 | 具有大学本科学历或同等学力 |
| 工作经验 | 多年的教学经验,业务能力强,担任过校长等职务或曾从事教师培训工作 | (国家)熟悉基础教育;曾担任副厅(局)级或相当于副厅(局)级以上领导职务;<br>(省级)有10年以上教育工作经历,有一定教育管理经验;<br>(省兼职)还应担任或者曾经担任科级以上领导职务或具有高级专业技术职务 |

现从两个方面对德国和中国的督导人员进行比较分析(见表1):首先从选拔方式上,德国的公开招聘制更为公平和规范。中国的选人用人机制与程序,多是

由教育行政部门提出人选。有些地方把快到退休年龄的行政人员安排当督导人员。这些因素导致督导队伍年龄偏大,督导人员的专业知识与专业能力偏低。从督导人员的考核和专业培训看,德国的督学须经过层层考核面试后,还要经专门的培训;中国的《教育督导暂行规定》虽然有督学应接受必要的培训的规定,但总体来说,普遍重视不够。就全国范围而言,仅有北京师范大学、华东师范大学有资格培训督导人员,而且数量有限,大量的各级督导人员的培训仅靠各地督导机构零星的政策、法规、教育评估等专题的临时培训,督导人员很难通过培训获取系统的督导专业理论知识与工作技能。由此可以看出,中国应建立严格、系统的聘用、培训、考核机制,以提高督导评估队伍的整体水平。

(三)督导职责

●德国

德国的教育督导职责主要包括五个方面,它们分别是:

(1)学校规划和建设

参与讨论建校规划和经费预算,根据州教育部修订的教科书目录审定学校用书,参与讨论或决定班级规模,参与教师的分配等。

(2)课程及教学

参与州教育行政当局主持的课程标准的制定,检查学校教师的授课是否符合课程标准的要求;审查学校学科教学的年度课程计划;协调不同学校之间的课程计划,以保证各校教学质量和教学水平的平衡;协同校长检查教学质量;评估教师的工作情况;检查学生的学习成绩;监督各种考试(尤其是高中毕业考试)的举行,参与主持考试工作和审阅试题。

(3)教师管理

包括新教师的聘用、教师的职务晋升、教师的分配和调动、教师的教育和教学工作,直到教师的在职进修等。

(4)学生管理

配合学校对学生入学、升学、转学等做出决定。

(5)其他

与警察局、教会、企业、大学、法院、教师培训机构等部门合作,协商解决有关交通安全教育、宗教教育、学生企业实习、青少年犯罪、实习教师的考核等问题(孙玉洁,2003)。

●中国

学校教育督导内容主要包括八个方面:组织与管理的督导;教职工队伍建设的督导;制度建设的督导;各项工作管理的督导;办学条件的督导;学生发展的督

导;社会效益的督导。此外,还涉及学校教育工作的专项督导内容(黄崴,1998)。

具体说来,它主要包括五个方面的内容:

(1)研究制定教育督导与评估的方针、政策、规章制度和指标体系;

(2)对下级地方人民政府贯彻执行国家有关方针政策的情况进行指导、监督、检查、评估;

(3)保障素质教育的实施和教育目标的实现;

(4)宏观指导各地建立督导评估机制,推进实施素质教育;

(5)宏观指导全国督导制度、队伍和理论建设。

**表2 德中两国督导职责比较**

| | 德国 | 中国 |
|---|---|---|
| 参与学校的组织与管理 | 参与校本规划建设以及学校的微观管理 | 无 |
| 评聘教职员工 | 新教师的聘用、教师职务晋升、教师的分配和调动、教师的教育和教学工作 | 无 |
| 制度建设 | 无 | 制定教育督导和评估的方针、政策、规章制度和评估指标体系 |
| 办学条件 | 参与讨论建校规划和经费预算 | 保障教育经费的落实和检查办学条件是否达标 |
| 学生管理 | 配合学校对学生入学、升学、转学等做出决定 | 无 |
| 社会合作 | 与警察局、教会、企业、大学、法院、教师培训机构等部门合作,协商解决有关交通安全教育、宗教教育、学生企业实习、青少年犯罪、实习教师的考核等问题 | 宏观上对下级地方人民政府贯彻执行国家有关方针政策的情况进行指导、监督、检查、评估 |

从比较中看出(见表2),在教育督导的职责和内容上,德国的规定较为微观、具体和更有可操作性,最根本的差别在于德国教育督导的职责和内容主要是“督学”,而我国教育督导的职责大多是从宏观上指导,大多数是“督政”,不参与学校微观上的行政管理,可操作的规范较少。

（四）督导评估范围

●德国

在德国，对学校的教育督导也有不同的层面，但主要包括对教学计划、课程、教学组织的督导；对学生入学、升级、降级、毕业考试的督导；对校长、教师工作的督导；对教师资格、任用、考核、进修、评估的督导；对办学部门办学活动和管理活动的督导等。除此之外，还包括对教法选择和学生指导进行评估。简言之，主要是对学校这个微观层面的督学、督教、督管。

●中国

中国教育督导评估的范围包括对幼儿教育、义务教育、职业教育和"两基"工作的督导，即对基本普及九年义务教育和基本扫除青壮年文盲工作的监督指导（詹华琴，2006）。主要是督查各级政府在这些工作中是否落实和尽责，学校的工作是否到位。

由此可见德国对教育督导范围的规定更下沉、具体和接地气，它是从微观的学校教育活动的视角来界定的，主要是督学、督教和督管。而中国则是从不同层次的教育视角和宏观的教育任务来进行界定的，更多的是在督政。

（五）督导职能

●德国

德国的教育督导工作范围在教育教学领域，对国家的教育大纲制定进行宏观监督和评估，对教育类型、教学内容、大纲、教学法、教学过程、教学质量等进行督导，从而实现了保证整个教育系统的正常运转，促进了教学质量的提升的功能。因此，教育督导侧重在教育教学领域，重点是督学（洪成文，2004）。

●中国

我国的《教育督导暂行规定》确定：督导机构或督学根据国家有关的方针、政策、法规进行督导，并具有以下职权：列席被督导单位的有关会议；要求被督导单位提供与督导事项有关的文件并汇报工作；对被督导单位进行现场调查。同时规定：对违反方针、政策、法规的行为，督导机构或督学有权予以制止。督导机构或督学完成督导任务后，应向被督导单位通报督导结果。督导机构或督学提出的意见和建议，被督导单位如无正当理由，应当接受，并采取相应的改进措施。必要时督导机构可进行复查。督导机构完成督导任务后，应向本级人民政府、教育行政部门及上级督导机构报告督导结果，提出意见和建议，并可向社会公布。这些规定不仅明确了中国教育督导机构的督导内容、职权范围，也明确了教育督导的工作程序、处理手段等（鲍竹林，2002）。

可见，我国的教育督导是以督政为主，督政与督学相结合。"督政"即监督下级人民政府及其有关职能部门履行教育工作职责，依法行政；“督学”即对所属学校的教育、教学、管理工作进行监督，推动学校全面贯彻教育方针。这是我国教育督导的显著特点。教育督导的职能是指导、监督、检查和评估。督导的重点是依据国家有关教育工作法律、法规、方针、政策对下级人民政府及其有关职能部门履行教育工作职责和依法行政情况进行监督、检查、评估、指导。在实践中，限于人手和经费等诸多因素，我国教育督导大多是“督政”，较少督学，尤其是很少进课堂听课，指导教师的教和学生的学。

**表 3 德中两国督导职能比较**

| | 德国 | 中国 |
|---|---|---|
| 侧重点 | 督学：对教育类型、教学内容、大纲、教学法、教学过程、教学质量等进行督导，目的是促进教学质量的提升 | 督政：对各级人民政府及有关职能部门履行国家有关方针、政策、法规的执行情况的监督。目的是推动学校全面贯彻教育方针 |

从表 3 可以看出，督政职能是属于中国特色，具体体现在上级教育督导评估部门依据相关法律法规、政策和评估指标体系对同级或下级政府的教育行为进行监督、指导、评估。有学者（杨颖秀、郭莲荣，2005）认为，在我国，督政与督学之所以相结合是因为中国基础教育在普及小学教育、实行义务教育、实施素质教育、深化农村教育的实践过程中条件不足，要求监督、强化政府责任的结果。但是，一个政府是否有效地发展了教育，还要具体地考察学校教育是否真正得到了发展，教育条件是否得到了改善，教师队伍和管理队伍是否得到了很好的建设，教育法规是否得到了贯彻落实，学校是否向全体公民提供了优质教育，学校的质量和发展是否体现了国家的教育目标，国家所提出和规定的教学大纲是否得以实现，教师的教和学生的学是否高效，等等。当前，我国的各级各类教育进入了快速发展、改革创新的阶段，教育督导责任重大，任务繁重，面临许多新的挑战。我国必须在坚持督政的同时，高度重视教育督学工作，要以“督学为本”，对学校的教育工作尤其是学校的管理工作、教学工作、育人工作，对学校教育的质量提升进行督导评估，以促使学校全面贯彻教育方针，提高管理水平，提高培养人才的质量和效益，真正做到教育公平并且向全体公民提供优质教育。

## 三、结语

通过对德国和中国的教育督导制度的比较和分析，不难发现我国的教育督导制度与德国的教育督导制度、督导人员队伍、督导范围和督导职责上都存在很大的差异。虽然教育督导制度是教育行政体制的一部分,在很大程度上依赖于本国的政治、经济、文化环境(穆岚,2005),但是在建立和完善教育督导制度过程中,德国的一些基本经验和举措,可以给我们一些有益的启迪,有些经验值得我们借鉴。

(一)设立专门的督导机构,明确各级督导机构的职责

中国教育督导制度的主要特点是以督政为主,兼重督学,坚持督政与督学相结合(杨颖秀和郭莲荣,2005);而德国则把教育督导重点放在督学上,以督学为主,从而促进教学质量的提高。从发达国家督导机构设置的情况看,各级督导机构分工十分明确,各级督导机构具有相对独立性,一般情况下,即使高一级督学也不能越级督导。我国在督导工作方面也应如此,不仅要专设督导机构,而且要做到分工明确,职责清晰。当前我国督导工作的一个关键问题就是理顺体制和机制,督导机构不但要督"政",更要督"学"、督"教"、督"管"。确立督导制度、法律、法令和法规的基本内容。一般来讲,对各级政府教育工作的督导内容应主要包括教育公平的落实情况;教育投入的高低;办学条件是否得到显著改善;师资队伍建设情况;教育改革进展如何;教育总体发展水平怎样;教育法规是否得到了贯彻落实;学校是否向全体公民提供了优质教育;学校的质量和发展是否体现了国家的教育目标;国家所提出和规定的教学大纲是否得以实现,等等。各级督导机构必须明确自己的职责,既督政又督学,努力提高督导效能。

(二)严格选拔督导人员,加大专业培训的力度

由于教育督导人员是直接从事教育督导活动的专家或专业性人员,他们的素质如何将直接关系到督导工作质量的高低。德国十分重视督导人员的素质,对督导人员的任职条件有着严格的规定,无论是资历还是学历。对教育督导人员的任用上也主要采用招聘制、考试制等形式,实行类似于公务员考试的公开选拔。为了提高督导人员的素质,十分注重对督导人员的不断培训,不但有试用期,还有定期的资格证书考核等。鉴于此,我国在督导人员的配置上,应对各级督导人员的任职条件做出严格规定,在督导人员的任用中引入竞争机制,实行公开招聘与选拔相结合的机制,保证督导人员应当具有的素质、教龄和学历等。同时还应加强对在职专职督导人员的培训,提高他们的业务水平,建设一支数量充足、质量过硬、素质高、有前瞻性、专家型的督导队伍。

(三)进一步加强督导立法,重心从督政走向督学

教育督导是政府依法监督教育质量和教育行为的专职机构,因此必须做到有法可依,有章可循。我国自恢复教育督导制度以来,教育督导工作主要是进行各级督导机构的建设和对基础教育的督导检查,与此同时,规范督导行为的立法工作也有一定的进展。1991 年,国家教委在总结督导实践经验和研究成果的基础

上,以主任会的形式发布了《教育督导暂行条例》,对教育督导的一些基本问题进行了明确的阐述。随后,地方各级政府在教育督导的工作实践中,陆续出台了相应的地方督导法规,以规范保障督导工作的健康发展。1995 年教育法明确规定国家实行教育督导和评估制度,然而现行教育法律法规中,涉及教育督导和教育督导评估的法律、法令和法规很少,急需制定和完善。另外,教育法律法规的具体执行规范不多。即使有,内容也大多含糊不清。为此,国家权力机构和行政机关应该制定和完善教育法律法规的具体执行规范,使其具有更强的可操作性,这是保证教育行政执法正确、及时、合法的重要环节(陶秀伟,2004)。在立法的工作中,应当针对我国的国情,在基础教育硬件条件基本达标的情况下,督导的重心应当从督政走向督学,即真正帮助学校办学质量的提升,在立法方面应有明确的条文,赋予督导和督学这样的权利。

教育督导是教育行政管理的重要职能,是政府对教育工作进行宏观管理的重要手段。我国的教育督导制度尚不完善,在构建中国特色的教育督导制度的道路上还有很长的路要走,相信通过学习和借鉴德国等发达国家的成功经验,结合本国国情,定能向着规范化、法制化、科学化的方向发展,更好地发挥其促进一个国家和民族教育质量提升的功能。

**参考文献**

[1]李帅军. 教育督导基本原则论纲[J]. 当代教育论坛,2003,10:42 - 43.

[2]刘淑兰. 国外教育督导制度职能的演变[J]. 比较教育研究,1995,01:25 - 29.

[3]凌飞飞,廖其发. 我国当代教育督导制度发展述评[J]. 上海教育科研,2005,04:15 - 18.

[4]刘冬梅. 发达国家教育督导制度的比较及启示[J]. 河南师范大学学报(哲社版),2002,02:100 - 103.

[5]周丽华. 德国基础教育的改革理念与行动策略——解读德国教育论坛十二条教改建议[J]. 比较教育研究,2003,12:6 - 10.

[6]俞家庆,李文长. 新中国教育行政管理五十年[M]. 北京:人民教育出版社,1999.

[7]赵燕玲. 中国教育督导制度存在的问题及对策[J]. 重庆邮电学院学报(社会科学版),2004,04:18 - 20.

[8]孙玉洁. 国外教育督导职能的历史演变及其启示[J]. 沈阳师范大学学报(社会科学版),2003,04:82 - 86.

[9]黄崴. 现代教育督导引论[M]. 广东高等教育出版社,1998.

[10]詹华琴. 我国教育督导制度的历史、特色、问题与对策[J]. 当代教育论,2006,03:47 - 48.

[11]洪成文. 质量认证:中国高等教育的选择——以欧美高教质量认证实践为参照[J]. 国家教育行政学院学报,2004,01:65-70.

[12]鲍竹林. 我国教育督导研究述评[J]. 宁波大学学报(教育科学版),2002,06:41-45.

[13]杨颖秀,郭莲荣. 督政与督学相结合——中国教育督导制度的显著特色[J]教育科学,2005,02:37-40.

[14]穆岚. 教育督导与教育行政关系论析[J]. 教学与管理,2005,06:5-6.

[15]杨颖秀,郭莲荣. 督政与督学相结合——中国教育督导制度的显著特色[J]. 教育科学,2005,02:37-40.

[16]陶秀伟. 法中教育督导体制比较研究[J]. 沈阳师范大学学报(社会科学版),2004,04:1-4.

[17]Sun, H. The relationship between organizational culture and its national culture: a case study. The International Journal of Human Resource Development and Management, 2002. 2(1/2), 78-96. London: Inderscience Publisher.

# 中国香港特别行政区基础教育质量评估

金蕊　孙河川

**摘　要**：基础教育决定着一个国家未来的国民素质，是衡量一个国家竞争力的关键要素。香港有着高水平的教育体系，同时建立了科学的评估系统。其不仅注重内部的质量控制，而且注重外部的质量保障。文章旨在分析香港特别行政区的基础教育质量评估，以期对我国内地基础教育质量评估体系的完善和基础教育改革的深化提供一定的启示意义。

**关键词**：基础教育；质量评估；评估指标；香港特别行政区

教育质量保障体系是决定教育高度和深度的前提。因此，加强基础教育质量评估势在必行。目前，基础教育质量评估引起了世界范围内的重视。近年，由经济合作发展组织（OECD）发起的国际学生评估项目（PISA），以及由国际教育成就评估协会（IEA）组织的国际数学和科学评测趋势（TIMSS），引起了中西方学者和相关部门对教育质量评估的高度重视。

香港特别行政区（以下简称香港特区）是我国经济最发达的地区之一，在世界经济排行榜中位列第6。不仅如此，香港在教育方面也卓有成效。在2012年的PISA测试中，香港排名世界第三，全世界为之震撼。

香港构建了基础教育质量评估架构，以自我评估（自我监督）和校外评估（外部监督）相结合，不断提高中小学校教育质量，逐步向实现优质教育的目标而不断迈进。

## 一、质量评估架构

香港的教育质量评估架构可以追溯到香港教育统筹委员会于1997年发布的第七号报告书——《优质学校教育》，其细化了教育质量的概念及教育质量体系的责任构架，完善了香港的教育质量保障体系。2003－2004学年，香港特别行政区教育局制定了“学校发展与问责架构”，结合学校发展周期的“策划－推行－评

估”程序,推动学校系统地、科学地进行自我评估,最终达到促进学校发展和提升学生学习表现的目的。(如图1所示)

辅以校外评估推行以来,学校在指标范围内进行自我评估,加深了学校对自身发展及自评工作的认识。同时,学校将反思结果及周年发展计划发布到学校网站,提高管理的透明度。2015年6月19日,香港特区教育局发出《下一阶段学校发展与问责架构的推行》通告(第15/2015号)(见图1),取代了2008年发布的第13/2008号通告,肯定了学校自我评估和校外评估对促进学校改善与发展的作用。

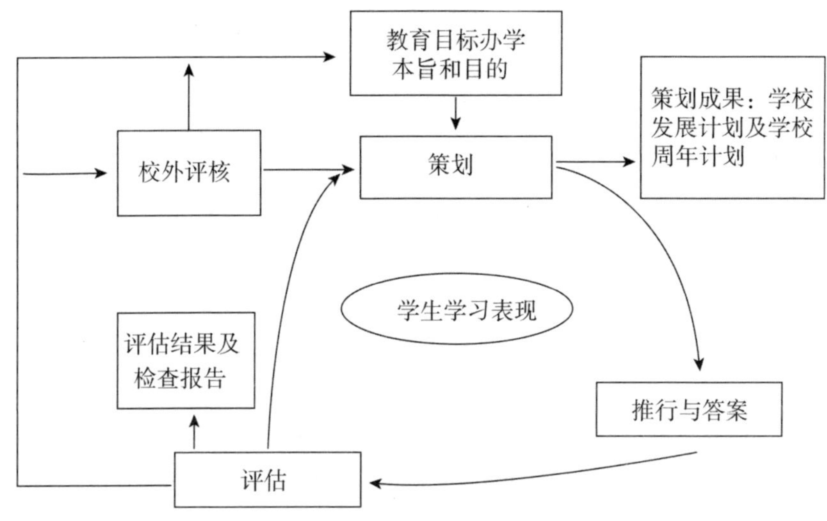


**图1 学校发展与问责框架**

整个架构以“策划-推行-评估”为工作程序,推动学校有系统地进行自我评估。学校发展计划以三年为一个周期,通过执行、监察及评估工作的成效,提升学校的整体表现。学校在参考《香港学校表现指标2008》(以下简称《指标2008》)的基础上,进行校情检视,再按照优先次序对学校的关注事项(不超过3个)进行排列,从而制订出学校发展计划。学校在发展计划中渗透了自我评估,并使自我评估成为学校日常工作的一个重要部分,提升了学校工作效率。

## 二、评估过程

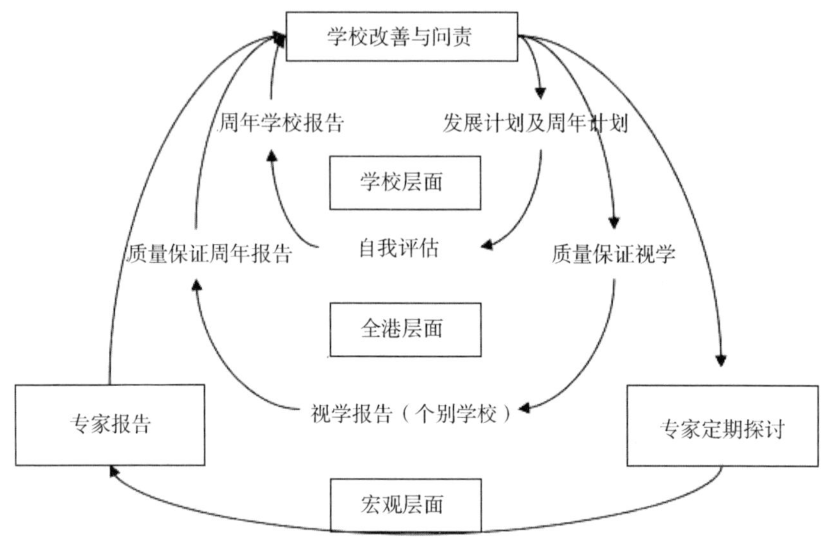


**图2 评估过程**

香港特区教育局以内部评估和外部评估为手段。内部评估由学校自主进行组织并实施，目的和重点在于从学校自身入手，提升学生学习成效；外部评估由教育局派出专家来进行。从2004年开始，每4年对学校评估一次。2008年后，改为3年评估一次。每年从发表的学校周年报告中，得出在《指标2008》四大评估指标下的综合表现，由教育局提出改进建议，帮助学校进行改善。

在评估过程方面，香港教育局在《香港学校教育目标》的基础上，制定出衡量学校教育质量的工具，即评估指标，用指标去进行学校的自我评估和校外评估，进而根据学校的表现，改进学校的不足，使学校推动改善和问责，逐步实现优质学校教育（见图2）。

在学校层面，学校主要根据自身发展目标和发展过程中的变化，逐步进行自我评估，最后制定出学校发展报告。在全港层面，教育局从校外的角度，进行素质保证视学，检查学校的表现，出台评估结果。在宏观层面，教育局定期邀请境内外专家和学者，来探讨香港学校的整体表现及素质保障的程序，公开发布评测结果和评估报告。几个层面的评估环环相扣，不变的是以学校改善和问责为核心，使香港基础教育质量从各方面得到有效的反馈，从而提升学校办学水平。

（一）校内评估

校内评估通过全校参与的方式，通过一系列调查和评估，引起学校全体成员的反思。学校自我评估之后，学校管理者根据教育局提供的范本，分析评估量表和数据，得出评估结果，并将结果简述成评估报告，渗透到学校的周年计划中。学校的周年计划需向全校工作人员和校外的有关人员进行反馈。

值得注意的是，为了更好地促进学校的自我评估，使评估结果更好、更加客观地反映学校的发展情况，香港特区教育局为学校提供了多样化的自评工具，以帮助学校进行定量和定性分析，包括《学校评估指标》《学校表现评量》《持分者问卷》《学校增值资料系统》等。其中，《学校表现评量》是学校进行自评及汇报表现的公共平台，是一套按香港学校表现指标制定的数据系统；《持分者问卷》是一套供学校收集教师、家长和学生对学校工作意见使用的调查问卷，调查结果是学校量化评估的一个重要部分。

（二）校外评估

教育局会按照“校情文本，对焦评估”的原则进行外评，根据学校的不同状况，例如办学宗旨、学校文化、学校规模和学生背景等，以及学校的发展情况，弹性安排到校的工作。

在学校自评的基础上，由香港特区教育局组织的外评专家组对学校自评的结果及相关情况进行评估和考核。为了增加校外评估的透明度和跨校经验交流，校外评估人员主要是三至四名教育局人员及前线学校管理人员（专家学者、学校校长、副校长、部门主任、学科主任等）担任的校外评估员。同时，在校外评估进行的时候，在职的校长和教师都会担任外间评核人员，提供相应的专业意见。而且外评人员在执行外评工作前，均会接受培训。

外评人员检查学校时，将会聚焦于两点：第一，自评促进学校发展的成效；第二，学校如何跟进上一次外评报告的改进建议。

校外评估的目的在于针对学校自评结果，核实学校的自评工作，发现学校存在的问题，帮助学校进行改善。外评人员采取驻校的方式对学校进行深入评估，时间一般是 4 - 5 天，随着年级和班级的增多而不断增加督导人数及督导时间。具体情况见表 1。

**表1　外评的队伍及督导日**

| | 班级结构 | 外评队伍组合及督导日数 |
|---|---|---|
| 小学范围 | 少于12班 | 四人四日 |
| | 12－18班 | 五人四日 |
| | 多于18班 | 五人五日 |
| 中学适用 | 少于9班 | 四人四日 |
| | 9－14班 | 五人四日 |
| | 多于14班 | 五人五日 |

## 三、评估指标

### (一)指标

考虑到学校发展程度和学生背景的差异,学校运用的表现指标必须具有发展性,香港特区教育局也需要根据教育发展趋势和学校发展的情况适时调整学校表现指标。《指标2008》根据学校在各指标上的表现,结合学校的发展情况,将学校的工作结果表现分为四个层次,即优异、良好、尚可和欠佳(见表2)。各学校以此标准为参考,结合自身发展情况,制订切实可行的发展计划。

**表2　评估准则**

| 表现层次 | 评估准则 |
|---|---|
| 优异 | 学校能达致预期目标,成效显著,并可作为成功经验的推介,各方面以优点为主 |
| 良好 | 学校在某些方面的表现优点是多于弱点的,但是总体朝着预期目标稳步发展,工作有显现的成效 |
| 尚可 | 学校在某些方面表现优点及弱点参半,学校总体朝向预期的目标发展,工作逐渐有进步和成效 |
| 欠佳 | 学校在某些方面表现以弱点为主,成效未达到理想状况,也未能达致预期的目标,需要及时作出改善措施 |

学校表现指标的架构包括范畴、范围及表现指标三个层面,类似于内地学校评估体系的一级、二级和三级指标。其中,一级指标有4个,二级指标有8个,三级指标有23个(见表3)。

**表3　评估指标**

| | | |
|---|---|---|
| 管理与组织 | 学校管理 | 策划 |
| | | 推行 |
| | | 评估 |
| | 专业领导 | 领导与监察 |
| | | 协作与支援 |
| | | 专业发展 |
| 学与教 | 课程与评估 | 课程组织 |
| | | 课程实施 |
| | | 学习评估 |
| | | 课程评估 |
| | 学生学习与教学 | 学习过程 |
| | | 学习表现 |
| | | 教学组织 |
| | | 教学过程 |
| | | 反馈跟进 |
| 校风与学生支援 | 学生支援 | 学生成长支援 |
| | | 学校气氛 |
| | 学校伙伴 | 家校合作 |
| | | 对外联络 |
| 学生表现 | 态度和行为 | 情意发展与态度 |
| | | 群性发展 |
| | 参与和成就 | 学业表现 |
| | | 学业以外表现 |

（二）特征

《指标2008》特别强调“策划－推行－评估”自评循环理念。学校通过自我评估和校外评估，制定学校的未来发展方向，得出相关的经验，以指导下一期的质量评估，这是一个循环往复的过程，能够帮助学校得到持续发展。《指标2008》具有以下具体特征。

1. 将“策划”“推行”和“评估”理念贯穿其中

《指标2008》不但在一级指标中的“学校管理”范围下明确列出“策划”“推

行”及“评估”三项二级表现指标，而且在“课程和评估”、“学生学习和教学”及“学生支援”等一级指标范围下将此理念贯彻体现，促使学校将自评与学校的日常工作结合。有了理念的支撑，才能使学校发展以目的为导向，工作才不会出现偏差。

2. 以数据为本，精简架构

相对于《指标 2003》，《指标 2008》将二级指标范围精简到了 8 个（原 14 个），三级指标精简到了 23 个（原 29 个），使学校更好、更有效地聚焦学校层面的工作，充分利用教育局提供的测评工具进行评估。同时，学校在进行自我评估时，也会在《指标 2008》架构基础上进行。虽然精简了架构，但测评的维度并没有减少。

3. 层层递进，综合描述

《指标 2008》在表现指标范围层面层层递进，描述了学校在整个指标范围的表现，提供给学校的信息较全面，使学校人员更容易掌握该指标范围内所描述的“优异”“尚可”两个层次的水平。指标是逐渐从宏观过渡到微观，先是整个学校管理的角度，接着是涉及学生的学习方面，再到校风及学生的表现，纵向层层递进，横向不断细化。

## 四、启示

### （一）建立内外结合的基础教育质量评估体系

了解和分析香港特区的基础教育质量评估，对于内地基础教育质量评估和监测体系的构建，具有重要启示。为了使学校教育能够达到国家规定的质量标准和水平，内地应建立宏观和微观相结合，内部和外部相结合，政府、学校和社会相结合的基础教育质量评估体系，加强各方面的沟通与合作，从而使评估工作更加科学和有效，在更高的质量标准基础上，不断提升基础教育质量。

### （二）建立以学校教育目标为核心的基础教育

通过分析香港基础教育质量评估架构，可以看出，学校目标贯穿在评估理念中，学校目标是影响学校内外评估发展的重要内容。学校教育质量涉及四个范畴，在内容上，既包括学生的学业、表现等智力因素，也包括学生的情感、态度等非智力因素；在过程上，既包括教育的主要成果（学生表现），也包括学校管理、学与教等背景和过程因素。

在基础教育质量评估的过程中，香港建立了学校在整个系统过程中的主体和核心地位，努力加强学校自我评估工作计划。学校自我评估是整个基础教育质量评估中的关键部分。内地应不断加强学校在教育质量评估中的作用，使其成为提高教育质量的主体，充分发挥其积极性，进而促使其逐步向优质教育迈进。

（三）注重实用数据和科学的评测方法

在香港中小学质量评估指标体系中，无论是校内评估还是校外评估，对学校的质量监测和评估都不只是从经验上或字面上进行，而是根据各项评估信息，运用评估工具，对各个学校进行科学评测，如持分者问卷等。这些都从理论和实践上，使评估结果更加科学，更具有可信度，使其不断提高教育质量和实现学校的发展计划。

（四）注意建立问责机制，与学校改进并重

在香港的中小学质量评估中，无论是学校自评还是外评，都着力于学校改进，且明确体现了"问责"精神。首先，将学校的评估信息发布在相应的网络平台，增加了透明度，使学校的家长和社会各界人士更加了解学校的质量情况，为家长选择适合子女的学校提供参考。其次，学校树立了正确的教育质量观念，加强了对自身的严格要求和对学生表现的关注，增强了学校的主体意识和责任意识。这些对于提高教育质量都是必不可少的。

## 参考文献

[1]王阳．荷兰教育督导评估指标体系研究及启示[D]．沈阳师范大学，2013.

[2]孙河川，郑弘，刘颖．中国香港地区教师评估指标体系述评[J]．辽宁教育，2014，19：5－8.

[3]香港教育局网站[EB/OL]．http：//www. edb. gov. hk/attachment/sc/sch-admin/sch-quality-assurance/circulars-letter/edbc15011_next_phase_sda_sc. pdf

[4]香港教育局网站[EB/OL]．http：//www. edb. gov. hk/attachment/sc/sch-admin/sch-quality-assurance/sda/sse/Guidelines_on_the_Compilation_of_SDP_ASP_SR_sc_2015. pdf

[5]香港教育局网站[EB/OL]．http：//www. edb. gov. hk/mobile/sc/sch-admin/sch-quality-assurance/quality-assurance-framework/framework/processes. html

[6]华山鹰．香港教育评估：基于实证和科学测评的评估体系[J]．教育导刊，2010，03：56－58.

[7]香港教育局网站[EB/OL]．http：//www. edb. gov. hk/sc/sch-admin/sch-quality-assurance/performance-indicators/index. html

[8]香港教育局网站[EB/OL]．http：//www. edb. gov. hk/attachment/sc/sch-admin/sch-quality-assurance/performance-indicators/PI-2015%20Chinese. pdf

[9]香港教育局网站[EB/OL]．http：//www. edb. gov. hk/attachment/sc/sch-admin/sch-quality-assurance/performance-indicators/PI-2015%20Chinese. pdf

[10]香港教育局网站[EB/OL]．http：//www. edb. gov. hk/attachment/sc/sch-admin/sch-quality-assurance/performance-indicators/PI-2015%20Chinese. pdf

[11]邢利红. 香港教育素质保证对内地基础教育质量监控的启示[A]. 中国教育学会基础教育评估专业委员会. 基础教育质量监控专题研讨会论文集[C]. 中国教育学会基础教育评估专业委员会,2011:6.

# 欧洲四国教育督导评估指标比较研究

马笑颜　孙河川　郝玲玲

**摘　要**：欧洲各国的教育督导制度有其悠久的历史，在一些国家教育督导被看作是学校工作的风向标。教育督导对于一个国家教育质量的提升，对于教育行政管理的监督，对于学校效能与学校改进以及教师课堂教学的指导等诸多方面具有重要的作用。本文比较了英国、德国、荷兰和俄罗斯的督导评估指标体系的异同，以期为建立中国的教育督导评估指标体系提供有益的启示。

**关键词**：教育督导；评估指标；比较研究

近现代教育督导制度起源于西方国家，英国在1839年设立了皇家督学团，德国教育督导制度可以追溯到1919年的魏玛宪法，荷兰教育督导机构成立于1801年，俄罗斯的教育督导制度可上溯至1869年的沙皇俄国时期（钱一呈，2006）。经历了一两百年的发展和完善，这些国家的教育督导制度日趋健全。我国有很多相关的研究文献，但大部分局限于宏观层面，对于国外的督导机构怎样对学校进行评估，怎样“督”怎样“导”等细化和直观的介绍和报道却几乎没有。这可能是由于很难得到或找到国外督导机构对该国学校具体和细化的各项评估指标。[1]鉴于此，笔者将对英国、德国、荷兰和俄罗斯的教育督导评估指标体系加以比较和分析，以期为健全我国的教育督导制度，制定出我国科学的、细化的督导评估指标体系提供借鉴。

## 一、英国教育督导的评估指标体系

英国（因英格兰与苏格兰的教育体系不同，故本文涉及的英国教育督导制度特指英格兰）由国家教育标准局（OFSTED）对学校进行督导，目的在于通过定期督导、公开报告、提出建议，为所有的国办学校和部分非国办学校提供一个关于学校教育标准和质量的独立的、外部的评估，以提高工作水平和教育质量。督导组织对学校的督导主要依据《学校教育督导大纲》，对地方政府教育工作的评估则依据

《地方教育局督导大纲》。《学校教育督导大纲》的内容包括：被督导学校达到教育标准的程度、所提供的教育质量、领导和管理质量和学生在精神、道德、社交和文化方面的发展状况。[2]

**表 1　英国国家教育标准局对学校督导评估的指标**

| 一级指标 | 二级指标 |
|---|---|
| 学校的效能 | 学校的成就如何 |
| | 为了改进，学校应做什么 |
| 学生达到的学业标准 | 在学习、学科设置和课程领域达到的水平有多高 |
| | 学生的态度、价值观、乐学程度、精神、道德、社交和文化发展的程度如何 |
| 学校提供的教育质量 | 教学的有效性如何 |
| | 课程满足学生需要的程度如何 |
| | 对学生的照顾、指导和支持程度怎样 |
| | 学校在与家长、其他学校和社区建立伙伴关系所做工作如何 |
| 学校的领导与管理 | 学校领导和管理的水平如何 |
| | 在学习、学科和教程领域的教育质量如何 |
| | 学校其他指定的特征，其质量达到什么程度 |

从表 1 可以看出，英国的教育督导注重评估学校质量和学生的成就标准，以下将对 11 个二级指标下的细化的三级指标进行分析。

学生学业标准主要体现在各种评定、测验和考试成绩，有 6 个三级指标，见表 2：

**表 2　对学生的学业水平的评估指标**

| |
|---|
| 学生从一个阶段到下一个阶段所取得进步的增值 |
| 基础阶段的儿童在面向早期学习目标方面进步情况如何 |
| 在第 1 至第 4 关键阶段和第六学级，学生在国家课程标准方面（英语、数学、科学）的进步，以及地方同意的宗教教育课程和任何考试或评定目标方面的进步幅度 |
| 不同课程、学科或课程领域标准方面的差异 |
| 不同能力学生的学业成绩，特别是那些具有特殊教育需要的学生的学业成绩 |

续表

| 男生和女生相应的学业成绩，不同群体和个体，特别是那些来自不同种族背景和母语非英语学生的相应的学业成绩 |
|---|

对学生的态度、价值观和个性发展的评估分3个维度10个三级指标，见表3：

**表3 对学生的态度、价值观、乐学程度、精神、道德、社交和文化发展程度的评估指标**

| | |
|---|---|
| 出勤情况 | 学校尽其所能提高出勤率 |
| | 家长和监护者努力保证子女的出勤 |
| 态度和行为，包括排斥态度和行为的发生率 | 学生：对学校生活感兴趣，在课堂和学校举止良好，有进取心并愿意承担责任，不欺负弱小、不种族歧视，无其他不良行为，与他人形成积极的人际关系，拥有自信和自尊 |
| | 学校：激励学生学习的愿望，并成功地执行政策以达到期望，发扬好的人际关系，包括种族和谐，有效处理欺负弱小、种族歧视和其他不良行为等事件 |
| 其他个性发展，包括精神、道德、社交、文化等方面的发展 | 学校发展学生的自我认识和精神意识 |
| | 理解和尊重他人感受、价值观与信仰 |
| | 理解并运用帮助区分好坏的原则 |
| | 理解并践行在社区生活的责任 |
| | 欣赏自己和他人的文化传统 |
| | 托儿所和学前班儿童在基础阶段结束时个性、社商和情商等方面发展的情况 |

对教学有效性的评估，分为教师和学生两个维度15个三级指标，见表4：

**表 4　对教学有效性的评估指标**

<table>
<tr><th></th><th>教师</th><th>学生</th></tr>
<tr><td rowspan="9">教学的质量<br>学生的学习情况</td><td>在学习、学科和教程领域的精通程度</td><td rowspan="3">掌握学业中的新知识和新技能，形成思想，提高理解力</td></tr>
<tr><td>计划有效，学校目标明确，教学策略适当</td></tr>
<tr><td>激发学生兴趣，鼓励学生参与教学</td></tr>
<tr><td>向学生提出挑战，使他们富于进取</td><td rowspan="3">课堂的参与、应用和专心，并有建设性</td></tr>
<tr><td>运用方法和才智促使所有学生有效地学习</td></tr>
<tr><td>有效运用时间并坚持行为的高标准</td></tr>
<tr><td>有效使用教学助手和其他教学支持</td><td rowspan="2">发展独立工作和协作的技术与能力</td></tr>
<tr><td>适当有效地运用家庭作业来加强和拓展学校的学习内容</td></tr>
<tr><td>促进机会平等</td><td></td></tr>
<tr><td>评估学生课业的质量</td><td>全面和建设性地评估学生的学业<br>运用评估来告知学生教师的计划和设定的目标，满足个体学生和群体的需要</td><td>了解他们做到什么程度及他们应如何改进</td></tr>
</table>

对于课程满足学生需要的情况，督导员必须评估和报告课程在以下几方面的情况：提供一系列较宽的、重要的值得付出时间和精力的课程时机，满足学生的兴趣、态度和特殊需要，并确保学生在学习领域取得进步；为丰富课程提供机会，包括通过课外课程的教育服务；学校设备的质量、数量以及学校满足课程需要的资源。

对学生获得的关爱、指导和支持情况的评估有 6 个三级指标，见表 5：

**表 5　对学生获得的关爱、指导和支持情况的评估指标**

| 学校具有保护学生的有效程序，与当地政府要求的儿童保护安排协调一致 |
| --- |
| 保证学生在一个健康、安全的环境中学习 |
| 学校中每个学生同一个或多个成人建立良好的、信任的关系 |
| 在学生通过学校获得进步时，他们有得到见多识广的支持、建议和指导的机会 |
| 学校有为学生所进行的有效的引领 |
| 探索、评估学生的观点并按学生的观点采取行动 |

对学校在与家长、其他学校和社区伙伴关系方面的评估有 10 个三级指标，见表 6：

**表 6　对学校与家长、其他学校和社区伙伴关系的评估**

| | |
|---|---|
| 学校与家长联系的有效性 | 为所有家长提供有关学校的信息，特别是有关学生水准与进步方面的信息 |
| | 有计划地尝试、评估和按照家长的观点行动 |
| | 学校与家长的伙伴关系对学生在学校和家庭学习中的作用 |
| | 学校要尽量保证家长满意，有效地处理任何利害关系与抱怨 |
| 教育服务的有效性 | 教育服务是高质量的 |
| | 满足认定的需要 |
| | 教育服务涵盖在校注册学生的利益 |
| 与其他学校、学院的联系 | 学生流动的有效机制 |
| | 有效的教育联合与对更广范围的合作伙伴的贡献 |
| | 关于对资源共享的有效管理 |

对学校领导与管理的评估分为 3 个二级指标，14 个三级指标，见表 7：

**表 7　对学校领导与管理的评估指标**

| | |
|---|---|
| 学校的领导和管理 | 学校的管辖范围（发展远景、法定职责、优点和不足的认识、挑战与支持高级管理小组） |
| | 学校领导的质量，特别是中小学校长、高级管理小组和其他负责人的领导质量 |
| | 管理的效能（自我评估、监控绩效、员工发展和培训、资金和资源管理、最大价值原则） |
| | 校内或校外特定援助或障碍对提升学校成就的影响 |
| 学习、学科和教程领域的教育质量 | 学生达到预定的标准 |
| | 教与学的质量 |
| | 课程领域的质量 |
| | 解释学生学业成绩的其他因素 |
| | 自上次督导后，质量和标准的改变情况如何 |
| 其他指定的特征质量 | 学校所提供教育资源的整体效能对成就的影响 |
| | 所提供教育资源的质量 |
| | 其他被领导、管理与组织等方面的效能 |
| | 资源的质量与充分性 |
| | 被监控与评估所达到的程度 |

从以上的三级指标可知,英国的教育督导制度有以下特点:(1)关注学生成绩和学业成就的增值;(2)对学校教育质量的督导全面,指标非常细化,注重提高学校质量;(3)注重核心课程的评估;(4)重视社区和家长的满意度。

## 二、德国教育督导的评估指标

德国的教育督导机构与教育行政机构是一体化的,没有独立的督导系统和督导机构。在一体化的教育行政机构中,教育督导的事务与行政事务明确分开,因此,教育督导在德国的教育中发挥着重要的监督管理作用。[3]根据德国国家教育标准局的教育督导年度报告(Inspection Report of The Heide School, LEA: Service children's education, 2004),教育督导的指标体系为3个一级指标和11个二级指标,见表8[4]:

**表8 德国国家教育标准局学校督导评估指标**

| | |
|---|---|
| 学生的达标情况 | 对学生的认知成果和过程的督查(全国统考成绩表) |
| | 对学生的态度、价值观和行为以及人格素养的督查 |
| | 对学生出勤率的督查 |
| 学校的教育质量 | 对教学的评估指标(对教师教学的评估表) |
| | 对开设课程的评估指标 |
| | 对学生的精神、道德、社交和文化发展的评估指标 |
| | 对学生的照顾、指导和学生安全的评估指标 |
| | 与学生家长以及社区的伙伴关系的评估指标 |
| 学校的管理和效能 | 对领导和管理的评估指标 |
| | 对安置职工,膳宿和学习资源的评估指标 |
| | 对学校效能的评估指标 |

(一)对学生的认知成果和过程的督查

在这方面的督查主要体现在学生国家课程考试中所取得的成绩的评估。评估的主要依据是学生在二年级和六年级期末参加全国统一考试时,数学、语文和科学所取得的成绩。

(二)对学生的态度、价值观以及行为和人格素养的督查

包括以下几个方面:学生出勤率、学生的学习态度;与教师和教学辅助人员的关系;学生的精神、道德、社交和文化发展;教师的表率作用。

## (三)对学校教育质量的督查

**表 9　对学校教育质量的评估指标**

| | |
|---|---|
| 教学 | 教师对学生的期望值<br>作业的布置是否与教学紧密结合<br>教学时间的分配<br>教师的书写和语言表达能力<br>教师对学生需要的有效指导<br>教师、教辅人员、学生之间的关系<br>课堂上激发学生学习兴趣的程度<br>ICT 技巧 |
| 开设课程与学生的精神、道德、社会和文化发展 | 课程设置的合法性<br>课程大纲涉及知识范围的程度<br>学习的环境与学习资源<br>学生的个人素养、社会和健康教育等以提高学生责任感和尊重他人的程度<br>信息沟通能力、语言表达和读写能力、数学方面的能力<br>对世界的认知和理解能力、动手和实践能力、创造性思维的发展<br>课外俱乐部和其他课外活动 |
| 学生的照顾、指导和学生安全 | 教师对学生指导的及时性<br>教师对学生个人发展的适度关心和引导<br>教师对于学习成绩有进步或行为表现好的学生是否给予正向的激励<br>教师使学生明确自己的目标和改进方向<br>学校的安全环境以及安全保护措施<br>学校的氛围能够让学生适应 |
| 与学生家长以及社区的伙伴关系 | 家长与学校的联系方式,学校与社区联系的方式<br>学校与其他学校的联系 |

（四）对学校领导与管理的督查评估

**表10　对学校领导与管理的督查评估指标**

| | |
|---|---|
| 对校长的评估 | 校长为学校呈现清晰的远景和发展方向，并不懈地关注提高学生学业成就标准 |
| | 校长的团队建设能力，是否使每位教师都为学生提供了高质量的教学 |
| | 在校长的领导下，学校继续发展的战略计划是否稳固地建立在对当前学校工作评估的基础之上 |
| | 校长与高级管理者之间的合作是否高效，使校风良好 |
| 学校的监控体系 | 教师的教学计划和学生的达标状况 |
| | 学校改进计划中明确需要进一步提高的内容 |
| 管理的效能 | 新教师的引进是否适当 |
| | 教师的培训 |
| | 学校顾问委员会的效能 |

从德国督导的评估指标来看，重视全国统考成绩、对教学的评估和学校教育质量的提高等方面。

## 三、荷兰教育督导评估指标体系

荷兰教育督导的目标是依据荷兰初等教育法（WPO）对于初等教育的基本方针和目标来制定的，即提供给学生连续不间断的发展过程和开阔的教育（Kervezee，2005）。督导目标决定督查的内容，主要包括学校的教学科目、教师的课堂教学、学生的积极性和独立性、校风、学校对学生的支持和引导、学生的学习成绩以及学生的发展过程。在诸多督查的项目之中，对学校教育质量的评估则是重中之重。荷兰教育督导的3个一级指标和7个二级指标，见表11：

**表11　荷兰教育督导评估指标体系**

| | |
|---|---|
| 学生的学习和发展 | 对学生认知成果的督查 |
| | 对学生的态度、价值观、人格素养的督查 |

续表

| | |
|---|---|
| 学校的教育质量 | 对教学与认知的评估指标 |
| | 对开设课程的评估指标 |
| | 对学生照顾、指导与鼓励的评估指标 |
| | 学生家长、其他学校以及社区的伙伴关系的评估指标 |
| 学校的领导与管理 | 对学校领导与管理的督查评估指标 |

(一)学生的学习和发展

1. 对学生认知成果的督查

在这方面的督查主要体现在对所学科目、学生在国家核心课程考试中所取得的成绩的评估。评估的主要依据是学生在二年级和六年级期末时参加全国统一考试所取得的成绩。评估学校质量好坏的主要参照系数有两个:一是各科国家统考的全国平均成绩;另一个是上一学年学校在全国各科统考中的成绩。

2. 对学生的态度、价值观、人格素养的督查

在这一评估中,主要督查学生的出勤率。荷兰的学校和教育督导非常重视学生的出勤率和迟到率等。学校把每个学生的出勤率、迟到率与其他的学生进行对比,并定期向家长报告,以期家长能敦促孩子保持高出勤率和遵守学校的作息时间。对学生参加学校各项活动的心态和表现进行评估,具体有以下 8 个指标:

**表 12　对学生的态度、价值观、人格素养的评估指标**

| |
|---|
| 学生在上课时的课堂行为表现 |
| 教师授课时学生注意力集中的程度 |
| 学生参与课外活动的积极程度,其中包括对特殊教育学生参与课外活动积极程度的评估 |
| 高年级与低年级学生关系如何 |
| 学校提供给学生培养责任感、相互尊重的机会多少的评估(如学生是否定期参与学校委员会的工作,是否具有学习责任感,对于"团队成员"这一概念的理解程度等) |
| 对于周围环境的尊重和关心程度 |
| 学生对于宗教信仰的意识以及如何对待他人的宗教信仰 |
| 是否参与音乐、舞蹈、艺术和设计等庆祝活动 |

(二)对学校教育质量的督查

这一部分是教育督导评估的重点。在这一过程中,督导组成员分别随堂听课 58 节,并根据以下的评估标准把教师教学分成了卓越、优秀、好、满意、不满意、差、

极差七个等级。主要对教学与认知，学校课程设置，教师对学生鼓励、关心和引导以及学校与学生家长、社区、其他学校伙伴的关系这四大部分进行评估，但在四部分中还包括了以下细化的评估指标。

在对教学与认知的评估中，荷兰督导组所用的主要评估指标有以下 11 项：

**表 13　对教学与认知的评估指标**

| 教师对学生的期望值 |
|---|
| 师生关系 |
| 教师掌握知识的程度 |
| 引导学生思考与解答问题的能力 |
| 教师的语言表达能力 |
| 教师整合不同知识教学的能力 |
| 课堂上激发学生的学习积极性与想象力的程度 |
| 将课堂教学与作业紧密结合的程度 |
| 对学生综合评估的程序 |
| 是否为学生制订了学习计划 |
| 对学生每周一次的课外辅导以及助教的评价 |

在对开设课程的评估中，荷兰督导组所用的主要评估指标有以下 12 项：

**表 14　对开设课程的评估指标**

| 1. 学校课程设置的合法性 |
|---|
| 2. 学校是否有两年以上详细的教学滚动计划大纲 |
| 3. 课程大纲涉及知识范围的程度 |
| 4. 课程中是否把思维技能教育、文化教育、宗教教育等其他认知方面的教育渗透到每节课中 |
| 5. 课程设置中各科之间的衔接性和灵活性的程度 |
| 6. 课程设置兼容的程度 |
| 7. 课程是否新颖和丰富，能否给孩子们发挥创造力和表达力的机会 |
| 8. 课程框架构建的衔接性，在孩子的头脑中是否有清晰的轮廓 |
| 9. 课程设置对具有不同能力的学生和不同文化背景的学生是否公平 |
| 10. 各科课程时间安排科学性 |
| 11. 学习的环境与学习资源 |

续表

| 12. 各科教师队伍的配备情况。 |
|---|

在对学生的照顾、指导与鼓励评估中，荷兰督导组所用的主要评估指标有以下8项：

**表15　对学生照顾、指导与鼓励的评估指标**

| 教职员工作息时间 |
|---|
| 学校的安全环境以及安全保护措施的状况 |
| 对教师安全措施的培训情况 |
| 教师对学生指导与引导的及时性 |
| 学生是否有征求教师意见和找教师帮助的意识 |
| 教师对于学习成绩有进步或行为表现好的学生是否给予正向的激励 |
| 是否促使学生进一步明确自己的目标，能够正确地进行自我评估 |
| 学校是否认识到可以最大限度地开发学生的智能 |

在与学生家长，其他学校以及社区的伙伴关系的评估中，荷兰督导组所用的主要评估指标有以下3项：

**表16　与学生家长、其他学校以及社区的伙伴关系的评估指标**

| 家长与学校的联系方式 |
|---|
| 学校与社区联系的方式与程度 |
| 学校与其他学校的联系 |

（三）学校领导与管理的督查

在对学校领导与管理的督查方面，荷兰督导组所用的主要评估指标如下：

**表17　对学校领导与管理的督查评估指标**

| 对校长的评估 |
|---|
| 校长工作的热情以及这种热情对教师们的感染力 |
| 校长的团队建设能力，是否使每位教师都为学生提供了高质量的教学 |
| 在校长领导下，学校继续发展的战略计划是否稳固地建立在工作评估的基础上 |

续表

| 领导者与管理者工作的配合程度 |
| --- |
| 财务管理状况 |
| 学校的监控体系 |
| 教学任务的完成情况和达标状况 |
| 需要进一步提高和改善的内容 |
| 学校的培训体系 |
| 教师资格的培训 |
| 在职教师培训计划 |
| 教师上岗培训 |

根据对以上三级指标的分析,可知荷兰的教育督导评估指标体系有以下特点:细化督导评估指标,其中三级指标共有 46 项;对学生认知成果的督查聚焦于学生参加国家核心课程统考的成绩;对学生的学习态度、价值观、人格素养、交流与通信能力、语言表达和书写能力进行全方位督查。

## 四、俄罗斯的教育督导评估指标体系

在俄罗斯尚未形成一套专门、系统的普通教育质量管理指标,因此只能通过对俄罗斯联邦普通教育方面的有关资料,归纳其现有的教育质量管理指标。普通教育质量管理体系主要表现为以下两个层次:俄罗斯普通教育国家标准和俄罗斯教育督查评估指标体系。

**表 18　俄罗斯联邦普通教育国家标准**

| 基础教育大纲内容必需的最低限度,包括教学范围的科目设置 |
| --- |
| 学生学习负担最高限量和标准,规定了教学周和学时 |
| 为已被认定学校制订的联邦基础教学计划,分为中央、地方和学校三个层次 |
| 对被认证学校的毕业生培养水平的要求,以普通教育各个阶段教育范围和教学科目的普通教育国家标准来规定,并通过允许的毕业生培养水平客观评估方法的形式来呈现 |

俄罗斯的教育督查主要是教育管理机构通过对学校颁发办学许可证、对学生培养质量进行教学评估和对学校进行国家认证三条途径来实现对学校教育质量的有效控制。

**表19　对学校活动的主要评估标准**

| 根据所有检查科目,学生掌握知识的成就 |
|---|
| 所有学生掌握功能性知识的成就 |
| 包括选择职业的能力,在社会政治生活中定位的能力,独立解决家庭日常生活问题的能力,保护自己权利的能力,在陌生环境中沟通的能力等 |
| 学生专门知识的成就,即在实践活动中能够应用这些知识,独立选择实践活动的方式方法 |
| 学校的心理环境 |
| 学生对待学校和朋友的态度 |
| 学校在家长中的声望 |
| 学校负责人对学校活动的评估 |

**表20　优秀学校评估标准(以伊尔库茨克州为例)**

| 学生的质量。13门必评科目包括俄语、物理、化学、文学、数学、环保等 |
|---|
| 教学质量。对教师的评估分为三级、二级、一级和高级 |
| 教师的科研能力。包括研究课题、较高的学位和讲座 |
| 补充教育的范围。即除正常学习之外的绘画、舞蹈、音乐、旅游等方面的教育,还包括学生的心理咨询 |
| 教师和学生的医疗服务状况。包括对教师和学生进行心理、生理等各方面的卫生管理与监护,以及对各种疾病的防护 |
| 教学大纲和教材。教学计划包括13门必修课和学校自己的教学科目,并具备计算机教学设备 |

综合以上各表格中的各级指标,不难看出俄罗斯的教育评估指标体系具有较强的可操作性,各级指标都是可测量的。本文所引的指标为教学方面的评估指标,俄罗斯的教育督导在学校的建筑方面、学校制度和条件、学校卫生情况、学校房间和设备、教学过程的装备等标准,都有相当细化的指标,在此不一一列举。

## 五、启示

通过对欧洲四国的教育督导评估指标体系的比较和分析,不难发现欧洲国家重视督导工作对提高教育质量和效能的作用,督导方式灵活多样,具有严密的督导程序,拥有各自科学的、细化的、可操作的督导评估指标体系。虽然教育督导制度是教育行政体制的一部分，在很大程度上依赖于各国的政治、经济、文化环境[5]，但是在建立我国的教育督导评估指标体系过程中，欧洲各国的一些基本经验和举措，值得我们借鉴。

（一）细化督导评估指标，增大科学性和可操作性

从欧洲四国的督导评估指标体系和督导报告中可以看出，无论是对于学生、教职员工，还是对教学质量的评估等诸多方面，其督导评估指标细化程度让人惊叹。例如，英国有4项一级指标、11项二级指标和64项三级指标，德国有3项一级指标、11项二级指标和42项三级指标，荷兰的一、二、三级指标分别为3项、7项和46项。细化的指标可以使督导人员从不同的角度对学校进行督查，更为透彻地反映学校的实际情况和存在的问题，使评估结果更为客观。

（二）对学生认知成果的督查聚焦于学生的国家核心课程统考成绩，注重教育增值评估

欧洲四国在对学生认知成果的督查方面，聚焦于学生参加国家核心课程统考中所取得的成绩上。“英国教育的首要目标是提高所有学生成就标准。对学校系统来讲，改革关键不在于结构变化而在于关注学生成就标准。[6]”同时，关注被评估学校的教育增值。2005年1月13日，英国教育技能部公布了2004年全英格兰各中学的成绩表现，排出101所“最高增值学校”和95所“最快进步学校”，在排名中使用了增值评估标准。[7]在荷兰，学生参加全国统考所取得的成绩是衡量一所学校在认知教育方面最重要的指标。荷兰督导组不但要看每所学校当年参加全国核心课程统考的成绩，将它与全国平均成绩进行比较，而且要将它与该校前一学年甚至前几学年的成绩进行比较。他们认为只有这样才能比较客观地看出一所学校在对学生认知教育方面的效能以及学生进步的幅度，对国家教育目标的实现程度，而不是离开科学数据的泛泛空谈。英国和荷兰的教育督导都运用了“增值评估”的理念。

（三）对学生的学习态度、价值观、人格素养、交流与沟通能力、语言表达和书写能力进行全方位督查，体现全面质量管理的理念

从欧洲四国督导指标中可以看到，对于学生的评估不仅重视学生的统考成绩，而且也重视对学生的学习态度、价值观、人格素养、交流、语言和书写能力进行评估。对于教师教学水平的评估不仅单单以学生的考试成绩为依据，而且更为重视教师的教学行为、教学过程以及课程设置是否有利于学生的各种认知、技能的发展。而我国初等和中等教育，虽然常常提到要全面发展学生的各种技能，但在教育督导中如何对此进行评估却涉及的很少。

从欧洲四国教育督导指标体系来看，一个具体的、细化的、统一的教育督导指

标体系,是教育督导制度的重要组成部分。评估指标包括对国家核心课程教学质量的评估、督导、检查,而不仅仅是对教学设备等硬件设施的督查。我国的教育督导体制也应借鉴国外评估的经验,努力提高督导工作的效能,促进教育质量的提高。

## 注释

[1]史丞芫,孙河川,荷兰教育督导对中国的启示——以荷兰督导团对摩尔小学的督导为例[J]. 人民教育,2007(21):28 –31.

[2]钱一呈. 外国教育督导与评估制度研究[M]. 北京:中央广播电视大学出版社,2006:6 –161.

[3]中华人民共和国教育部. 国家教育督导管理学习考察团赴德国法国访问考察报告,2002. 11. 6.

[4]LEA: Service children's education. Inspection Report of the Heide School[EB/OL]. www. ofsted. gov. uk:2004.

[5]穆岚. 教育督导与教育行政关系论析[J]. 教育与管理,2005:2,5 –6.

[6] DFEE. School improvement strategy:the UK approach,1999:4.

[7]刘春. David Gardner. 聚焦国外义务教育经费保障机制. 中国教育报,2005 –2 –4.

# 立体交叉式的校本评估:以杜郎口中学为例

黄明亮　孙河川

**摘　要**:杜郎口中学以“三三六”课堂教学模式为课堂改革切入点,从全县排名最后的学校跨越到全县排名前三的学校。其中,立体交叉式的校本评估起到了核心作用。本文以杜郎口中学为例,研究了立体式交叉校本评估的载体、结果形成以及发挥的作用,以期为我国中小学校的校本评估和学校发展提供借鉴。

**关键词**:校本评估;评估载体;评估结果;杜郎口中学

杜郎口中学在十几年的课改历程中形成了“三三六”自主学习模式,即课堂自主学习三大特点:立体式、大容量、快节奏;课堂自主学习三大模块:预习、展示、反馈;课堂展示六环节:预习交流、明确目标、分组合作、展示提升、穿插巩固、达标测评。通过“三三六”自主学习模式,杜郎口中学从全县排名最后的学校跨越到全县排名前三的学校。而“三三六”自主学习模式的核心是杜郎口中学的立体交叉式校本评估。

## 一、背景

校本评估是由学校的内部评估机构自发地对学校内外部教育环境与教育质量进行民主的、系统的调查过程,并且是与外部评估相融合的过程。[1] 校本评估是校本管理的重要环节,它可以为校本管理提供决策依据;为教师参与管理提供机会;为提高学校效能提供保障(学校效能评估是校本评估的内容之一);为教师专业发展提供建议;为回复公众对学校教育的问责提供证据。立体交叉式校本评估是评估的一种类型,是在外部评估机构的帮助下,学校内管理者、教师和学生共同参与的对“教与学”质量的评估。在杜郎口中学,校本评估不仅有课堂内学生与学生之间结成对子和小组与小组之间对课堂知识的评估,在课堂外也有由专业老师组成的学科组和由学校管理者组成的教学组对教师教学的评估。所以杜郎口中学的校本评估是由学生、教师和管理者多主体,学生小组、学科组和年级组多层次组成的立体交叉式校本评估。杜郎口中学的立体交叉式校本评估由课内评估和课外评估组成,由多主体与多层次构成。多主体分别为学生、教师和学校管理者。学生是通过结成小对子或小组对课堂知识的评估,同时任课教师也对课堂知识进行评估与指导;学科组教师和学校管理者主要针对任课教师的课堂教学内容和方法进行评估。多层次为学生互评、小组互评、学科组教师评估、年级组评估、学校层面评估等。所以杜郎口中学的多主体与多层次构成了杜郎口中学的立体交叉式校本评估。

## 二、立体交叉式校本评估的载体

杜郎口中学立体交叉式校本评估的载体有两个,即课堂和“反思两会”。课堂为立体交叉式校本评估的第一载体,课堂是学生与学生评估的主要场所,主要通过学生与学生个人之间和小组与小组之间两种形式。“反思两会”为立体交叉式校本评估的第二载体,杜郎口中学每天会进行“反思两会”,即反思早会和反思午会,这是学校管理者和教师评估的主要场所。

第一载体:课堂

在杜郎口中学的“三三六”自主学习模式中,学生学习的环节为预习、展示、反馈,其中反馈环节为核心环节。在反馈环节中,学生会对学生所展示的内容进行相互评估,然后再以小组为单位进行评估和小组之间的互相评估,最后是教师进行点评与总结。整个过程调动了学生的积极性,激发了学生的学习主动性,教师在整个过程中起指导、引领与总结的作用。

第二载体:反思两会

杜郎口中学每天会进行“反思两会”以对教师课堂教学质量进行评估。以杜郎口中学某天的反思早会为例。“反思两会”主要内容包括文本背诵、问题解析、课堂评估、分组材料展评、布置当天教学工作,其中以课堂评估为核心,主要包括教学组对前一天通过查课、听课而对上课教师的评估与建议、教师针对教学组的评估与建议进行再反思与总结自己的优缺点,并进行改进。[2]以某天反思早会为例:反思早会的具体步骤为:第一步:早会以“凤凰传奇”的歌曲《你是我心中最美的云彩》为背景音乐,然后教师们跳欢快的舞蹈。第二步:主持人讲述了反思早会的主要内容。第三步:语文教师背诵了课文何其芳的《秋天》。第四步:一位外校参加研修班的教师讲述了近期的学习感悟。第五步:主持人反馈了前一天教学组对上课教师的考评结果,进行了教师打分与提出评估建议,如第一名是数学组的宋老师,课堂得分90分,主要的问题是学生的练习比较少,检测时两名学生有思路但不会解题。第六名是音体美组的孙老师,主要问题是体育课缺少规范严谨,在进行小组抽测时三名学生动作不过关。第六步:英语教师进行了英语文本背诵。第七步:徐老师评析了前一天九年级三班崔老师的语文课,讲述了崔老师的可借鉴之处——学生展示的标准多而且还注重了学生良好习惯的养成,提出了三方面的建议:(1)建立学生错误放大镜,梳理学生所犯的共性错误,(2)把文本分析与问题思考联系在一起,在文本的背后加上有价值的问题;(3)小对子的时效性,让小组长对照检查,在帮扶阶段让小组长随时抽查学习结果。第八步:九年级女教师反思自己的教学不足并提出了对策。第九步:崔老师对徐老师的建议进行了总结,并结合自己的课堂提出了可行性策略。第十步:教师的分组材料展评。

## 三、立体交叉式校本评估的结果

在杜郎口中学的立体交叉式校本评估中,以课外的学科组评估和年级组评估为核心,立体交叉式校本评估主要体现为学科组评估和年级组评估。

(一)立体交叉式校本评估结果的形成

立体交叉式校本评估的结果主要体现为学科组评估和年级组对教师的评估结果。杜郎口中学教师教学评估是依托"反思两会"而形成的,依托"反思两会"的平台,教师作为主体,通过自我反思与教学组评估、建议,自我反思与总结,形成了评估结果,然后教师根据评估结果针对教学过程的问题与不足而形成改进策略,最后达到提高与成长的目的。教师教学评估结果的形成如图1。

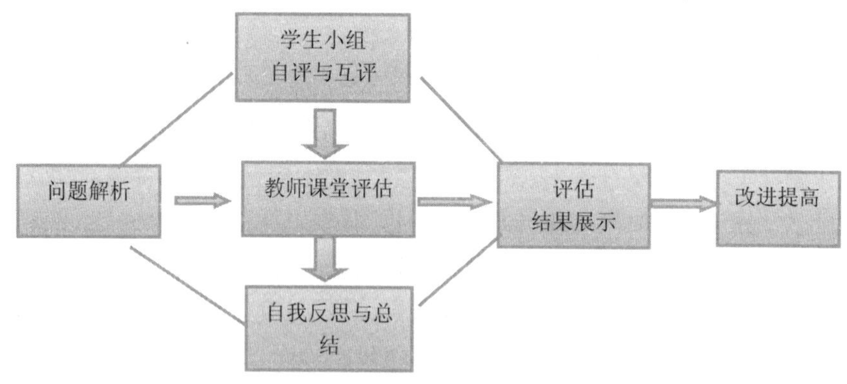


**图1 教学评估结果的形成**

(二)立体交叉式校本评估中各步骤的作用

"反思两会"是教师评估结果形成过程中外在的载体,即教师教学评估结果是依托"反思两会"这个平台而形成的。如果没有"反思两会"教师只能通过自我反思,自我评估来形成评估结果,这个评估结果也是有效的,也有助于促进教师自我提高与成长,但是这属于“点式型反思”。这种自我反思与评估始终是单方面的,主观的评估,容易造成“归因错误”与“知觉偏差”。通过“反思两会”这个平台,教学组的客观评估与建议、同事的互相点评等立体的客观评估,有利于形成科学的评估结果,这是“团队型反思”,相对于“点式型反思”更具有开放性与科学性。[3]

“问题解析”在教师教学评估结果形成过程中有着基础性的作用,是自我反思与客观评估的起点,是自我问题意识的觉醒。问题解析贯穿着整个教师教学评估结果的形成模式中,教师在进行自我反思与评估时需要发现问题,然后针对问题认真分析,最后总结形成改进策略,教学组对教师的评估与建议更需要通过对授课教师问题解析,然后做出评估与建议。

“课堂评估”在教师教学评估结果的形成模式中有着核心的作用。课堂评估是反思早会的核心,也是教师自我、教师群体对反思、评估结果深加工的过程。通过“课堂评估”这一环节把对大家的反思结果汇集、总结、点评,然后反馈给个人。“课堂评估”包括教学组评估与建议、自我再反思与总结。教学组评估与建议是由校内管理者对具体上课教师的评估与建议,是教师自我再反思与总结的参照系。教师自我反思与总结属于“团队型反思”,即以教学组评估与建议为参照的自我再反思,是以教学内容与过程中的问题出发,针对问题进行主观理论的深层探寻以寻求改进策略。[4]

“结果与展示”在教师教学评估结果形成过程中起到了保障的作用。把教学组对授课教师的评估建议与教师自我反思总结形成的结果,展示到教学楼的电子显示屏与周围的黑板上。教师通过反思、评估结果时刻提醒、督促自己改进与成长。

“成长与提高”是教师教学评估的目的,通过“反思两会”的形式,让教师找到教学内容与过程的问题,找到改进提高的策略,然后针对性地改进与提高。教师最终获得教学知识与能力的提高,得到教师专业成长,从而提高了学校教学质量。

(三)立体交叉式校本评估的结果展示

在杜郎口中学,各主体与各层次的评估结果形成后,会每日及时地展示在杜郎口中学年级组学科组反馈表上,这是一块LED流动电子显示屏。反馈表的主要内容包括三项:(1)语文、数学、英语、政史地、理化生、音体美六个学科教学组对上课教师的评估与建议;(2)年级组对各班级教师上课的评分与上课存在的优缺点;(3)本周工作安排。

## 四、立体交叉式校本评估的作用

杜郎口中学的立体交叉式校本评估的作用有三方面:第一,在学生方面,调动了学生学习的积极性,激发了学生学习的主动性,让学生主动去学习与探究,极大地促进了学生的主动学习与探究能力。第二,在教师方面,通过立体交叉式校本评估,教师找到了教学过程中存在的问题,针对问题进行了改善,从而促进了教师教学能力也促进了教师专业发展。第三,在学校方面,学生的主动学习性得到了激发,教师得到了专业发展,所以学校也就增强了办学生命力与办学实力,让杜郎口中学从全县排名最后跨越到全县排名前三。

## 参考文献

[1]薛海平,胡咏梅. 校本评估理论探索[J]. 外国中小学教育,2008,05:47-52.

[2]许爱红,刘延梅,刘吉林. 农村中学课堂教学模式的重大变革——解读杜郎口中学"三三六"自主学习模式[J],当代教育科学.2005,11:18-24.

[3][4]赵明仁,黄显华. 从教学反思的过程看教师专业成长[J]. 教育研究与实验,2007,4:37-42.

# Evaluating European Case Studies with Goal-Pressure-Support Model

Hechuan Sun

**Abstract**: What are the crucial factors at the national contextual level which influence effective school improvement? Are there any similarities or differences between the influences they exert in different countries? Can common traits be identified? These are the core questions this study aims to explore. It has drawn on insights from five research areas: school effectiveness; school improvement; curriculum; public choice; organization, organizational learning, and learning organization, which yields a "goal-pressure-support" model accompanied by ten contextual key factors and their indicators. Given the original model and the empirical support of thirty-one case studies contributed by eight European countries, the findings of this study may have significant implications for policy, practice, school effectiveness, and school improvement.

**Keywords**: effective school improvement; national context; inspection; goal, pressure; support

## Introduction

From 1998 to 2001, four northern European countries (French-speaking Belgium, Finland, The Netherlands, and the UK) and four Southern European countries (Greece, Italy, Portugal, and Spain) participated in a large European Commission-funded research project entitled "Capacity for Change and Adaptation in the Case of Effective School Improvement". The project was initiated and coordinated by the Groningen Institute for Educational Research of the University of Groningen, The Netherlands, and its findings have produced a theoretical framework for effective school improvement (ESI) (Reezigt, 2001). The focus of the project was the school level, and, as a consequence, the national contextual level was not systematically explored and researched.

The final ESI project report admitted that "up till now, the importance of the context has rarely been acknowledged and analyzed" (Reezigt, 2001, p. 72).

Owing to the importance of context for ESI, this study goes one step further, to implement an in-depth and thorough analysis of the national contextual factors, both theoretically and empirically. Does the contextual level, particularly the national contextual level, influence ESI? If so, what are the national contextual factors which influence ESI? Are there any similarities or differences between the influences they exert on ESI in different countries? Can common traits be identified? Embraced by, but yet complementary to the ESI project, this research addressed those kinds of questions.

In this article, we first consider five areas of research and then describe our theoretical framework and elaborate 10 contextual factors. Following that, we introduce the methodology used in case study selection, data collection, and data analysis. After presenting our key findings, we discuss the implications of this study for policy and for practice.

## Theoretical Framework

Five relevant areas of research will be briefly examined here, and the contextual factors derived from each area will be summarized.

School Effectiveness (SE) Research Area

The study of SE has two aims: to distinguish factors that are characteristic of effective schools and to identify differences between school outcomes. The touchstone for effective schools is the impact on students' educational outcomes (Mortimore, 1998). Regarding student outcomes, Creemers (1994, p. 22) highlighted the importance of the national system level, stating that the national government has to safeguard education quality and that to achieve this, national goal setting is very important. Without goals, it is impossible to develop standardized tests, and without such tests, the achievement of schools cannot be compared in a fair way.

School effectiveness emphasizes the importance of evaluation, feedback, and reinforcement. Evaluation is seen as a key mechanism of effective schooling. These key elements, that have traditionally been seen as the inspector's role, seem indispensable no matter what kind of school. Barber (1998, p. 762) argued that governments should have control over national assessment and the qualification framework. This is of central importance since it is through national assessment that schools across the country can gain a common language of standards and achievement to compare their performance with that of others. According to SE researchers, the value-added approach to comparison is preferable.

School effectiveness researchers emphasize the influence of climate and culture on the effectiveness of schools. Climate can be regarded as the surface level of a culture, while lying at the deep level are values (Hofstede, 1994; Sun, 2002). Values are reflected in national visions, goals, laws, policies, curriculum, and public beliefs or desires. School climate issues entered into SE research through the studies of Edmonds (1979a, 1979b), who put forward "orderly climate conducive to learning" as one of his five effectiveness factors, while Rutter, Maughan, Mortimore, and Ouston (1979) linked the notion of school culture with the effectiveness of secondary schools. The model of Purkey and Smith (1985) not only emphasized the importance of teacher effectiveness but also schools as organizations that identify the role of school culture in school improvement. Coleman and Hoffer provided powerful support for establishing the most possible links between school and local community. One of their key determinants of success was termed "social capital", which refers to the network of mutual support involving the students, the schools, the parents, and even the churches.

Recently, context has been highlighted as a central issue for SE (Creemers & Hoeben, 1998; MacBeath & Mortimore, 2001; Sun, 1998, 2003b), particularly the national context. The book World Class Schools deliberately introduced contextual factors within countries as potentially important determinants of "what works". Regarding the system level, according to Reynolds et al. (2002, p. 292), it became apparent that an effective education system level can (but not necessarily will) create effective schools and classrooms, however, that depends partly on the value society places on the educational system and the importance of the teaching profession.

In summary, the following ideas from the SE research area are relevant to our research: national goal setting in terms of student outcomes; strong central control; an implementation, evaluation, feedback, and reinforcement cycle; external evaluations and external agents; school accountability; and schools having a supportive culture and strong support from the local community.

School Improvement (SI) Research Area

School improvement is seen as a specific branch of the study of educational change. School improvement researchers argue that a picture of the current effectiveness of schools does not tell schools how to become successful. This is where SI is important, because it focuses on the journey to success and the necessary conditions to support successful change (MacBeath & Mortimore, 2001; Stoll & Wikeley, 1998). Since the 1990s, SI research has become more focused on issues such as teaching, learning processes, and student outcomes. Context is important to SI since any good ideas or programs that hope to spread must include a focus on context. Meanwhile, successful implementation of any policy requires that those implementing it are simultaneously provided with support and put under pressure (Fullan, 1999, p. 21). Pressure without support creates alienation and resistance, while support without pressure tends to be a waste of resources. The research of Earl and Lee disclosed the external role of pressure and support for evaluation, networking, professional development, and expectations for accountability, as catalysts for the engagement of teachers that they found in successful schools. According to Fullan (1999), rigorous accountability is both a policy-building and a capacity-building proposition. As a part of rigorous accountability, external standards for student performance are an essential ingredient for reform at the school level. One key role of an external accountability system is to help build a local capacity for examining and taking action on assessment data. The other role is to intervene in persistently failing schools and school systems (Hargreaves & Fullan, 1998). External accountability requires the four-stage cycle of school development planning: assessment, planning, implementation, and evaluation. Recently, Hargreaves (2003) reemphasized the role of the system level, and, in the report of an SI project carried out in Missouri, King (1992, p. 341) stated "it is found that the role of the State Board of Education and the Commissioner of Education is extremely important to successful statewide changes". School improvement researchers have also emphasized the important role of school culture (Fullan, 1991; Stoll & Fink, 1996) and recognized the crucial role of school districts or Local Education Authorities (LEAs) in supporting school improvement in vision building, networking, school planning, teacher training, and so forth.

The influence of centralization or decentralization on school improvement is one of the focuses of SI research. According to Caldwell (1996), the most significant fact about centralization and decentralization is that they are about power and its distribution. Thus, they are descriptors of the distribution of power within organizations or social systems. According to Bray (1994, p. 819), "functional decentralization refers to the dispersal of control over particular activities." In other words, the common denominator is the recognition that educational systems may be centralized in some domains of decision-making but not in others. Slater (1996) argued for a more detailed picture of (de)centralization, concerning which functions were decentralized, to what degree, for what purpose, and to what effect on other decision-making with regard to other functions. Functional decentralization enables combining decentralization in certain domains, with centralization in other domains. For example, in England and Wales, decentralization in the financial, personnel, and instructional domains has been accompanied by centralization in the domains of national goals, curriculum, and standardized testing. However, decentralization is closely associated with autonomy. An Organisation for Economic Cooperation and Development (OECD) report (OECD, 1994) has argued that autonomy could only be expected to enhance school effectiveness indirectly. To a certain degree, school autonomy will make the monitoring of system-wide educational policies concerning performance standards more difficult. Therefore, common standards are seen as a prerequisite for quality control and coordination between levels of schooling. In short, centralization and decentralization are not an "either-or" condition. An appropriate balance between centralization and decentralization is essential to effective functioning of the government. After carefully examining educational reforms in the USA, England and Wales, Australia, and Canada, Caldwell (1996, p. 159) concluded:

In general, governments in many countries adopted a more powerful and focused role in terms of setting goals, establishing priorities and building frameworks for accountability— all constituting a centralizing trend—at the same time as authority and responsibility for key functions were being shifted to the school level—a decentralizing trend in the centralization-decentralization continuum.

The following ideas from SI research area are important for this study: the integration and interaction of pressure and support at different levels; national goal setting in terms of school improvement; the assessment, planning, implementation, and evaluation cycle; strong leadership in steering and empowering school improvement; external evaluation and external agents; school accountability; functional decentralization; local support; and an innovative and collaborative culture.

### Curriculum Research Area

The national curriculum is the major educational planning document of a country. It embraces the goals of the nation and contains guidelines for the delivery and presentation of the content. To serve this purpose, national educational goals have to be translated into national educational standards or benchmarks. When national standards are absent, the outcomes of schools will vary more greatly and, as a consequence, the school attended makes a greater difference for individual students. In addition, if teachers are responsible for the effectiveness of the teaching/learning process, they will only be able to accomplish this responsibility within a framework of clear educational goals (Bollen, 1996). The educational quality of a country is determined by its aims. How the curriculum is defined, planned, implemented, and evaluated ultimately determines the quality of education that is provided (OECD, 1987, p. 123).

Curriculum implementation is the process of putting a change into practice (Fullan, 1993, p. 378), and what the teachers know, believe, and are able and willing to implement is a decisive factor. However, the instruction, motivation, and behave of the teachers can be greatly influenced by the mechanisms of assessment, feedback, and reinforcement. Regular assessment of student achievement is an important condition for achieving curricular goals. Feedback brings about the reorientation of the process and is closely related to reinforcement (e. g., reward and sanction). In England and Wales, "the tide had begun to turn towards the subject-stratified national curriculum and age-based testing which now dominate curriculum and assessment policy, strengthening detailed control through a highly elaborated national curriculum and national testing" (Skilbeck, 1998, p. 128). The focus on performance has led to using outcome data, such as test scores and drop-out rates, as criteria for accreditation (Elmore, Abelmann & Fuhrman, 1996). Autonomy, particularly with respect to the curriculum, will lead to lower performance due to lack of a common educational core and monitoring of national standards. Therefore, centralization is needed for making national educational policies, goals, objectives, time, credentialing, standards or benchmarks for national testing and national evaluations.

In sum, the following ideas from curriculum research area are important for this study: national goal-setting in terms of student outcomes; national assessment, feedback, reinforcement; external evaluation and external agents; school accountability;

functional centralization or decentralization; and, offering schools some autonomy.

Organizational Learning and Learning Organization Research Areas

Organizations need to be highly adaptable and capable of change if they want to prosper in a fast-paced, competitive and unpredictable world. One approach to this concerns 'organizational learning' (OL) and becoming a 'learning organization' (LO). OL can be regarded as a collective learning and improvement process (Dixon, 1994) while LO is a concept which functions as a guiding vision of an organization as a living organism with an open, powerful learning environment which inspires, facilitates and empowers the learning of its members to enhance its capacity for change (Sun, 2003b). It has been evidenced that a strong organizational culture is associated with superior organizational performance and this leads to organizational success (Walton, 1999). However, organizational culture cannot exist in a vacuum; it is always embedded in the regional and national culture (Sun, 2002). Hofstede (1994) used five dimensions to distinguish the culture of different nations: power distance (large vs. small), individualism vs. collectivism, feminine vs. masculine, uncertainty avoidance, and Confucian dynamism. In a country with a large power distance, collectivism and strong uncertainty avoidance culture, stronger external change forces are needed particularly from the national level.

Among the different models of change, Lewin's (1951) "force field analysis" has been regarded as the landmark model (Rollinson et al., 1998) since almost all theories of organizational change have stemmed from it. Lewin suggests that in a change situation there are two sets of forces: restraining forces and driving forces. According to Lewin, change will not occur if the forces are in balance. To bring about change there needs to be an imbalance; change always needs driving forces and it doesn't matter whether they are internal or external, top-down or bottom-up. If the internal driving forces are weak, external driving forces are essential. Only when the driving forces are stronger than the restraining forces, can change occur. This theory has important implications for policymaking and for ESI.

Regarding the contextual factors, the research field of OL and LO offer the following perspectives to our research: the need for strong driving forces for change (both internal and external); using both soft (rewards) and hard (sanctions) measures for change; the need for the flow of knowledge and information; and, the need for a learning organization culture in support of change.

Public Choice Research Area

Originally, public school choice concerns the freedom of the parents to choose schools for their children and the freedom of the schools to have their own admission policies, for instance, to hire or fire their own personnel and to select their own students. Currently, it implies more student/parent choice rather than the original meaning. It is believed that when this market mechanism is introduced into the educational field, schools will be obliged to strive for survival and for competition. Therefore, public school choice has been regarded as a powerful remedy against the malfunction and as an external driving force to spur ESI in several directions, such as towards more responsiveness to parents or towards more effectiveness.

Market forces, privatization and public school choice have been seen as the answer to poorly functioning state educational systems (Boyd, 1998). In addition, public school choice gained political and international visibility when the Education Reform Act of 1988 was enacted in Britain (Bagley et al., 1996).

The research of Carnoy and Loeb (2002) shows that the accountability system can change student performance. In those states of the United States with stronger accountability, the overall National Assessment of Educational Progress (NAEP) math gains are higher. Essentially, school choice as a power in school improvement greatly depends on the national system, the actual possibility to choose, the available information and the parents' criteria (Creemers & Hoeben, 1998).

Finally, the following ideas from the research area of Public Choice are important for this study: the need for some measure of decentralization to offer schools some autonomy (in selecting, hiring or firing staff members) and market mechanism (competition, customer-orientated); using school accountability to spur ESI (central intervention, rewards and sanctions); and, external assessment for student outcomes with added value measurement so as to enable the public to access school quality.

**Theoretical Model**

From our review of five research traditions we developed a theoretical model for this study (see Figure 1) and identified 10 contextual factors and their related theoretical research areas.

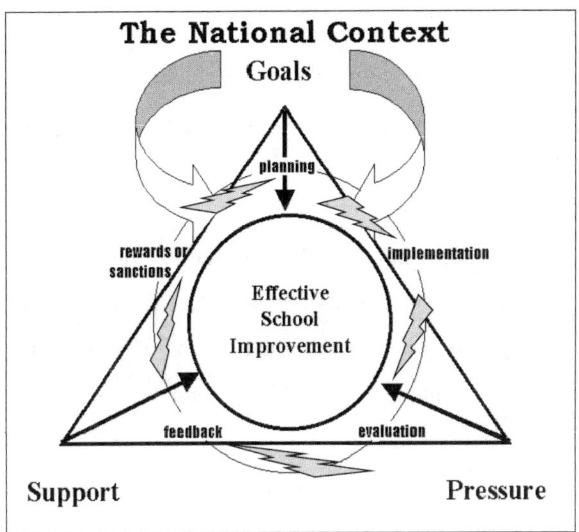


Figure **1**: The Goal-Pressure-Support Model

This model indicates that ESI is firmly embedded in its national context. We have chosen a triangle as the most stable framework as it symbolizes the relationship amongst the three elements: goals, pressure and support. Around the goals-pressure-support triangle, the cycle "planning implementation evaluation feedback rewards or sanctions" adds a continuous dynamic process element to the model. The study of ESI can never be separated from the national context which provides goals, pressure and support. In our research model, national goals include two types: goals for student outcomes and goals for school improvement. Pressure includes: strong central steering and empowering ESI, external evaluations and external agents, market mechanism and school accountability. Support includes: adequate time, financial and human resources, the local/district support, offering schools some autonomy (functional decentralization) and engendering a culture in support of ESI. Although pressure and support are readily reconciled, they are also closely related. For instance, strong central steering and empowering ESI along with external evaluation and external agents can contain elements of pressure as well as forms of support. The same is true for local support and engendering a culture in support of ESI.

**Methodology**

In this section, we will briefly describe the methodology used in the empirical part of the study, including the selection of the 31 case studies, the data collection and data analysis.

Selecting the Case Studies

In order to make the case studies comparable across the countries, establishing common criteria for case study selection was important. The criteria collectively agreed by the ESI project international teams covered both the effectiveness criterion (does the school achieve better student outcomes?) and the improvement criterion (does the school manage to change successfully from old to new conditions that are necessary for effectiveness?). In order to guarantee the availability of the information required, a draft ESI program evaluation framework that outlines key questions and a range of sub-questions was developed (Hoeben, 1999). The main components of the framework were programs, the processes of the ESI, the outer layers of the school and the macro context (including the local and the national contextual level).

Once the initial case study selection of each country had been accomplished, the country teams reviewed each other's evaluations of the programs and compared them with the draft ESI program evaluation framework. The English team created common rating scales to evaluate the selected programs including: a time dimension, the extent and nature of change, a quality dimension, and an importance dimension based on different ways that other project teams had used. The exchange of the rating of the case studies took place among the ESI international teams. It was agreed that each country team rated its own programs and at least two of the programs of one other country. The Dutch team (as overall project co-coordinators) rated at least two programs from each country, and the Belgian and English teams each rated one Dutch program. The ratings were then used as a basis for discussion and comparison at a final analysis meeting. As a matter of fact, this meeting was a moderation process which was an important part of the validation of the findings.

**Collection and Analysis of the Data**

Due to the limitation of the contextual level data in the case studies, three research approaches were used to collect such data: textual analysis, audio and video recording and interview. Although the textual analysis method was the main approach used to get data from printed media, the Internet and the case studies, that were insufficient so the audio and video recording and interview methods were used. In order to get first hand information from the researchers who came from these countries, a tape-recorder was used during the 1st ESI workshop in Groningen (July, 1998) and the 2nd workshop in Lisbon (December, 1998). We recorded the entire workshop procedure, including discussions, presentations, introductions of the national educational systems and the background information of these countries, as well as the questions and the answers of the members of the eight countries during the two workshops. During the last ESI workshop in Lisbon in 2000, a video camera was used to record the three day workshop.

The content analysis approach and the constant comparative approach were used to look for the similarities or differences in the influence exerted by the ten contextual level factors and its 48 indicators on effective school improvement within countries (intra-country-case analysis) and across countries (inter-country-case analysis). Due to the space limitation of the journal articles, we cannot present the details of the analysis and the findings here, what we are going to present is the key findings of our research. For those who are interested in, please read the book entitled "National contexts and effective school improvement-an exploratory study in eight European countries" written by Sun (2003a).

## Findings and Discussion

In this section we focus on four key findings of the research. The four key findings are: the contextual factors which positively or negatively influence ESI in the eight European countries; offering schools autonomy in teacher recruitment/dismissal being crucially important for ESI; ESI requiring strong and "empowered" school leadership and ESI requiring functional (de)centralization. We are going to detail them below.

Finding 1. The contextual factors which positively or negatively influence ESI in the eight European countries

The factor "national goal-setting in terms of student outcomes" was reflected in the form of the national curriculum across the eight European countries and mostly in the textbooks used in the schools. To achieve the national goals, six out of the eight European countries used national/regional inspectorates and at least one national standardized examination (in England, three to four) during compulsory schooling while in Greece and Finland national inspectorates did not exist. With respect to the function of the inspectorates, this differed a great deal across the six countries. Some inspected individual teachers at the classroom level (Belgium) while others inspected schools at the school level (the Netherlands, the UK and some other countries). The time lapse between inspections for each school varies from 3 to 6 years, sometimes even longer. In Greece, "no pupils assessment carries beyond the teacher's level (only self-regulated evaluation)" In Portugal and Spain, both of their case studies revealed that the factor "national goal-setting in terms of school improvement" was rather influential to ESI along with the factor "adequate time, financial and human support". Regarding the influence of the market mechanism factor, it was more obvious in the three Northern European countries (Belgium, the Netherlands and the UK) than in the four countries in the South, while making schools accountable for student outcomes was implemented to a greater extent in the UK and the Netherlands. Offering schools some autonomy in the area of personnel decision-making in recruiting or dismissing teachers was less well realized in the four southern countries than in the UK and in the Netherlands. This was probably contributed to by the national politics and different national cultural dimensions, the principle of subsidiaries and the role of the state. With respect to side effects or negative influence on ESI, the most visible one was the "market mechanism" factor. Its side effect of "stimulating inequality" was mentioned by Belgian and Dutch teams. Totally free school choice seemed to stimulate social inequality, leading to the phenomenon of "black" schools for the underprivileged and "white" schools for the privileged (e. g. in some big cities of the Netherlands) (De Jong et al., 2000). The second most prominent factor inducing a side effect was "offering schools some autonomy". Too much autonomy induced schools to ignore the national goals, standards and the requirement for ESI as seen by Portuguese, Belgian and Italian teams. Too much school or teacher autonomy has been criticized as one of the main hindrances to ESI in Belgium (Demeuse et al., 2000), Portugal (Lopes da Silva, et al., 2000) and Italy (D'Arcangeli et al., 2000). Offering additional financial support for failing schoolstended to encourage the failures to become dependent on external support. Other hindrances were insufficient time, financial and human resources support for ESI (mentioned by some of the Finnish, Greek and English case studies) although the eight countries' governments did provide financial support for SI, a lack of culture (or evaluation culture) in support of ESI (mentioned by some of the case studies of Belgium, Italy, Finland, Portugal), a lack of accountability (except UK), and an ineffective national monitoring, evaluation, feedback and reinforcement system (MEFR). As to the unification of the three dimensions - goals, pressure and support - it appeared that problems arose in reaching a balance between pressure and support-in some cases, strong national pressure is exerted with insufficient financial support (the UK), whereas in other cases, a lack of pressure-especially in terms of accountability-goes hand in hand with intensive support - especially in terms of extensive autonomy (Portugal, Italy, Belgium).

Some common traits across the eight European countries have been found. Our study reveals that a lack of "school accountability" was a common trait across the eight European countries except the UK (in the Netherlands there was an increasing tendency toward school accountability). Up to the year 2003 when this research was done, school accountability had not yet become a major concern in Belgium, Finland, Greece, Italy, Portugal and Spain. When we compare SI programs in these six European countries with the SI programs in the UK, a more lucid picture emerges. Those six countries were more or less influenced by the other eight or nine contextual level factors, except the "school accountability" factor and its complement-a strict national MEFR system. In contrast, only the English case studies revealed the increasingly strong influence and great pressure from the school accountability factor. The UK team described the 'league tables' of pupil performance that now feature regularly in both national and local newspapers. The Office for Standards in Inspection (OFSTED) process has also concentrated the minds of all practitioners on external accountability measures and success criteria. With the backing of the whole system of national testing and the MEFR system, national goal setting in terms of student outcomes in the UK has a great influence on the ten English case studies. The ten case studies clearly linked their targets on their student outcomes to those of the national government. Their priorities "are totally coherent with the national education targets: raising achievement" (Wikeley et al., 2000: 158). In England, the case studies revealed that LEAs had their targeted schools. At the school level, schools had their targeted departments and each department had its targeted points for each teacher. Teachers targeted their individual students to raise their grades. Each student had to set up his/her future targets. "Individuals have their own development plan, which integrate with departmental and school planning" (ibid: 97). The intense central MEFR strategies resulted in the timely use of the nationally available data for target setting, planning and self-evaluation by the schools, teachers and even students themselves. Therefore, it was a striking feature revealed in the ten English case studies of using data for target setting at different levels. When school improvement in the other countries is considered, remarks, such as "the virtually unobtainability of ESI programs", "external evaluation is foreign" and "even the term 'accountability' does not exist in our language", contrast with a more visible and intense rate of school improvement in the UK. It seems that the factors "national goal-setting in terms of student outcomes," "strong central steering and empowering ESI", "school accountability", "offering school some autonomy" and "the local support" have played a major role for the soar of school improvement in England.

The 31 case studies show that when schools are confronted with new laws (e. g. accountability) or new standards that they are supposed to meet, accompanied by effective pressure from a coherent external MEFR system, they are motivated or they are pushed to live up to the new standards. As the teachers in the English case studies declared: "the comparative performance tables and other benchmarking data, especially that which begins to compare 'similar' schools challenge us, they cannot be ignored… These kinds of data could be used as effective tools to convince school staff members of the need for change" (Wikeley et al., 2000: 166).

Finding 2. Offering schools autonomy in teacher recruitment/dismissal being crucially important for ESI

An interesting finding from the case studies is that the impact of school autonomy in hiring or firing teachers is crucially important for ESI. The Greek ESI team pointed out "The teachers' employment in the Public Schools formulates a climate not conducive to the improvement of teaching practice or the creation of a shared vision". Among the eight European countries, in the public sector, only schools in England and in the Netherlands have the completely decision-making autonomy to recruit or to dismiss teachers. The remaining six countries, particularly the four Southern European countries, public schools had no such completely decision-making autonomy in hiring or firing teachers. According to the case studies, the additional information we obtained (OECD, 1997, 1998) and interviews with teachers and students from the four southern European countries, we found that Greece, Italy, Portugal and Spain have a very strong tradition of centrally (or Autonomous Community) recruiting and placing school teachers. Teachers were considered to be public servants so they were centrally or intermediately recruited and placed on tenure positions according to lists or certain quota which were compiled and maintained by the MoE. In Greece and Italy, recruitment examinations for new teachers are held at the national level, including written exams and interviews (in Italy). The successful candidates often have to wait for years before obtaining a teaching position. For example, in Greece, the time spent waiting for a placement was often as long as 10 years (OECD, 1997: 37) because of limited positions and large numbers of candidates, competition was strong. In Spain, "teachers are civil servants and must pass a selection process consisting of a scoring of merits and a competitive examination organized by the autonomic administration but regulated by the state … In some schools most of the teaching staff is in an unstable situation which prevents the implementation and institutionalization of improvement initiatives" (Muñoz-Repiso et al., 2000: 382-383). "In Portugal, there is no national exam for selecting teachers for the public schools and what counts are the final marks obtained in teachers' training schools or universities … Generally speaking, public schools have no autonomy to recruit teachers or to dismiss them." (Lopes da Silva, 2002). In these countries, the newly recruited teachers are placed by the central government first in "disadvantaged" schools. After some years of teaching, teachers can be transferred by the central government to more "privileged" schools (in big cities or near their homes).

Such an employment system has its advantages (quality control for the teachers at the entrance and fair competition), however, its disadvantages overshadow its advantages. Firstly, public schools have no authority and no supervisory control over teachers because schools can neither hire nor fire them. The MoE or the intermediate government decides the transfer of teachers from one school to another. "In Greece, the personnel is allocated by the MoE and the public school has no autonomy to fire or hire teachers" (Kontogiannopoulou-Polydorides and Papadiamantaki, 2001: 53-54). When schools have no power to hire/fire teachers or to supervise them, as soon as teachers have been recruited by the government, they can do whatever they want as long as they do not violate the law. That was why in Portugal the case studies state that "teachers are aware that at the school level all the facilities needed for the development of all syllabus suggestions has been provided, but they felt totally free to use them or not" (Lopes da Silva et al., 2000: 362). "Teachers are not really accountable or controlled either at school level or at department level" (Lopes da Silva & Gois, 2001: 108).

Secondly, our earlier review emphasized the importance of the mechanisms of evaluation, feedback and reinforcement in changing behavior. The findings of the SE research consistently demonstrate that frequent evaluations and feedback are associated with high achievement (Teddlie, 2000; Creemers, 2002; Sun & De Jong, 2001). If teachers are totally free and school leaders have neither influence nor authority over them, it is impossible to implement any reforms, innovations or school improvement programs. In addition, ESI needs cooperation, classroom observation, school accountability and teacher responsibility. If schools had no autonomy in recruiting and promoting teachers and staff, schools would have neither authority nor the capacity to engage them in ESI programs, nor the opportunity to raise the quality of their teaching, nor to change their undesirable behavior.

Thirdly, the situation described in Greek case studies is "the teacher employment status of few hours per week is coupled by (fairly) low wages clearly hinders ESI" and "teachers remain at the school mostly during their teaching hours does not allow them to develop a spirit of collaboration" (Kontogiannopoulou-Polydorides et al., 2001: 245). In Spain, "with respect to the way staff are recruited, teacher instability can be considered negative for improvement processes. This is an endemic problem of the public schools in Spain, because the delay in awarding permanent posts makes it possible that up to 50% of the staff in a school change each year. This makes their commitment to a school educational project very difficult." (Muñoz-Repiso et al., 2000: 436). In Portugal, staff instability is often mentioned as a serious obstacle to school improvement. This instability is a consequence of central placement of teachers (Lopes da Silva & Gois, 2001: 114). Improving student outcomes requires time, motivation and devotion of both the teachers and students. According to the Greek ESI team, "if improvement programs are to function effectively teachers need to spend more time in schools. Therefore their terms of employment should be changed. This means that they need to remain on the premises longer and should not be transferred frequently from school to school, so that they can have the time and the interest to develop shared vision and goals".

Fourthly, viewed from another angle, the English case studies have shown the importance of school autonomy in hiring or firing teachers. Schools in England had decision-making autonomy in recruiting teaching staff (European Commission, 2000) and in some English schools even students were invited to participate in the selection panel for recruiting new teachers. This was particularly mentioned in the 9th English case study: "In terms of human resource deployment, teachers commented on the supportive nature of the staff, and on the success of the head teacher in her selection of new staff that were described as 'intelligent people', and as 'highly qualified'… The students also felt that they were being taken more seriously since there were now students on the interviewing team for new teachers" (Wikeley et al., 2000: 148). On the other hand, in several English case studies, teachers who did not want to embrace the new direction had to leave the schools. These personnel strategies have effectively contributed to the success of the SI programs in England. Based on the above arguments, we conclude that autonomy in hiring or firing teachers, in teachers' placement and promotions, in reinforcement for teaching performance should be offered to schools. A lack of school decision-making in how teachers should be employed/dismissed, evaluated and rewarded was one of the major negative contextual factors which resulted in "an endemic problem" (Spanish term) and yielded too much teacher autonomy which became an obstacle for ESI in these countries.

Finding 3. ESI requiring strong and "empowered" school leadership

Here, the word "empowered" means to give the power or authority to the schools, particularly to the school leadership, in personnel (in hiring, firing and promoting teachers and school staff members), in time and financial management, in spiritual and human resource support and in school improvement ownership. Such "empowered" school leadership was best reflected in English case studies. The school leadership in England was given not only the power of school finance management, the ownership of ESI but also the personnel power to hire, fire, supervise, promote teachers and school staff members. The success of English ESI programs reveals that ESI requires change forces (external and internal) and strong power to steer and empower schools for change. Within a school a school principal is the most crucial internal driving force for ESI. Among the 10 English school principals, eight of them had come from other schools and had been appointed a few years before the case studies were conducted. "The arrival of the headteacher was acknowledged as the main catalyst for change in the school", as a "turning point" or a "significant key factor" for the school improvement process as is stated in the English case studies. "In all the schools the headteacher was seen to be the key instigator of change. How the role was played out varied however, though in no school had other members of staff been the main instigator" (Wikeley et al., 2000: 175). The perception of the role and dominance of the principal as the internal change agent was also influential in creating a school culture that was conducive to sustaining improvement. Where they were adept at including and empowering other members of staff continued improvement looked more likely (ibid). One of the crucial differences is that principals in England have much more power, particularly the power to recruit/dismiss, evaluate and promote teachers. ESI needs strong driving forces including firm and "empowered" school leadership.

Contrary to the "superstar" headteacher/principal appointment system in England the school principal in Spain is one of the school teachers, elected by the School Council which is composed of representatives of teachers, parents and, in secondary schools, students for a four-year period (Muñoz-Repiso et al., 2000). In Portugal, "until very recently school leaders were elected only by teachers" (Lopes da Silva et al., 2000: 376). On one hand, the headmaster is an accepted leader in the school who knows what works and what the problems are. On the other hand, "coming from the general school population, after four years, he/she may return to them, he/she may not be tough enough or possess the necessary power to develop change processes" (Muñoz-Repiso et al., 2000: 435). In addition, colleagial cultures are averse to strong, charismatic leaders seeking to transform schools (Hargreaves, 1995: 41). As one of the results of unempowered school leadership in personnel, "the influence of school leaders in the classroom process in Portugal is limited by heavy resistance from teachers who are used to be totally free in their classroom. The procedures in use for teachers' placement, teachers' advancement in their career or other rewards for teaching performance do not facilitate the role of school leaders in these matters" (Lopes da Silva et al., 2000: 376).

Comparing the two different systems of principal selection and empowerment, we raise a question: for struggling and failing schools, will the principal-election system be effective? According to Barber (1998) and Stoll and Fink (1996: 111-117), struggling schools recognize that they are ineffective and change is necessary. They have the will to change but not the skill. They need external change force to assist them. This is coherent with Lewin's theory that if the internal driving forces are weak, external driving forces are essential. For sinking schools, they are not only ineffective but also getting worse. The staff members in such schools are not prepared or able to initiate changes alone. Such schools need dramatic action, significant external support or intervention and managed revolution through outsiders, for example, a new principal with new values is hired (e. g. "superstar principals" in the UK). Even the most dynamic principal will need help from governors or school councils, school district or whatever other partners can contribute. A sinking school requires strong and rigorous intervention. Truly desperate failing schools may require dramatic interventions such as an outside takeover or school closure as has been proposed in Britain. In short, ESI requires strong and empowered school leadership which is one of the outcomes of the contextual level factor "strong central steering and empowering ESI".

Finding 4. ESI requiring functional (de)centralization

The findings of this research have challenged the predominant belief that centralization and decentralization are the decisive factors for ESI. Our findings argue that to rank centralization and decentralization as the decisive factor for ESI at the national contextual level is too simple and superficial. First, it is impossible for a country to be regarded as totally centralized without any decentralization at all or vice versa. For example, Greece is widely regarded as a highly centralized country. However, its case studies uncovered that there was no national inspection, no regular national testing (one examination at the end of secondary schooling) and a lack of control and monitoring system. School level is extremely weak. In public schools it is very difficult to develop the sense of a school community because the school has no authority and no supervisory control over teachers , teachers can practice freely both in schools and in the classroom as long as the School Council and the community do not make an issue of it (Kontogiannopoulou-Polydorides & Papdiamantaki., 2001). Such descriptions remind us what the OECD (1998) declares: teacher autonomy exists worldwide no matter how centralized the country!

Second, if decentralization were the key to ESI, within these eight European countries, Belgium, as the most decentralized educational system should display the most effective school improvement. On the contrary, its case studies revealed the reverse. According to the authors of the Belgian case studies, "neither standardized national testing nor unified regional testing was applied to schools at any levels. The evaluation instruments proposed by the French Community were not obligatory. It was extremely difficult to find ESI programs. School quality varies tremendously" (Demeuse et al., 2000: 42). The decentralization typical of the system in Belgium shows clearly that decentralization is definitely not the decisive factor for ESI. On the contrary, too much autonomy becomes an obstacle to ESI.

Third, if decentralization were the decisive factor the implication would be that there would be no effective school improvement at all in a centralized system. In the history of education, school innovations and school improvement do occur in countries with different educational systems, either centralized or decentralized. This was the case in Europe and in other highly centralized countries and areas as well (Japan, China, Hong Kong, Singapore, etc.). This further confirms that centralization or decentralization is not the decisive factor for ESI. It depends more upon what should be centralized and what should be decentralized according to a nation's context. To be more precisely, ESI requires functional centralization or functional decentralization. The 31 case studies and our literature review argue that the educational goals, objectives, policies, time, standards or benchmarks for national examinations or national evaluations, setting curriculum frameworks and credentialing, a strict MEFR system for implementation, allocating resources in an equitable way should be established at the national level and be centrally controlled. However, the means for achieving the goals (how, when, and in what way to teach, that is the autonomy in the domain of instruction), the decision-making power in personnel (to recruit or dismiss teachers and staff members), the school administration, management, resource areas, autonomy in choosing external agents and so on should be in the hands of the schools.

## Implications for Policy and Practice

We believe that the following implications of the research are worthy of mention.

1. Using goal-pressure-support model and the ten contextual factors as ESI strategies

Our findings indicate that education is intensively guided and shaped at the national level. At this level, the goal-pressure-support model and the ten factors can be used as effective strategies for ESI. Clear and prescriptive national goals are important due to their two-fold function: informing schools of the achievement of their students on the one hand and as important benchmarks for the comparison and evaluation of the overall educational system on the other. However, clear and prescriptive national goals can only be achieved if they are complemented by a strong backing up system with effective pressure and empowering support (Sun, 2003a; Sun et al., 2003). Effective pressure may include strong central steering and empowering ESI, external evaluations with national or international benchmarks, especially the national standardized subject-stratified examinations and external grading of the test results, publishing student outcome data (added-value comparison), timely reinforcement, using free school choice and the National Inspections, strictly applying accountability at different levels and, eventually, central intervention in failing schools. Effective support may consist of strong centrally empowering ESI, creating a "can-do" climate, raising morale and aspirations, encouraging ESI from the top, national awards for ESI heroes in the public media, providing adequate time, financial and human resource support, fully encouraging the involvement of parents and the LEAs, offering schools some autonomy (functional decentralization), particularly autonomy in decision-making in personnel, pedagogic issues, finance and management, special training for head teachers to adapt to the requirement of ESI, engendering a culture in support of ESI. In addition, professional benefits should be given to teachers who are engaged in school improvement programs. This strategy had impact on ESI as evidenced in the case studies of Greece, Portugal, Belgium and Finland.

2. Establishing a sound national MEFR system - the need for national standardized testing and National Inspection

Our study reveals that the Ministry of Education itself was not able to monitor or assess the quality of students, teachers and schools without the help of a sound national MEFR system. To give the laws "teeth" (the English expression) and "legs" (the Portuguese expression), the establishment of a sound MEFR system is essential. What about self-evaluation, then? Our research argues that although self-evaluation may have a positive influence on ESI at the school level in some countries, self-evaluation does not allow comparative assessment of the educational quality across schools in the whole country. Moreover, the weakness of school self-evaluation is that "a micro-culture of evaluation will develop in individual schools which then fall back on their own uniqueness rather than being part of a system of comparison, taking each school's particular circumstances into account" (OECD, 1998). Within the MEFR system, national (or external) standardized evaluations, feedback (e. g. League Tables) and reinforcement for student performance are an essential ingredient. Although seven out of the eight European countries have at least one National or Autonomous Community examination at the end of secondary education, our case studies reveal that the feedback from only one such examination is too distant from primary and lower secondary schooling. Effective evaluation depends on frequent, regular feedback and timely reinforcement. Evaluation and feedback within the subject-stratified testing system are more frequent and timely. In the aspect of detecting the overall quality of a school and helping schools to improve, National Inspection is strong. National standardized examinations, particularly the subject-stratified exams, provide a common language and benchmarks for the evaluation of the quality of all schools across a country. They are more comparable, transparent, subject-comprehensive and they can be used more frequently to detect student outcomes nation-wide. They can easily provide feedback to policy makers and LEAs as well as to schools, parents and students by publishing the results on the Internet or newspapers. The establishment of a sound national MEFR system requires both National Inspections and the national standardized testing.

3. Functional centralization/decentralization - offering schools the autonomy in hiring or firing teachers

Our research shows that educational goals and the MEFR system should be centrally controlled (functional centralization) while the means to achieve the goals should be in the hands of the schools (functional decentralization). Rigorous accountability accompanying functional decentralization in certain domains (see above) seems to be critical for the success of ESI, particularly in the domain of offering schools autonomy in hiring or firing teachers and school staff members. How teachers are employed, evaluated, rewarded and promoted may greatly influence ESI (evident in Portuguese, Greek, Belgian, English and Finnish case studies). As long as schools have no autonomy in personnel policy they have very limited impact on teachers who lack intrinsic motivation.

4. Strengthening the internal driving force - the school principals selection system

Change is needed to upset the balance (the status quo) between driving forces and restraining forces (Lewin, 1951; Rollinson et al., 1998). Such driving forces can be internal or external. In most cases, to change the status quo of a struggling school, external driving forces are essential. At the national level, to strengthen improvement, driving forces require strong central steering and empowerment as well as central intervention. Our case studies show that at the school level the school headteacher is the most crucial internal driving force for ESI. In struggling schools, particularly in failing schools, the internal driving forces are not strong enough to initiate changes alone, external driving forces are needed. The strategy found in the UK case studiesappointing and sending "superstar headteachers" to struggling schools or failing schoolsseems quite effective for ESI.

5. Using the goal-pressure-support strategy at the school and classroom level

Apart from the national level, the goal-pressure-support model can be applied at the local level, the school level and the classroom level as an effective ESI strategy. ESI needs the SMART (Specific, Measurable, Achievable, Realistic and Time constrained) goal-setting with effective pressure (e. g. accountability) as well as empowering support at the local contextual level, the school level and the classroom level. In the English case studies, teachers used a variety of nationally available assessment results to establish targets. In some schools, departments and teachers were given responsibility points. Their improvement plans contained measurable success criteria. The key strategy used to guarantee student success was the use of data with pupils to set targets at the group and individual level. Some Dutch schools use a similar strategy.

6. The information-sharing network

The more information that schools can acquire in terms of successful strategies, the more likely it will be that all schools show gains (shown in the case studies of England, Finland, Portugal, Spain, the Netherlands). The Greek and the Finnish case studies provided evidence to argue that there was considerable power in networking. Teachers were more motivated when cooperating with colleagues from other schools.

7. "Quick-fixes" first, before concentrating on teaching and learning

Quick fixes refer to a system of rewards and warnings (also based on the concept of "three strikes and out") to combat the immediate issues that concerned teachers and students most. Nine out of the ten English case studies show that quick fixes are necessary. Only then could schools embark on the larger issues of teaching and learning.

Conclusion

In conclusion, it should be noted that the crucial message from the ESI case studies is that the kind of strategy used by the central government of a country to spur ESI greatly depends on the nature of its visions and goals for education. There is a sense in many nations that they are falling behind and that, to become more competitive, they must ensure a highly responsive economy which calls in turn for a highly responsive system of education which equips citizens with suitable knowledge, skills, and attitudes (Caldwell, 1996:160). As stated earlier, the vision and goals of the UK governments have been consistently economic and market-orientated since the switch of policy focus under the Thatcher government. This explains why the UK central government puts such great pressure on schools through increased accountability for student outcomes and a more centralized intervention approach for failing schools while it functionally decentralizes some decision-making power to schools (in budgets management, in personnel, etc.). For many other countries the vision and goals of governments for education focus more on the happiness of the child, social justice and equality. This kind of vision and goal tends to reject notions of competition. Therefore, the strategies that spur competition are largely dismissed. The key issues are "what do you want or prefer?" and more importantly "what is the best for the development of the child, the nation and the country?" These two kinds of national goal-settings are deeply rooted in the national culture and particularly the values of each nation. Although extremely difficult to achieve, the culture of a country can be gradually changed (Sun & Jiang, 2000; Sun et al., 2003). In building up a country with freedom, democracy, equality and a strong economy, it is clear that the government has a significant role to play. In respect of improving education quality, this study has enabled us not only to find the influence of the national contextual factors on ESI across eight European countries but also to envision what the possibilities are for effective school improvement in other nations.

Before closing, we need to point out that the data in this article were collected a few years ago, and our analysis was based on these data. Things probably have changed in some of these eight countries. Moreover, we can never say that the 31 case studies were the most true representatives of ESI programs across the European continent or even of the eight countries concerned. However, they did serve as windows offering a glimpse of effective school improvement at a particular time, in particular areas and at particular schools in these eight European countries.

## References

Bagley, C., Woods, P. A., & Glatter, R. (1996). Scanning the market: School strategies for discovering parental perspectives. Educational Management and Administration, 24 (2), 125-138.

Barber, M. (1998). National strategies for educational reform: lessons from the British experience since 1988. In A. Hargreaves, A. Lieberman, M. Fullan, & D. Hopkins (Eds.). International Handbook of Educational Change (pp. 743-767). Kluwer Academic Publishers.

Bollen, R. (1996). School effectiveness and school improvement: The intellectual and policy context. In D. Reynolds, R. Bollen, B. Creemers, D. Hopkins, L. Stoll, & N. Lagerweij

(Eds. ). Making good schools: Linking school effectiveness and school improvement (pp. 1-20). London: Routledge.

Bosker, R., and Scheerens, J. (1994). Alternative models of school effectiveness put to the test. International Journal of Educational Research, 21, 159-181.

Boyd, W. (1998). Markets, choices and educational change. In A. Hargreaves, A. Lieberman, M. Fullan & D. Hopkins (Eds. ). International Handbook of Educational Change (pp. 349-374). Kluwer Academic Publishers.

Bray, M. (1994). Centralization/decentralization and privatization/ publicization: conceptual issues and the need for more research. In W. K. Cummings & A. Riddell (eds. ), Alternative Policies for the Finance, Control, and Delivery of Basic Education [pp. 817-824]. Special issue of the International Journal of Educational Research, 21(8).

Caldwell, B. J., (1996). Paradox and uncertainty in the Governance of education. In: M. Bray (ed. ) Decentralization of education (pp. 158-173). Washington, D. C: The World Bank.

Carnoy, M. & Loeb, S. (2002). Does external accountability affect student outcomes? A cross-state analysis. Education Evaluation and Policy Analysis, 24 (4), 305-332.

Creemers, B. P. M. (1994). The effective classroom. London: Cassell.

Creemers, B. P. M. (2002). From school effectiveness and school improvement to effective school improvement: Background theoretical analysis and outline of the empirical study. Educational Research and Evaluation, 8(4), 343-362.

Creemers, B. P. M. & Hoeben, W. Th. J. G. (1998). Capacity for change and adaptation of schools: the case of effective school improvement. In Hoeben, W. Th. J. G (Ed. ). Effective school improvement: State of the art (pp. 5-28). Groningen, the Netherlands: GION.

De Jong, R., Houtveen, T., Westerhof, K. (2000). Effective School Improvement: Dutch Case Studies. In R. de Jong (Ed. ). Effective school improvement programs: A description and evaluation of ESI programs in eight European countries (pp. 297-354). Groningen, The Netherlands: GION.

De Jong, R. (2001). The national conferences and the validity of the ESI model. In: B. P. M. Creemers., R. de Jong., G. Reezigt., H. C. Sun., J. Scheerens., and others. The validity of the ESI model in eight European countries (pp. 155-160). Groningen, the Netherlands: GION.

D'Arcangeli, M., Lastrucci, E., Melchiori, R., Postiglione, R. (2000). Effective school improvement: Italian school reform and case studies. In R. de Jong (Ed. ). Effective school improvement programs: A description and evaluation of ESI programs in eight European countries (pp. 262-295). Groningen, The Netherlands: GION.

Demeuse, M., Denooz, R., Zanet, F. D., Shillings, P., Petit, C., Thiry, N., Crahay, M. (2000). Effective school improvement: programs in the French-speaking Belgium community. In R. de Jong (Ed. ). Effective school improvement programs: A description and evaluation of ESI programs in eight European countries (pp. 8-44). Groningen, The Netherlands: GION.

Edmonds, R. R. (1979a). Effective schools for the urban poor. Educational Leadership, 37 (1), 15-27.

Edmonds, R. R. (1979b). A discussion of the literature and issues related to effective schooling. Cambridge, MA: Center for Urban Studies, Harvard Graduate School of Education.

Elmore, R. F., Abelmann, C. H. & Fuhrman, S. H. (1996). The new accountability in state education reform: From process to performance. In H. F. Ladd (Ed.). Holding schools accountable: Performance-based reform in education (pp. 65-98). Washington, DC: The Brookings Institution.

European Commission. (2000). Key data on education in Europe. Luxembourg: Author.

Fullan, M. (1991). The new meaning of educational change. 2nd edn. with Stiegelbauer. New York: Teachers College Press.

Fullan, M. (1993). Change forces: Probing the depths of educational reform. London: Falmer.

Fullan, M. (1999). Change Forces: The sequel. London: Falmer.

Hargreaves, D. H. (1995). School culture, school effectiveness and school improvement. School Effectiveness and School Improvement, 6(1), 23-46.

Hargreaves, A. & Fullan, M. (1998). What's worth fighting for out there? New York: Teachers College Press.

Hargreaves, D. H. (2003). From improvement to transformation. Keynote lecture at the International Congress for School Effectiveness and Improvement, Sydney, Australia, 5 Jan.

Hoeben, W. Th. J. G. (1999). A framework for the evaluation of ESI projects. The Netherlands: GION.

Hofstede, G. (1994). Cultures and organizations- software of the mind. London: Harper Collins Business.

King, Richard L. (1992). Implementing and assessing a large-scale school improvement project. In J. Bashi. & Z. Sass (Eds. ). School Effectiveness and Improvement—Proceedings of the third international congress for School Effectiveness (pp. 323-342). Jerusalem: The Magnes Press.

Kontogiannopoulou-Polydorides, G. & Papadiamantaki, Y. (2001). The validity of the ESI model in Greece. In B. P. M. Creemers, R. de Jong, G. Reezigt, H. C. Sun and others. The validity of the ESI model in eight European countries (pp. 49-76). The Netherlands: GION.

Lewin, K. (1951). Field theory in the social sciences. New York: Harper & Row.

Lezotte, L. (1989). School improvement based on the effective schools research. International Journal of Educational Research, 13(7), 815-825.

Lopes da Silva, M. I., Gois, E., Almeida, D., Faro, L., Jogo, F., Lopes, J. & Teixeira, P. (2000). Effective school improvement: Portugal case studies. In R. de Jong (Ed.). Effective school improvement programs: A description and evaluation of ESI programs in eight European countries (pp. 355-378). Groningen, The Netherlands: GION.

Lopes da Silva, M. I. & Gois, E. (2001). The debate of ESI model: Portugal country conference report. In B. P. M. Creemers, R. De Jong, G. Reezigt, H. C. Sun and others. The validity of the ESI model in eight European countries (pp. 49-76). Groningen, The Netherlands: GION.

Lopes da Silva, M. I. (2002). Email to Hechuan Sun to answer the questions.

MacBeath, J. & Mortimore, P. (2001). Improving school effectiveness. Buckingham, UK: Open University Press.

Mortimore, P. (1998). The road to improvement: Reflections on school effectiveness. Lisse: Swets & Zeitlinger.

Muñoz-Repiso, M., Murillo, F. J., Barrio, R., Brioso, M, J., Hernandez, M. L., Perez-Albo, M, J., Villa, A. & Solabarrieta, J. (2000). Effective School Improvement: Spanish case studies. In R. De Jong (Ed.). Effective school improvement programs: A description and evaluation of ESI programs in eight European countries (pp. 379-439). Groningen, The Netherlands: GION.

OECD. (1987). Quality of schooling: A clarifying report, [Restricted Secretariat Paper ED (87)13]. p. 123

OECD. (1994). School: a matter of choice. Paris: OECD/CERI.

OECD. (1998). Reviews of national policies for education - Italy. Paris: Author.

Purkey, S. C. and Smith, M. S. (1985). School reform: The district policy implications of the effective schools literature. The Elementary School Journal, 85, pp. 353-389.

Reezigt, G. J. (Ed.). (2001). A framework for effective school improvement. Groningen, The Netherlands: GION.

Reynolols, D., Greemers, B., Stringfield, S., Teddlie, C. Schaffer, G. (Eds.). (2002). World Class Schools: International perspectives on school effectiveness (pp. 276-293). London: Routledge Falmer.

Rollinson, D., Broadfield, A. & Edwards, D. J. (1998). Organizational behavior and analysis. New York: Addison Wesley Longman Inc.

Rutter, M., Maughan, B., Mortimore, P. & Ouston, J. (1979). Fifteen thousand hours: Secondary schools and their effects on children. Somerset: Open Books.

Sizer, T. R., McDonald, J. P. & Rogers, B. (1992). Standards and School Reform: Asking the basic Questions. Stanford Law and Policy Review, 4, 27-35.

Skilbeck, M. (1998). School-based curriculum development. In A. Hargreaves., A. Lieberman., M. Fullan. & D. Hopkins. (Eds.). International Handbook of Educational Change (pp. 121-144). Kluwer Academic Publishers.

Stoll, L. & Fink, D. (1996). Changing our schools: linking school effectiveness and school improvement. Buckingham, UK: Open University Press.

Stoll, L. & Wikeley, F. (1998). Issues on linking school effectiveness and school improvement. In W. Th. J. G. Hoeben (Ed.). Effective school improvement: State of the art (pp. 29-58). Groningen, The Netherlands: GION.

Sun, H. C. (1998). A summary of the first workshop discussions. In W. Th. J. G. Hoeben (Ed.). Effective school improvement: State of the art (pp. 241-251). Groningen, The Netherlands: GION.

Sun, H. C. & Jiang, K. L. (2000). A study of recent borrowings in Mandarin. American Speech (A quarterly of Linguistic Usage), 75(1), 98-106.

Sun, H. C. & De Jong, R. (2001). Secondary education, school effectiveness, and teacher development: China and Belgium in comparison. In Y. C. Cheng., K. W. Chow., K. T. Tsui (Eds.). New teacher education for the future - International perspectives (pp. 397-429). The Hong Kong Institute of Education and Kluwer Academic Publishers.

Sun, H. C. (2002). The relationship between organizational culture and its national culture: A case study. The International Journal of Human Resource Development and Management, 2(1/2), 78-96.

Sun, H. C. (2003a). National contexts and effective school improvement. The Netherlands: GION.

Sun, H. C. (2003b). Conceptual clarifications for organizational learning, learning organization and a learning organization. Human Resource Development International, 6(2), 153-166.

Sun, H. C., Vandenberghe, R. & Creemers, B. P. M. (2003). Dilemmas faced by a university President in educational reforms. International Journal of Qualitative Studies in Education, 16 (2), 233-250.

Teddlie, C and Reynolds, D. (Eds.). (2000) The International Handbook of School Effectiveness Research. London: Falmer.

Walton, J. (1999). Strategic human resource development. Englewood Cliffs, NJ: Prentice Hall.

Wikeley, F., Stoll, L. & Lodge, C. (2000). Effective school improvement: The English Case Studies. In: R. de Jong. (Ed.). Effective School Improvement programs: A description and evaluation of ESI programs in eight European Countries (pp. 45-177). Groningen, The Netherlands: GION.

Wikeley, F., Stoll, L., Murillo, J., & De Jong, R., (2005). Evaluating effective school improvement: Case studies of programmes in eight European countries and their contribution to the effective school improvement model. School Effectiveness and School Improvement, 16, pp. 387-405.

# Educational Inspectorate Systems in Comparison

Hechuan Sun　Dan Zheng　Xiaoyan Ma

**Abstract**: From three different dimensions, the educational inspectorate systems in China and in the Netherlands will be compared. First, the historical development of the educational inspectorate systems in these two countries will be briefly introduced. Afterwards, their latest development, including their roles, responsibilities, functions, the methods used by the educational inspectors in China and in the Netherlands will be described. Finally, the implications of this study for policy-makers, inspectors, educators and practitioners will be discussed.

**Key words**: educational quality, inspectorate system, comparative study

## Introduction

The effective educational inspectorate system (EIS) is not only a powerful means to inspect and control the educational quality for the governments at different levels but also a powerful means to inform the educational practitioners at different types of schools what should be improved in their teaching and in their students' learning. With the fast development of our modern society, the role of the EIS becomes more and more important. This study attempts to compare the EIS in China and in the Netherlands from three dimensions. First, the historical development of the educational inspectorate systems in these two countries will be briefly introduced. Second, their latest development, including their roles, responsibilities, functions, the methods used will be described. Third, the implications of this study for researchers, policy-makers, inspectors, administrators and practitioners will be discussed.

1. The Historical Development of the EIS in the Netherlands and in China

According to Bruggen (1998), the Dutch EIS was founded in 1801, not by Napoleon, but by a Dutch Republican Government, that was strongly influenced by the then current thinking in Paris about central regulations for education. In the first educational law, in the ensuing regulations and in practice, inspectors were seen as wise men with a broad knowledge on schools, children and education; with a natural authority and with tasks regarding stimulating local authorities and teachers to provide education for all children and to ensure - by supervising and monitoring - that education was in good quality. Therefore, the educational inspectorate organizations (EIOs) focused on providing the equal financial treatment for both public and private schools with the influence of "the pacification of 1917" and the perfection of the schools legislative work. The inspectorate for primary and secondary education developed rather quickly in the years between 1920 and 1940, and also had important tasks regarding the negotiation with local and/or central authorities about new schools for the free associations and about the permission they needed for building schools, buying furniture, textbooks and other materials, and hiring teachers. During the period of 1940s to 1970s, the EI responsibilities were to encourage, suggest and to make sure that the school education system was consistent with the national system. In 1969, "Compulsory Educational Act" was carried out in the Netherlands, emphasizing that all the 5-years old children must accept 12-year fulltime education. This resulted in a series of changes: the range of EI and evaluation became larger and larger since 1970s; the aims, contents and strategies of the EIS became more general; the Curriculum creation and the school innovation had to based on the new legislation and policies; a series of evaluation programs at the national level were implemented. The EIS then focused on deregulation, decentralization and autonomy for schools. In short, educational quality was its main focus in the 1980s. The system of integral school inspection was formed step by step since 1990s. According to the Dutch Inspectorate of Education (2009), during the past years two trends can be distinguished in the field of education in the Netherlands. On the one hand there is a growing demand for insight into educational standards and performance; on the other hand there is a trend towards reducing national regulations and strengthening the responsibility of educational institutions for their own policy and practice. The new legal basis for the Inspectorate of Education recognizes these developments: the Act on the Inspectorate of Education (Dutch acronym: WOT) that became effective since September 2002. This act becomes the legislative base when the quality of school is evaluated independently and professionally.

According to Liu (2004), China has a long history in "inspecting schools". Some inspecting activities in ancient China were recorded, for example, in the Era of Warring States; the top governors would supervise the schools at a regular time in summer every year. With the development of the modern school system, the professional EIS was set up (Zhong & Chen, 2001). Since the Ministry of Education founded at the end of Qing Dynasty, the ideas of establishing the EIOs and identifying their responsibilities were suggested (Shu, 1961). In 1909, the Rules of Supervising School was made, which meant EIS was born in China. From 1930s the Ministry of Education at that time made several acts and rules of "inspecting schools", which contributed to form the inspectorate organizations from top to bottom (Huang & Wang, 1990). After 1949, the independent inspectorate activities can be carried out more frequently and inspection experiences were gained, which encouraged the educational executive improvement and school improvement. From the end of 1950s to middle of the 1970s, because of political reasons, the EIS was interrupt and stopped. Since 1976, it has been recovered by the Ministry of Education (MoE). The year 1986 is another landmark for EIS in China due to a special meeting was held by the National Education Committee (the then MoE). The meeting pointed out that it was necessary to establish the junior and senior EIS in the educational executive departments. The professional inspectorate organizations that had more autonomy were proposed. In fact, the four level governmental EIS was established all over China.

2. The Roles of the EI in the Netherlands and in China

The Inspectorate of Education monitors the quality of education in the Netherlands. All institutions in primary, secondary and special education, as well as in vocational and adult education are regularly visited and evaluated. The inspectorate has exactly the same remit for schools with a public and schools with a private board. Since 2003 the quality of higher education is accredited by the Dutch Accreditation Organization (Dutch acronym: NAO). The inspectorate monitors the NAO and the system of higher education as a whole (http://onderwijsinspectie.nl/english). The Dutch EIS played several roles: to ensure compliance with statutory regulations; to evaluate and improve the educational quality; to provide valuable information for the MoE (Liu, 2006). The main duties of the EI are to monitor and to encourage schools to work well in order to provide good educational quality. Another role of the EI is to provide the stakeholders with the reliable information about the inspected schools and training organizations. The Dutch EIs wrote inspection reports about each school they inspected and the reports published in media national wide. This did bring schools some pressures in enhancing their quality and in improving their schools. To a certain degree, the promulgated EI's evaluation reports helped to narrow the quality gap between schools, in addition, to inform the parents about their children's learning and to inform the taxpayers about schools' effectiveness in the whole country, furthermore, to help ineffective schools or teachers to improve their quality. The process of the EI includes several steps, including inspection preparation (they have to inform the schools several weeks before when they would come to inspect), school-visit inspection, evaluation-feedback (including suggestions or warnings), report-publications, etc.

The roles of the EIOs in China are more or less similar to the Dutch one, including inspection, evaluation, guidance and feedback. However, the great differences are the Chinese EI focused on monitoring the educational departments at lower levels to see if the policies, laws, rules and regulations had been carried out or achieved, whether the financial resources allocated were used properly by lower governments and schools. They seldom visited classrooms and inspected classroom teaching. To a certain degree, according to Guo (2000), "inspection is the nucleus role of the Chinese EIOs and they were like the law enforcement agencies". For example, in 1993, the main tasks for the Chinese EIOs were to inspect and evaluate "the 2-basics"; "one basic" was the popularizing 9-year compulsory education. Another "basic" was to wipe out the illiterates among the young and middle-aged people all over China. Such activities helped the governments at different levels to make the right decisions and to use more effective strategies. Although the aim of the EIS in both countries is to enhance the quality of education, however, the roles of the EI in China focused more on inspecting the implementation of the policies. As far as the school level is concerned, "the EIs more focused on the school management, finance, equipment and the extent of implementing the education policies. In other words, they emphasize on the executive contents, ignoring the teaching and learning at the classroom level" (Li, 2004). Comparing the inspectorate details at the school level in the Netherlands, the EIS in China is still affected by the executive authority with the strong color of "official authority" instead of "the academic authority" that was the Dutch EIS' main trend.

**Table 1: A Comparison of the EI Roles in China and the Netherlands**

| | China | The Netherlands |
|---|---|---|
| The roles of the EI | 1. To inspect to what extent that the educational policies being carried out by the lower governments;<br>2. To inspect to what extent that the financial resources being used in a properly way;<br>3. To evaluate the inspected schools' management and administration;<br>4. To evaluate the schools' buildings and to see whether dangerous buildings existed;<br>5. To give the lower governments' improvement advice;<br>6. To write the inspection reports. | 1. To inform the schools the inspection date and to read the school self-evaluated report;<br>2. To evaluate the students' outcomes or achievements of each school;<br>3. To evaluate the teaching and learning process at the classroom level;<br>4. To evaluate the inspected schools' management and administration;<br>5. To give schools' improvement advice;<br>6. To write the inspection reports based on discussion with the inspected schools;<br>7. To make the inspection reports publicly known. |

3. The Educational Inspectorate Organizations (EIOs) in the Netherlands and in China

In the Netherlands, Inspectors have been inspecting schools for more than 200 years. These visits are conducted from seven offices spread throughout the country. The head office is located in Utrecht. The management of the inspectorate, comprising the senior chief inspector, three chief inspectors and the director of operations, is also housed there. Its aim is to coordinate and communicate among inspectors and colleagues. To some extent, the EIOs in the Netherlands are the professional organizations in which the operational measurement is adopted by the professional inspectors to monitor the quality of education. The central office is responsible for public relationship, finance, personnel matter and ICT service. There are many co-operating inspectors who are responsible for the inspectorate projects and editing the reports for the organizations. Although the number of schools they take charge of is limited, the inspectors must keep the connection with the day-to-day education practice. The EIOs are not under the administration of the MoE in Holland. They have a great deal of autonomy. According to the Inspectorate of Education (2009) in the Netherlands, the inspectorate makes all its reports, including those on individual schools, accessible to the public in print and by posting them on the website. Parents and students can, for example, compare reports for the purpose of making a choice between schools or courses. The site also includes thematic reports on different educational topics. Each year the Netherlands Inspectorate of Education publishes the Education Report. A report about the state of education in the Netherlands. The striking feature of such reports is its transparency.

According to the information on the website of the MoE in China, the EIOs are divided into 4 levels: the national level, the provincial level, the municipal level and the county level. At the national level is the National EI Department which is responsible for guiding, supervising and evaluating to what extent the educational policies and guidelines have been implemented by the lower governments. It formulates the EI regulations and rules for the EIOs. However, it is directly under the leadership of the MoE in China. It has much less autonomy and influence than the Dutch EIO. At the provincial level, the EIO's main duties are to inspect, evaluate and guide the EI work of each municipal or big city as well as to train the inspectors at a lower level. The EIOs at the municipal or the county levels are directly under the leadership of the Departments of Education at the same level. Their duties are to inspect, evaluate and guide the teaching and the education executive work at schools (Tao, 2004).

**Table 2: The Comparison of the Organizations of EI in China and the Netherlands**

| | China | The Netherlands |
|---|---|---|
| The EIOs at different levels | 1. Educational Inspectorate Department at the national level;<br>2. Educational Inspectorate Department at the provincial level;<br>3. Educational Inspectorate Department at the municipal/big city level;<br>4. Educational Inspectorate Department at the county/district level. | 1. The Inspectorate of Education (IoE) at the national level;<br>2. The Dutch Accreditation Organization (NAO, in charge of inspecting higher education under the monitor of the IoE);<br>3. 7 EI Offices located at 7 different district areas. |
| The number of the inspectors | 1. 99 National Inspectors;<br>2. 21 national EI experts (since 2007);<br>3. Until 2005, 46245 inspectors in total, among them, 19984 are full-time inspectors;<br>4. 26261 are part-time inspectors. | 1. 1 senior chief inspector;<br>2. 3 Chief Inspectors;<br>3. the director of operations;<br>4. About 550 employees of which 250 are inspectors. |

Notes: the data in China were based on the information published by the Chinese MoE on

June 15, 2005. http://www.moe.edu.cn/edoas/website18/29/info11729.htm. The data in the Netherlands were based on the information published by the Dutch Inspectorate of Education in 2009 http://onderwijsinspectie.nl/english.

4. The standards of selecting and appointing inspectors in China and the Netherlands

The Personnel Department of the MoE has published some professional documents about selecting and appointing inspectors in the Netherlands. Educational knowledge is the basic knowledge of inspectors, in addition, social interaction and communication skills are also essential for inspectors. The educational background, professional ethics and moral standards, personal self-awareness, stimulate motivation, effort are all the main characters of the inspectors. Therefore, the qualification system of the Dutch inspectors consists of three parts: the professional knowledge, the social interactive skills and the authority. In the past, the selection and appointment of Dutch inspectors, must consider the length of their educational service and the leadership experiences. Professional knowledge was particularly emphasized, it meant that only the men in older age and long experiences could be appointed as the inspectors. Nowadays, with more young people have joined in the rank, those two conditions seem not so important, but the social interactive ability has been particularly emphasized, the selection of inspectors must pay attention to the flexibility and richness of professional knowledge. Here, it is worth mentioning that the appearance of the provisional inspectors. They generally work for a two-year period, mainly based on their own professional knowledge and ethics training, in order to meet the needs that EI combine with school development more closely. On one hand, these inspectors can provide a modern vision for the development of education; on the other hand, they also can share the valuable experiences for school quality management (Liu, 2006).

In China, the educational inspectors including three types: the full-time inspectors, part-time inspectors and EI working staff. According to "Comments on Strengthening the Organizations of Educational Inspectorate" issued by the State Educational Commission on May 29, 1996, the standards for inspectors are as following (Lou & Shi, 2004):

Comply the Party's basic rules, and be enthusiastic to the socialist education;

Familiar with the country's educational laws, regulations, rules, principles and policies;

With a bachelor degree (the county's inspectors may lower than this) or equivalent, more than seven years' working experiences, familiar with education, having writing skills and with the independently working ability.

Comply laws and principles, fair-minded, be justice.

Be healthy.

5. The Training of the Inspectors

The professional development and training activities are important factors to promote the formation of a new EIS. The inspectorate training system established in Dutch inspectorate system, providing all the inspectors a professional-oriented development and learning environment. It aims to make the training contents reasonable, to improve the knowledge, skills and authorities of inspectors, including the following four aspects: the latest development in education and its related policies, the latest development of the relationship between inspectors' attitude and quality assurance, the latest inspectorate methods and communication skills (Liu, 2006). It is worth to mention that the Netherlands has established a moving mechanism to provide career development opportunities for unsuitable.

In China, the full-time inspectors have to take some professional courses before they performance their duties. The training of provincial and municipal inspectors is organized by the MoE; while the training of inspectors from counties or cities is organized by each provincial or municipal EI department. Even the full-time inspectors were arranged to take part in the training regularly to improve their professional skills. The EI department shoulders the responsibilities in formulating the training programs, selecting the materials, providing funds for training and improving the training quality (Shen, 1996).

6. The inspectorate approaches used by EIOs in China and the Netherlands

Netherlands

a. Problem-analysis

Depending on the situation at each individual school, the Dutch inspectorate bases their supervision on problem-analysis. From earlier inspections, they now have information from and about schools. They have recorded such information in a quality profile which is included in their electronic school dossier. Based on this, they determine the types and the frequency of their supervision. On the basis of up-to-date data, they regularly analyze whether there are new problems related to the quality of education. If such a problem-analysis shows that their supervision arrangement is no longer adequate, they adjust the arrangement and, if necessary, visit a school earlier than anticipated.

b. Questionnaire distribution

It is very important that the information is correct and up to date-both because of its importance for supervision and because of its public nature. The school dossier is therefore constantly updated. In order to determine the most suitable type of supervision for each school and to customize it, each year the Dutch inspectorate sends schools an electronic questionnaire. To lighten the burden for the schools as much as possible, after filling in the initial questionnaire the schools only have to update that data in the following year.

c. School self-evaluation

The Inspectorate must base its inspection on the results of the quality assessment by the school. This primarily involves the results of the self-evaluation carried out by the school itself. To this self-evaluation the Dutch inspectorate can then add results from external assessments, such as interview and inspection reports. The results of self-evaluation include the school's conclusions as well as the data underlying those conclusions. The more relevant data a school provided, the less intensive EI would be.

d. The annual inspection

There are two types of annual inspection; one is to visit the school and to discuss the school improvement and its environment with the school. Another is school-data-collection, for instance, EIO distributing questionnaires and evaluating the feedback.

e. The 4-year periodical quality inspection (PQI)

In the Netherlands, schools, at least every four years, will be inspected and evaluated by the EIOs according to the PQI assessment framework. The nature of the PQI further inspection depends on the problems that were identified.

f. The quality improvement inspection (QII)

The Dutch EI requests the competent authority of the school to send an administrative reaction to the situation that was identified for improvement. Such a school is given maximum two years to raise the quality to an acceptable level, after which a QII will be conducted.

g. The incidental inspection

The Dutch inspectorate can conduct an incidental inspection as a result of complaints of a serious nature, signals from "whistle-blowers", requests from the Minister, or reports in the media. If the complaints, reports, requests and questions relate to the quality of education, they will generally use the data in the electronic school dossier to conduct an inspection in the short term.

h. The further inspection

If a PQI leads EIs to suspect a quality deficiency, they will carry out a further inspection. The nature of this further inspection depends on the problems that were identified, and the inspection can range from an interview with the school board and to a vigorous expansion and extension of the inspection.

China

a. The comprehensive inspection

Comprehensive inspection refers to that EIs supervise overall educational works at the lower governments, educational department and schools. The EIO implements supervision, inspection, evaluation and guidance. It was characterized by a wide range of inspectorate contents or indicators. However, most of the indicators are not for assessing teacher's teaching and student learning.

b. The specific inspection

The specific inspection means that EI carries out a specific inspection which focuses on specific aspect of problems, such as moral education, school management, school finance, teachers' in-service training and so on. This approach focuses on one specific problem, aiming to solve it more quickly.

c. The periodical quality inspection

Every two or three years, all schools will have to have a periodical quality inspection which will be carried by the EIOs on the basis of the EI assessment framework.

d. The incidental inspection

The incidental inspection lasts one or two days, it conducts under the incidental needs of the governments or schools. It may solve problems more promptly.

(Lou & Shi, 2004).

**Table 3: The Comparison of the Methods used by EIs in China and the Netherlands**

| | Netherlands | China |
|---|---|---|
| The approaches used by EIs | 1. Problem-analysis;<br>2. Questionnaire distribution;<br>3. School self-evaluation;<br>4. The annual inspection;<br>5. The 4-year periodical quality inspection (PQI);<br>6. The quality improvement inspection (QII);<br>7. The incidental inspection;<br>8. The further inspection. | 1. The comprehensive inspection;<br>2. The specialized inspection;<br>3. The periodical quality inspection;<br>4. The incidental inspection. |

7. Discussion

Through the above comparison, we may find that the Dutch inspectorate system has more than 200 years' history, with rich EI experiences and a fairly sound inspectorate system. The below four points are what China can learn from them:

First, the EIOs in China are rather dependent on the MoE because they belong toone of the departments directly under the leadership and administrated by the MoE at different levels. Such a strong dependence results in that the EIOs in China cannot make meaningful inspection and solutions without the permission from the MoE at different levels. In addition, they cannot supervise or monitor their peers' or colleagues' work when working for the same organization under the same "roof".

Second, in the Netherlands, the EI regulations are legalized. There are clear legal requirements that the EIOs can co-operate with and get support from other organizations. This is a strong empowerment for EIOs. For Chinese EIOs, the lack of this empowerment is the great problem and status queue. Therefore, they have much less autonomy than the Dutch EIs. Their voices are much weaker than the Dutch EIs too. They have less power and autonomy as well.

Third, it was since 1980s the focus of the Chinese EIOs has been "supervising administration" at lower governmental levels. Such a focus was needed at that time. However, with the promulgation and implementation of the new laws for compulsory education, the educational "quantity problem" has been solved in China. The educational "quality problem" is rising. As the fast development of Chinese economics and society, the educational "focus-shift" becomes inevitable. To enhance the quality of education, effective teaching and effective learning are the key. Thus supervising teaching and learning quality becomes a must and a new focus. In this aspect, the Dutch EIOs have gained rich experience. For Chinese EIOs, it is better to combine the two tasks into one and gradually shift from "supervising administration" to "supervising teaching and learning quality".

Fourth, it is important to reform the EI organizations and to make their roles and functions clear. With the change of educational inspectorate functions, it is necessary to establish a compatible EIS. The roles and tasks of each EI level should be clarified. The EIOs should fully play their role. It is important not to treat EIOs as the place to resettle officials who are at the last years before their retirement.

Fifth, to change the situation that most inspectors were from educational administration department or designated by it. Implementing both the appointment system and the recruitment system for inspectors at different positions is necessary. The National Chief Inspector and vice chief inspectors and the head of the provincial EIs can use the appointment system. For other inspectors, recruitment system should be implemented.

Sixth, some approaches used by the Dutch EIs, such as "the school self-evaluation", "the quality improvement inspection" and "the further inspection", should be taken into considerations by the Chinese EIS. For those under-performed schools, the long periodical inspection is not enough. The quality improvement inspection and the further inspection should be followed so as to give those schools real help, pressure and support!

## References

[1] Bruggen, J. C. van (1998). The Netherlands Inspectorate of Education: Old but Young. Presentation for the 1st National Conference of the Educational Inspectorate of Portugal, Coimbra.

[2] Shu, X. C. (1961). The Data about Modern Chinese Educational History (the 1st version). China: People's Education Press.

[3] Huang, C. M. and Wang, J. M. (1990). A Brief Study of the Educational Inspection. Jinan: Shandong Education Press.

[4] Guo, D. X. (2000). A Comparative Study on Educational Inspectorate System of China, Japan and America. Journal of North-West Normal University (Social Sciences Edition).

[5] Li, D. L. (2004). Reflection on Educational Inspectorate System in our Country. Contemporary Educational Science, 16(11).

[6] Liu, P. (2006). The Development and Enlighten of the Educational Inspectorate's Responsibilities in Netherlands. Education of the Primary and Middle school Abroad.

[7] Lou, C. W. & Shi, W. B. (2004). Educational Economics and Administration. Beijing: Chinese People's University Press.

[8] Shen, W. L. (1996). A Brief Study of the Educational Inspectorate. Dalian: Liaoning Normal University Press.

[9] State Educational Committee. (1996). Comments on Strengthening the Build of Educational Inspectorate.

[10] Tao, X. W. (2004). Comparative Study of Sino-French Educational Supervising System. Journal of Shenyang Normal University Social Sciences Edition.

[11] The Dutch Inspectorate of Education. (2009)[EB/OL]. http://onderwijsinspectie. nl/englishhttp://onderwijsinspectie. nl/english

# Comparative Study of Educational Inspection System in the United Kingdom, France and China

Xiaolin Yang　Hechuan Sun　Chengyan Shi

**Abstract**: Educational inspection is a fundamental mode which implements scientific administration to education in the modern world. In addition, educational inspectorate system has become an essential part in modern educational administration. Given the importance of the inspectorate system in education, this paper tries to compare the four different aspects of the national inspectorate systems in the U. K., France and China. It consists of three parts: (a). the historical development of the educational inspectorate systems in the UK, France and China; (b). The status quo of the educational inspectorate systems in the UK, France and China, including the roles and responsibilities of the inspectors, the inspection functions and scopes, the strategies and methods used by the educational inspectors in these three countries; (c). The implications of this study for policy-making and practice.

**Key words**: educational inspectorate system, educational quality, comparative study.

With a history of 200 years old, educational inspectorate system originated from Europe and America (Guo, 2000). Educational inspection is an important instrument to implement educational laws, regulations, guidelines, and policies; to achieve educational goals; to transform governmental function and to strengthen macro-administration (Zhou, 2003). Currently, during the transformational period of time, it is imperative to establish a scientific and effective inspection system with Chinese characteristics. In order to develop and perfect our educational inspectorate system, we need to learn the successful experiences from other countries.

## The Historical Development of Educational inspection in the U. K., France and China

### The U. K.

The U. K. is one of the earliest countries that established educational inspectorate system in the world. According to the English Education Act, the government had founded the group of Royal school inspectorate since 1839 and then began to supervise schools (Li, 2001). In 1871, Compulsory Education Law for Primary Education was enacted and then English government set up School Inspectorate Office in Academy of Educational Science. In the office, a chief inspector was appointed as the director by the Chairman of the Privy Council in order to meet the needs of compulsory education and the evaluation of the educational quality. Compulsory Education Law for Secondary Education which was passed in 1902 reinforced institutions of school inspector and expanded authority continually (Xu, 2003). Afterwards, the 1944 Education Act was passed which clearly described the working contents, procedures and requirement of Royal inspectors. Meanwhile, it laid a sound foundation for current educational inspectorate system (Xu, 2003). In 1988, Educational Reform Act initiated a series of educational reforms and resulted in the National Uniform Curriculum. The focus is to strengthen the central control of schools and to monitor the execution of educational policy and the quality of school education (CIGEI, 1998).

In 1992, Bill of Parents and Bill of Citizen led to a significant change on modern educational inspectorate system in England (Li, 2003). The two laws stipulated: Each parent has the right to know about the condition of running a school and educational quality. Government must reinforce openness and transparency of education and encourage competitions among schools. According to the two Acts, Office for Standard in Education (OFSTED) was separated from Ministry of Education and it had become a non-ministerial governmental department in order that the central government could strengthen quality supervision of education in the whole country (Ding, 2003; Sun, 2004).

### France

As early as in the nineteenth century, the French educational inspectorate system was established. In May, 1802, French government promulgated General Law of National Education and reformed educational system. It stipulated to establish educational inspectorate system definitely and to set up general inspection. Promulgating and implementing the general law marked the formally establishment of the inspectorate system in France. Approximately in 1840, the government set up three-level educational inspectorate system initially, including chief inspector, inspectors at district and provincial levels, and inspectors at the school level (Li, 2003).

In the second half of the 19th century, the development of educational inspectorate system tended to become diversified, specific with some new features. First, political status of educational inspection was improved evidently. Since 1852, chief inspectors have been nominated by the Educational Minister and then have been appointed and removed by the Chief Executive. At the same time, treatment was improved. Secondly, inspectorate organization was set up independently in Ministry of Education. Thirdly, the group of chief inspectors was enlarged apparently, establishing chief inspectors respectively in higher education, secondary education, elementary education and kindergarten education. Fourthly, specialization of inspectorate was developed and hierarchy of inspectorate was formed. Specialization inclined to two leading tendencies: First, dividing the work by specialty and discipline; Secondly, by the nature of work; Besides implementing extensive supervision in the past and separating discipline inspection from other working inspection, some new inspectorate groups emerged, such as Chief Inspectors in charge of Finance, Economics, Library and Literature. During the two World Wars, groups of inspectorate were extended and division of the work tended to become specialized but overall evaluation to educational organizations has been weakened somewhat (IGNMEI, 2003).

In the 1970s and the 1980s, French government reformed and rectified the educational inspectorate system. For example, chief inspector of public education in France was renamed as Chief Inspector of National Education in 1980 and the government organized the working group according to specialty. Since 1984, the function of the Chief Inspector of State Administration has strengthened research and macro-investigation. The government has tried to invite applications from society. In 1986, regional educational inspectors began to play a major role in teachers' evaluation and management. However, the function of Chief Inspector was transformed to research, macro-evaluation and macro-investigation (Huo, 1990). From the French Inspectorate system, we may say if education were a machine, beyond all doubt, educational inspection would be an indispensable gear wheel.

## China

Educational inspectorate system in China began in 1906 (Qing Dynasty). At that time, Qing Government set up 'Inspection Officer' in 'Education Department' after visiting outside (Hu & Li, 2003). In November 1949, the People's Government of China established the Ministry of Education and set up Inspection Department whose main task was to monitor and to evaluate the implementation of educational policies and decisions in every administrative district or provinces or schools (Shi, 2005).

In October 1986, ratified by State Council of People's Republic of China, Inspection Department was renamed as Inspection Department of State Education Committee, which marked that educational inspectorate system in China was reinstated and rebuilt (Yang &Guo, 2005). In order to give impetus to legality of education inspection, State Education Committee enacted Temporary Provisions of Educational Inspection in April 1991, which indicated that educational inspection in China entered into anew stage of development (Sun, 2005). In March 1995, Educational Act was passed at the third Session of the 8th National People's Congress. It stipulated that 'the State carried out educational inspectorate system and educational evaluation system in school and other educational organization.' Thus, it endowed educational inspection with unshakeable legal status (Shi, 2005). Early in 2000, authorized by leaders in State Council, the original group was renamed as National Inspection group, which clearly obligated the integration of 'administrative inspection' and 'school inspection' and put forward the mission of educational inspection in order to ensure educational quality and to realize the educational goals. In carrying out educational policies, laws and regulations, educational inspectorate exerted supervision and reinforcement (Sun, 2005).

**Table 1: The Comparison of Historical Development of Educational Inspection(EI) in France, the UK, China**

| EI System | Time of Establishment | Educational Inspectorate Organization |
|---|---|---|
| France | in 1802 | 1. General Inspection Bureau; Office of National Education Administration; General Inspection Office of National Education Library; Inspection-General Office Youthful and Physical Inspection-General Office;<br>2. University Inspectorate Office;<br>3. Educational Inspectorate Office in Provinces. |

续表

| EI System | Time of Establishment | Educational Inspectorate Organization |
|---|---|---|
| The U. K. | in 1839 | Office for Standard in Education( Ofsted) |
| China | in 1902 | 1. Inspectorate Group of National Education;<br>2. Educational Inspectorate Group in Province;<br>3. Educational Office in City;<br>4. Educational Office in County. |

The time of establishment of Educational Inspectorate Systems in the U. K. and in France is much earlier than that in China. In the U. K., the OFSTED is independent from Department of Education and Employment. In France, educational inspectorate organizations include central level, school district level and provincial level. In China, educational inspectorate organizations include the central level, provincial level, city level and county level.

**Comparison of Existing Educational Inspectorate Systems in three Countries**

**Duties of Educational Inspectorate**

**The U. K.**

OFSTED is the educational inspectorate organization in the U. K. Its independence is the most notable feature. The headquarters of OFSTED is in London which is led by the Royal Chief inspector and two directors including 12 branches throughout the country. Now the number of working personnel is up to 600 including 300 Royal inspectors. There are also 300 people working in the headquarters including 100 Royal inspectors. The Ministry of Finance allocates 150 million pounds each year to OFSTED, approximately 0. 1% of the national educational expenditure, in which 32 million pounds are used for operation (Li, 2001).

OFSTED is responsible for Educational Minister and Parliament directly. It is independent from the administration of the Department of Education and Employment. Royal chief inspectors can constitute some concerned policies of inspection. Education Act in England has stipulated: the aim of OFSTED is to improve its work and the quality of education through periodic supervision, public report and suggestion. Its primary duties include: (1) Laying down evaluative criterion and establishing an efficient system of evaluation. (2) Supervising and evaluating in some aspects according to Education Minister's request. (3) Formulating regulations about how to write inspection report for inspectorate. (4) Supervising inspectorate's work. (5) Strengthening effective operation of OFSTED.

**France**

Educational inspectorate organization in France was divided into three levels: Central levels, provincial levels and school district. The central level of educational inspectorate organization is established in Inspection-general Bureau of the Ministry of National Education with responsibility for macro-supervision and macro-evaluation of national educational system, to inspect, evaluate the administration and finance in colleges and university, the work of teachers in secondary schools and primary schools. There are 243 school inspectors in active service and the average age is 56 years old. According to different roles and duties, there are 156 national chief inspectors, 55 national chief inspectors of administration and 32 deputy chief inspectors of administration (IGNMEI, 2003). According to different duties, there are four branches: (1) Chief Inspector Office of National Education. It is responsible for macro-supervising and macro-evaluating national education system including categories of education, curricula, teaching programs, pedagogy, teaching procedures and enforcement patterns. In addition, they are in charge of giving training and lectures for regional inspectors, school principals and teachers. (2) Administrative Chief Inspector Office of National Education. It is in charge of inspecting education and administration in higher education and in provinces. To supervise the departments, organizations and personnel on administration, economy and financial affairs which are dominated by Educational Minister. (3) Chief Inspector Office for Libraries. It is responsible for inspecting the operation of libraries. (4) Chief Inspector Office for Youth and Physical Education. It is in charge of inspecting physical education and teachers.

There are 96 administrative provinces in France which is divided into 28 school districts (Tao, 2004). The first-level inspectorate organization of school districts is University Inspectorate Office in University Chief Inspector Office, including: instruction inspectors, inspectors in school district and staff of consultant. Regional inspectors are special staff. Basically, there is one inspector in a discipline in each school district but there is also minority with responsibility for several disciplines and school districts. Led by the Director of School District, school inspectors don't work at supervision actually but administration. Otherwise, ten or more consultant and staff (full-time and part-time) assist the Director of School District.

Provincial inspectorate organization has been set up in School Inspectorate Office in every province. Provincial Inspectors of National Education are responsible for supervising primary schools, junior vocational education and pre-school education and they engage in inspecting teaching, administrating and evaluating teachers and school staff.

**China**

In recent years, while educational inspectorate system is being reinstated in China, all levels of inspectorate organizations have been gradually set up (Zhang, 1992). Currently, the country has formed four-level educational inspectorate agencies: at the level of central, province, city and county. The total number of national inspectorate is 35217, including 8631 inspectorate of secondary vocational and technical education, 21178 part-time inspectors and a group of expert inspectorate. Inspectorate group consists of full-time and part-time experts (Li, 2004).

At the central level, the government has set up the National Inspectorate Bureau with responsibility for advising, supervising, evaluating the implementation of policy for education at lower levels. It constitutes the regulations for educational inspection, for inspecting and evaluating special topics in provinces, such as, making nine-year compulsory education universal, outlaying investment and so on.

At the provincial level, the Educational Inspectorate Office was set up. The group is responsible for advising, supervising, and inspecting the work of district/city governments, in administrative departments and in schools in order to ensure that the relevant guidelines, policies, laws and regulations and goals can be reached. Meanwhile, the group is in charge of constituting provincial inspection programs, determining the focuses of education, coordinating the work of educational inspection, training county-inspectorate and the research working of inspectors.

At the district, city or county level, inspectorate offices are established within the Educational Department. The corresponding inspectorate offices are responsible for working programs of educational inspection and organizing inspection; for advising, supervising and inspecting administration and teaching in the administrative departments of education and school (Tao, 2004).

**Table 2: Comparison of the number of inspectorate and duties of educational inspectorate organizations in the U. K, France and China.**

| Country | The Number of Inspectorate | Duties of Educational Inspectorate Organizations |
| --- | --- | --- |
| The U. K. | 600 ( including 300 Royal Inspectors) | 1. Making evaluative criterion & establishing aneffective evaluative system;<br>2. Supervising & evaluating some aspects according to Education Minister's request;<br>3. Formulating regulations about how to write inspection reports;<br>4. Supervising inspectorate's work;<br>5. Strengthening effectively running OFSTED. |
| France | 243 (156 National Chief Inspectors, 55 NCI of Administration, 32 Deputy NCI of Administration) | 1. Macro-supervision & Macro-evaluation to state educational system according to different disciplines;<br>2. Education administrative inspection in higher education, provinces & supervising department, organizations & personnel on administration, financial affairs dominated by MoE. |
| China | 35217 ( 8631 full-time School Inspectors, 21178 part-time School Inspectors) | 1. Advising, supervising, evaluating, enforcement the implementation of policies at low levels; Constituting regulations for inspections, laws and regulations;<br>2. Advising, supervising and inspecting school work in all cities, in educational administrative departments in order to ensure that national education policies, laws and regulations and goals can be reached;<br>3. Making programs, organizing inspections; advising, supervising, inspecting administration and teaching in schools and educational administrative departments. |

The number of inspectorate in China is much larger than that in the U. K. and France. There are strict selective procedures and explicit condition of position in the U. K. and in France. The duties of educational inspectorate system are clear. But in China, besides the number of inspectorate is large, they are divided into part-time and full-time inspectors. In addition, the agencies aren't standard and uniform and from central agencies to local agencies, the duties of inspectorate organizations are ambiguous and their focus is not instructional inspection but rather the administrative inspection.

**Functions and Scopes of Educational Inspection**

**The U. K.**

In order to follow the international competition, the English government adopted a series of decisive measures: improving the quality of elementary education and increasing the ratio of input and output in education. On the one hand, the government strengthened centralization of state power and enhanced a competitive driving force from exterior pressure. On the other hand, the government promoted schools to frame developmental plans and guided improvement of school forming an inside driving force. On the foundation of two hands, the government promotes the improvement of the quality of elementary education.

According to 'the Report on the Investigation of Educational Inspectorate System in the U. K (Chen, 2004), the central government controls educational outlay. According to the number of students on campus, central government allocates 90% of educational funds directly to school through local Education Bureaus, but only 10% of educational funds are used by local Education Bureau. However, as to how to utilize educational expenditure, the OFSTED can supervise the local Bureaus of Education at any time.

Secondly, the government set up National Curriculum making a uniform criterion on educational contents and requirements in primary schools and high schools and a unified examination system supervised by the central government (Sun, 2004, 2005). The Royal Inspectors supervises a school every four years and the length of time are determined by the size of school. The appraise involved the state of quality offered by school, students' performance, educational costs and benefits and individual morality. The whole process is open and transparent. Before supervising a school, each inspector must be trained 10 to 15 days on the unified criterion of evaluation and the sequence of operation. After completing the course, they can be inspectorate. There must be a lay public figure in every inspectorate group (equivalent to guest inspector) in order to maintain impartiality. Inspectorate must attend a lecture at school and must hear the views from teachers, students and parents. At the end of a school inspection, the inspectorate must feed back verbally to school directorate and principals. After the written report is passed through, the inspectorate group should announce the result to school and should also publish it on National Information Internet from which everybody can inquire about. Within 40 days of receiving inspection report, the school must bring forward improving measures and must work out programs then must inform all of parents. OFSTED is responsible to Educational Minister and Congress, so the Ministry of Education will overcome drawbacks which appraise by themselves. This makes evaluation and the result more objective and more reasonable. Annual Inspection Report which is submitted to Educational Minister provides science basis for setting down educational policies. Meanwhile, the report will be announced to the public so it is more authoritative. As the English government attaches importance to educational costs and benefits, a school which is recognized as disqualification must be improved in 2 years, or it will be taken over and closed by central government.

While the government adds to the outside pressure, it also builds up the inside driving force of school in order to bring every positive factors into play. Therefore, overall goals are raised by the Central Government while sub-goals are put forward by local Educational Bureaus. Educational inspectorate organizations help schools set down developmental programs in accordance with the central and local requirements. Before inspecting, educational organizations assist schools in self-evaluation to identify existing problems and then contrast to the Inspection Index System provided by OFSTED and to the achievement datum announced by press media. After inspecting, inspectorate helps school frame operative plans which will strengthen and develop their own advantages and will take effective measures to change and overcome their own weaknesses and then makes school perfect constantly. Educational Inspectorate Organizations cooperate with schools closely paying attention to not only inspection but the gradual process as well. The tendency of function of educational inspection in the U. K. is suggestion and consultation, discovery and popularization, evaluating standard and participation and programming.

The evaluating scopes of OFSTED include: (1) National education for all primary and secondary schools and nursery schools; (2) Normal schools, the working of teachers' training and secondary private schools or under administrated by Qualification Outline Committee; (3) Educational working of local administrative departments.

**France**

At the initial stage, the functions of inspection were more in the way of control and leading. Now their functions have been continually changing that are more in the directions of inspection, direction, liaison and consultant (Tao, 2004). At present, all levels of inspectorate organizations focus on: monitoring principals and teaching, participating pre-vocational and vocational training (Li, 2003). Different levels of inspectorate organizations focus on different working objectives. If the key function of inspectorate system is reduced to three aspects: supervision and inspection, guidance and assistance, and consultant, chief inspectors will focus on supervision and inspection then to guidance and help, but inspectors of university district will emphasize on guidance, help and consultant rather than on supervision and inspection.

Reports from inspectors attract people's attention because they can not only help Education Minister to know about some concerned situations but also provide reference for making decisions and educational policies. Since 1991, the government has decided that annual investigation reports from chief inspectors must be submitted to the President of France. These reports must be compiled and then published so that people can know about the status quo and problems of education, hold out and participate in educational reform (Zhou, 2003). The remarkable features of educational inspection in France are to focus on strengthening guidance, accepting consultation and extending service on the basis of perfecting supervision, inspection and evaluation and the scopes of inspection focusing on teaching specially school inspection. Now, educational inspection is facing a new turning point that the reform of educational system in France will require inspectors inevitably from inspecting teaching quality of one subject to macro-supervising and macro-controlling the holistic running of educational system. Inspectors must play the role as collaborators and technical advisers of local educational administrator. Educational inspection in France involves preschool education, primary and secondary education, higher education and public library supervision, school organization, school life, administration and finance.

**China**

In China, the functions of educational inspectorate organizations are manifold, including: supervision, evaluation, guidance and feedback but their positions are different. Hereinto, the focus of the supervision is more likely to 'administrative inspection' rather than 'school inspection'.

1. Supervision is the core task which can embody essential attribute of the educational inspectorate organization most. Educational inspectorate organizations exercise their function, on the basis of national guidelines, policies, laws, regulations and in-

structions.

2. At present, the level of education and administration isn't in the advanced position so the guidance from inspectorate organizations and from their members is more important. The inspectors are knowledgeable experts who can give concrete assistance and guidance in educational administration, curriculum arrangement, teaching methods and teaching materials chosen, etc.

3. Evaluation is a process of value judgment which is in the light of definite educational goals with means of modern educational statistics and measurement. In 1993, State Education Committee determined to investigate the ' Two Basics' ( making nine-year compulsory education universal basically and wiping out illiteracy in youth basically). This was a notable achievement of educational inspection in China.

4. Feedback plays an irreplaceable and unique part in educational inspection. Inspectorate comply with definite procedures, principles, ways and means, collect and select first-hand information, transmit real and effective circumstances and exert the function of feedback so that leaders have a thorough grasp of the situation and have a clear direction (Kou, 2000).

Nowadays, the scopes of educational inspection in China are primary and secondary school education, preschool education and other correlative working. Educational inspectorate organization can supervise other working beyond the above-mentioned functions when they are entrusted by their local government and same-grade educational administrative departments (Sate Education Commission, 1991).

**Table 3: The Comparison of Functions and Scopes of Educational Inspection in the U. K., France and China**

| Country | Functions of Educational Inspection | Scopes of Educational Inspection |
|---|---|---|
| The U. K. | 1. Suggestion & consultation<br>2. Discovery & popularization<br>3. Evaluating standard. | 1. High schools, elementary schools and nursery schools;<br>2. Normal schools, the teachers' training and secondary private schools or under administrated by Qualification Committee. |
| France | 1. Inspection;<br>2. Direction;<br>3. Liaison;<br>4. Consultant. | 1. Preschool education;<br>2. Primary and secondary school education;<br>3. Higher Education;<br>4. Public library. |

续表

| Country | Functions of Educational Inspection | Scopes of Educational Inspection |
|---|---|---|
| China | 1. Supervision;<br>2. Evaluation;<br>3. Feedback. | 1. Primary and secondary schools;<br>2. Preschool education;<br>3. The below governments. |

**Ways and Methods of Educational Inspection**

**The U. K.**

The ways of educational inspection involve in collocation of inspectorate and methods of inspection.

Collocation of Inspectorate When educational inspection is mentioned, the collocation of inspectorate is the first thing. English government adopts division of labor on educational inspection. Under the prerequisite of division of labor on the central level, they are divided further. On the central level, inspectorate is divided into:

a. General inspectorate and specialized inspectorate. Central inspectorate is divided into general inspectorate and specialized inspectorate. The former works on general inspection and education administrative inspection while the latter works on professional inspection to teaching activity. There are four kinds of Royal inspectors in the U. K. Ordinary inspectors belong to general inspectorate and special inspectors belong to specialized inspectorate.

b. Inspectorate with classification and Inspectorate with subjects. Under the arrangement of the Chief inspector, Royal inspectors are responsible for supervising inspectorate on the regular payroll. But there are some differences in Ireland, Wales and several large inspection districts. Such as, in some areas, Royal inspectors are divided into the inspectorate of elementary education, secondary education, teachers' education and special education on the principle of classification and level, while in other areas, Royal inspectors are divided into the inspectorate of foreign language, mathematics, history, and physical on the principle of subjects.

Methods of Inspection The methods of inspection in the U. K. can be divided into: observation and analysis, examination and text, discussion and investigation. First, observation and analysis is that inspectorate goes into classroom knowing about teaching and analyzes students' homework and concerned document of the school. Through observing students in the classrooms, school inspectors can know about whether teaching materials and methods adapt to them; whether the expectations are appropriate. Examination and text is that inspectorate examines students verbally and in written form and then analyzes the results. Now, Royal inspectors take the method of observation and analysis and the method of examination and text increasingly. Discussion and investigation is that inspectorate has an informal discussion with teachers, parents, students, leaders of school and delegates of social organization; knows about circumstance; attends every assembly and activity ; hears speeches and reports from participants. In recent years, Royal school inspectors prefer national investigation and then publish the results (Yang, 1995).

**France**

The ways of educational inspection in France is similar to that of the U. K.

Collocation of Inspectorate

a. Central inspectorate is divided into general inspectorate and specialized inspectorate. The former works on general inspection and educational administrative inspection with responsibility for supervising administration, funds and financial affairs while the latter works on professional inspection to teaching activity.

b. In France, central inspectorate can be divided into some groups: the group of elementary education and vocational education, the group of handicraft and domestic economy, the group of mathematics, the group of natural science, the group of philosophy, the group of literature, the group of history and geography and the group of modern French. The collocation of inspectorate gives priority to classification (Yang, 1995).

Methods of Inspection Some concerned decrees and documents of the French government and the Ministry of Education only provide the setup of organization, application and their primary duties but nothing about special procedures and methods. For some reasons, there are so many differences in all levels of inspectorate organizations and at the same level of organizations in different fields. They focus on their respective fields, procedures and methods so it is more random. The inspectorate adopts the method of observation and analysis, the method of examination and text and the method of discussion and investigation.

**China**

Collocation of Inspectorate a. full-time inspectors and part-time inspectors; the number of full-time inspector lies in the range of all levels of educational administration, the number of school, distribution of schools and authorized personnel. Part-time inspectors are from cadres from administration department at all levels, staff from teaching and research section, old schoolmasters with abundant experience, old directors from Education Bureaus. b. administrator inspectors and specialist inspectors; the team of inspectors in China takes administrator inspectors as principals but in other countries with modern inspectorate system, governments usually place administrator inspectors and specialist inspectors at the same position (Chen, 2004).

Methods of Inspection Educational Inspection in China can be classified into regular inspection, comprehensive inspection and special inspection. The methods are carried out by organizations of educational inspection with accordance to the decisions made by governments, administration departments and superior inspection organizations. Regular inspection is that inspectorate visits and supervises schools at any moment. This kind of inspection will last 1-2 days, the inspectorate needn't inform schools every time and also needn't plan out thorough programs and write reports. Comprehensive inspection is that inspectorate supervises all works in order to know about overall situation and to evaluate and analyze them thoroughly. Special inspection is that inspectorate supervises schools in a certain domain in order to find and solve problems.

The methods of educational inspection in China include questionnaires, reports, records, consulting documents, taking part in conferences and educational activities, holding symposium, individual visit, and investigation on the spot (Zhang, 1992).

Summary

Through comparison of historical development, duties, functions, scopes, ways and methods of educational inspection, we can conclude that educational inspection in the U. K. and in France have a longer history and governments in these two countries that offered lots of autonomy and paid much more attention to their inspectorate systems. They established special agencies, made clear duties, adopted flexible methods, and integrated inspectorate systems. We can draw deep inspiration from their experiences.

(1) Strengthening legislation and perfecting laws and regulations

Strengthening educational inspection has become a common trend that developed countries administer their education more scientifically. We should strengthen the legislation and promulgate Laws of Educational Inspection and some relevant regulations as soon as possible. When the laws of educational Inspection are constituted, both the current needs and the future development should be taken into consideration. They should be operative and applicable.

(2) Making clear duties for each level and upholding combination between administrative inspection and school instructional inspection

From educational inspectorate agencies in the U. K. and in France, we may see that they have special inspectorate organizations and their duties are clear. But in China, the agencies aren't standard and uniform so it is difficult to carry out educational inspection. In addition, from central agencies to local agencies, the duties of educational inspectorate organizations are ambiguous. One of the weak points is that too much attention has been paid to administrative inspection rather than school instructional inspection. From the functions of the inspectorate in the UK and France, we may find that they pay much more attention to 'school inspection' and instructional inspection. The most striking feature is the authorities of the Inspectorate. They have been offered the power to announce the failing schools and force them to improve within a limited time (Sun, 2004). They have got the power to give advice to MoE to close such schools. In France, inspectorate emphasizes particularly on supervision and inspection, guidance, assistance and consultant. Therefore, more attention should be paid to school quality and instructional inspection in China.

(3) Adopting flexible methods and improving school effectiveness

In the U. K and France, various methods of educational inspection have been used to improve school effectiveness. For instance, the methods include independent inspection and collective inspection, regular inspection and incidental inspection, comprehensive inspection and selective inspection, general inspection and special inspection. Compared with them, the methods used by the educational inspection in China should be more specific, scientific, detailed, problem-focused and professional.

## References

[1] Chen, X. B. (2004). Educational Administration. Beijing: Beijing Normal University Press, 227-230

[2] Chen, D. W. (2004). Investigation Report on Educational Inspectorate System in the

U. K. http://www. huedu. net/_jydd/show. asp? id = 3766.

[3] CIGEI (Chinese Investigation Group of Educational Inspection). (1998). The Enlightenment of Review on Educational Inspectorate System in the U. K.. Beijing Education, 40-43

[4] Ding, X. M. (2003). The Reform of Developmental School Inspection and Evaluation in UK and Its Inspiration. Comparative Education Review, 32-34

[5] Hu, R. &Li, S. J. (2003). The History, Present Situation and Characteristics of French Supervising System of Education. Journal of Henan Institute of Education (Philosophy and Social Science Edition). 1,21-22.

[6] Huo, Y. P. (1990). Educational Inspectorate System in France. Beijing, People Education Press.

[7] Kou, D. X. (2000). A Comparative Study of Institutions of Educational Inspection of China. Japan and America. Journal ofthe Northwest Normal University Social Sciences Edition, 97-99.

[8] IGNMEI (Investigation Group of National Management of Educational Inspection). (2003). Investigation Report on Visiting in German & France. http://edu. qz. fj. cn/dd/ddxx/03/03ddxxw14. htm.

[9] Li, D. L. (2004). Reflection on Educational Inspectorate System in our Country. Contemporary Educational Science, 123-125

[10] Li, S. J. (2003). The History, Present Situation and Characteristics of French Supervising System of Education. Journal of Henan Institute of Education (Philosophy and Social Science Edition), 1(3), 21-22.

[11] Li, S. K. (2001). Review on Educational Inspection System in the U. K.. Jiangsu Higher Education, 3(26), 78-80

[12] Li, Y. (2003). Review on the Educational Inspection Types in of Schools in Britain. Studies In Foreign Education,7(9), 39-44

[13] Shi, D. M. (2005). The History and Lessons of the Development of Educational Inspectorate System in our Country. Forum on Contemporary Education, 19(2), 65-69

[14] Sate Education Commission. (1991). Temporary Provision of Education Inspection. http://jyj. cbs. gov. cn/cmsweb/webportal/W1314/A11853. html

[15] Sun, H. C. (2004). Accountability and successful school improvement in the United Kingdom. Liaoning People's Publishing House.

[16] Sun, H. C. (2005). Yingguo de jiaoyu mubiao yiqi jiaoyu wenzezhi (The educational goals and accountability in the UK). Educational Administration Research, Vol. 1.

[17] Sun, H. L. (2005). On the Evaluation and Suggestion of Contemporary Inspecting Educational System in China. Journal of the Party School of CPC Zhengzhuo Municipal, 4, 23-25

[18] Tao, X. W. (2004). Comparative Study of Sino-French Educational Supervising Sys-

tem. Journal of Shenyang Normal University Social Sciences Edition, 4, 53-58

[19] Xu, C. (2003). The Educational Supervision in the U. K. and its Enlightenments. Journal of Henan Vocation-Technical Teachers University(Vocational Education Edition), 4(13), 107-110

[20] Yang, T. P. (1995). The Comparison of Educational Inspectorate in the U. K., France, Japan, and the U. S. General Education Review, 3, 146-149

[21] Yang, T. P. (1995) The Comparison of Educational Inspectorate in the U. K., France, Japan, and the U. S. Comparative Education Review, 4(6), 123-126

[22] Yang, Y. X., Kou, L. R. (2005). Combining Administration and School Inspection—the Notable Features of Educational Inspectorate System in China. Education Science, Vol. 2, 27-31

[23] Zhang, J. Z. (1992). Educational Administration Theory. East China Normal University Press

[24] Zhou, J. (2003). Emphasized Implementing Inspection and Ensuring the Development of Educational Reform. At the 7th National Conference of Inspectors in September, 2003. http://www.moe.edu.cn/edoas/website18/info5354.htm.

# The Indicators for Evaluating Teachers in Hong Kong

Hechuan Sun  Ying Liu

**Abstract**: Lack of scientific indicators for evaluating teachers and schools has become a great problem in mainland China. Therefore, it is necessity to have a close look at the teacher evaluation indicators outside of mainland China so as to enrich its indicators for teacher evaluation. To this end, a project focused on finding useful and scientific indicators for evaluating schools and teachers was funded by National Educational Science Foundation in China. This study is a part of the project. In the first part, the indicators for evaluating teachers in Hong Kong (HK) region were introduced. In the empirical part, in order to find whether the indicators of HK region were applicable in mainland China, interviews, questionnaire surveys and factor analysis were conducted. In total, 20 interviewees were interviewed and 935 questionnaire survey copies were distributed to school teachers and principals in nine areas in China. Finally, the findings were discussed.

**Keywords**: teacher evaluation, indicators for teacher evaluation, Hong Kong

## 1. Introduction

Hong Kong is not only the most developed region in China, but also one of the flagships in educational field in the world. In Program for International Student Assessment (PISA) organized by OECD in 2006, more than 400,000 students from more than 14,000 schools of 57 countries and regions participated in the assessment. Hong Kong region ranked the 2nd in the subject of "Science" and the 3rd in the subjects of both "Math" and "Reading" in the world. Such an excellent performance has demonstrated the strength of Hong Kong region in educational field. Its high-quality education results from its high-quality teachers. In Hong Kong region, teachers are dedicated to their work and highly professionalized. The Government of Hong Kong Special Administrative Region pays lots of attention to teachers' quality enhancement and development. The Report of Educational Improvement and Progress (4) explicitly points out that educational practitioners are key figures to put forward educational reform and to enhance educational quality. The HK region Government has offered sufficient training and assistance to teachers. In addition, it has established professional standards for teacher evaluation and competency. The Generic Teacher Competencies Framework of HK Region is one of them. It consists of four domains, sixteen second level indicators and forty-six third level indicators (see Table 1). In fact, it can be divided into four domains: teaching and learning; students' development; school development; professional relationships and service. Among them, each domain subsets four 2nd level indicators and several 3rd level indicators. Please see Table 1 below.

**Table 1 The Generic Teacher Competencies Framework of Hong Kong Region**

| The 1st Level | The 2nd Level | The 3rd Level Indicators |
|---|---|---|
| 1. Teaching and Learning Domain | Subject matter | 1.1.1 command of subject matter knowledge<br>1.1.2 updating of subject matter knowledge, search for new subject knowledge<br>1.1.3 sharing and exchange of subject teaching practice |
| | Curriculum and pedagogical content knowledge | 1.2.1 command and application of pedagogical content knowledge<br>1.2.2 curriculum design, implementation and improvement<br>1.2.3 updating and sharing pedagogical content knowledge |
| | Teaching strategies and skills, use of languages and Multi-media | 1.3.1 knowledge and application of teaching strategies and skills<br>1.3.2 language proficiency<br>1.3.3 motivation of student learning through different teaching methods and multi-media<br>1.3.4 research and dissemination on teaching strategies and skills |
| | Assessment and evaluation | 1.4.1 student assessment methods and procedures<br>1.4.2 use of student assessment results<br>1.4.3 evaluation and review of teaching learning programs |

续表

| The 1st Level | The 2nd Level | The 3rd Level Indicators |
| --- | --- | --- |
| 2. Student Development Domain | 2. 1 Students' diverse needs in school | 2. 1. 1. understanding students' diverse needs<br>2. 1. 2 identifying and supporting students' diverse needs<br>2. 1. 3collaboration in identifying and supporting students' diverse needs |
| | 2. 2 Rapport with students | 2. 2. 1 awareness of the importance of establishing rapport with students<br>2. 2. 2 building trust and rapport with students |
| | 2. 3 Pastoral care for students | 2. 3. 1 providing pastoral care for students<br>2. 3. 2 collaboration in providing pastoral care |
| | 2. 4 Students' different learning experiences | 2. 4. 1 participation and implementation<br>2. 4. 2 planning and organization<br>2. 4. 3 whole person development of students |
| 3. School Development Domain | 3. 1 Schools' vision and mission, culture and ethos | 3. 1. 1 adaptation to the school vision and mission, cultures and ethos<br>3. 1. 2 actualization of school beliefs, vision and mission<br>3. 1. 3 cultivation of caring and inviting school climate<br>3. 1. 4 contribution to reviewing the school vision and mission, as well as promoting the school culture and school image |
| | 3. 2 Policies, procedures and practices | 3. 2. 1 understanding school goals and policies<br>3. 2. 2 implementation of school policies, procedures and practices<br>3. 2. 3 formulation of school policies, review of procedures and practices for continuous school development |
| | 3. 3 Home-school collaboration | 3. 3. 1 understanding students' family background<br>3. 3. 2 communication with parents<br>3. 3. 3 involvement in parent-related activities<br>3. 3. 4 building trust with parents for further school development |
| | 3. 4 societal values and changes | 3. 4. 1 awareness and knowledge of societal changes in relation to their impact on school<br>3. 4. 2 responsiveness to societal changes and issues related to socialvalues |

续表

| The 1st Level | The 2nd Level | The 3rd Level Indicators |
| --- | --- | --- |
| 4. Professional Relationships and Services Domain | 4. 1 Collaborative relationship within the school | 4. 1. 1 working relationships with individuals<br>4. 1. 2 working relationships with groups<br>4. 1. 3 working relationships within formal structures |
| | 4. 2 Teachers 'professional development | 4. 2. 1 sharing of knowledge and good practices with others<br>4. 2. 2 contributions to teachers 'professional development |
| | 4. 4 Education related community services and voluntary work | 4. 4. 1 interaction with the broader community<br>4. 4. 2 participation in education-related community services andvoluntary work |

## 2. Research Methodology

Twenty interviewees were interviewed during semi-structured interviews, among them there were ten school administrators, eight middle and primary school teachers, and two scholars. The whole interview process was recorded. Afterwards, it was converted into text and then encoded and statistically analyzed. In addition, questionnaire survey was conducted. The questionnaires were based on HK teachers' evaluation indicators with a 5-point scale format. The scale ranks from 1 (not important at all) to 5 (very important). The respondents were randomly selected, having taken considerations of the balance between the male and the female, the urban schools and the rural ones, the primary schools and the secondary ones, etc. 935 copies of the questionnaires were distributed to schools in nine cities and counties of Liaoning Province. However, only 840 questionnaire copies were considered valid for analysis which account for a response rate of 89. 8%. The research approaches, such as SPSS11. 5, Excel statistical package, descriptive analysis, factor analysis, reliability analysis and T-test were used to analyze the responded data. Alpha coefficients of the 5-point scale used in this study were: Alpha =0. 87, Alpha =0. 87, Alpha =0. 90, Alpha =0. 91, that means the questionnaires have high reliability. There are five factors whose eigenvalue is >1 and in total they can explain 53.3% of the total variance. Due to the strict page number limitations, we can only show the five renamed factors and their indicators whose factor loading values are > 0.5.

### 3. The Five Factors

These five renamed factors are:

Factor 1. Exchanges and cooperation, including 9 indicators;

Factor 2. Make good use of student assessment results and provide pastoral care, including 9 indicators;

Factor 3. Teachers' professional development, including 6 indicators;

Factor 4. The share of the value of the school philosophy, including 5 indicators;

Factor 5. Classroom teaching, including 5 indicators.

3.1. Factor 1. Exchanges and Cooperation

In this factor, there are 9 indicators whose factor loading values are >0.5, as they are shown in Table 2.

**Table 2: Exchanges and Cooperation**

| Indicators | Factor loading |
|---|---|
| 3.3.3 Involvement in parent-related activities | 0.712 |
| 3.4.2 Responsiveness to societal changes and issues related to social values | 0.652 |
| 4.1.2 Working relationships with groups | 0.621 |
| 3.3.1 Understanding students' family backgrounds | 0.620 |
| 3.4.1 Awareness and knowledge of societal changes in relation to their impact on school | 0.616 |
| 4.1.1 Working relationships with individuals | 0.605 |
| 4.1.3 Working relationships within formal structures | 0.581 |
| 3.3.2 Communication with parents | 0.539 |
| 3.3.4 Building trust with parents for further school development | 0.538 |

3.2. Factor 2. Make Good Use of Student Assessment Results & Provide Pastoral Care

In this factor, there are 9 indicators whose loading values are > 0. 5, as they are shown in Table 3.

**Table 3: Make Good Use of Student Assessment Results & Provide Pastoral Care**

| Indicators | Factor loading |
|---|---|
| 1. 4. 2 Use of student assessment results | 0. 610 |
| 1. 4. 3 Evaluation and review of teaching and learning programs | 0. 564 |
| 2. 1. 2 Identifying and supporting students' diverse needs | 0. 564 |
| 1. 4. 1 Student assessment methods and procedures | 0. 552 |
| 2. 4. 2 Planning and organizing multiple study plans | 0. 551 |
| 2. 4. 1 Participate and implement multiple study plans | 0. 550 |
| 2. 3. 1 Providing pastoral care for students | 0. 542 |
| 1. 3. 4 research & dissemination on teaching strategies and skills | 0. 506 |
| 2. 3. 2 Collegial collaboration in providing pastoral care | 0. 505 |

3. 3. Factor 3. Teachers' Professional Development

In this factor, there are 6 indicators whose loading values are > 0. 5. They are: contribution to policies related to education (0. 731); responsiveness to policies related to education (0. 700); awareness and knowledge of policies related to education (0. 660); interaction with the broader community (0. 651); participation in education-related community services and voluntary work (0. 645); contributions to teachers' professional development (0. 581).

3. 4. Factor 4. The Share of the Value of the School Philosophy

In this factor, there are 5 indicators whose loading values are larger than 0. 5, as shown in Table 4 below.

**Table 4: The Share of the Value of the School Philosophy**

| Indicators | Factor loading |
|---|---|
| 3. 1. 2Actualisation of school beliefs, vision and mission | 0. 603 |
| 3. 1. 3Cultivation of a caring and inviting school climate | 0. 588 |
| 2. 2. 2Building trust and rapport with students | 0. 585 |
| 2. 2. 1Awareness of the importance of establishing rapport with students | 0. 565 |
| 3. 1. 1Adaptation to the school vision and mission, culture and ethos | 0. 558 |

3.5. Factor 5. Classroom teaching

In this factor, there are 5 indicators whose loading values are > 0.5. They are: updating of subject matter knowledge and search for new subject knowledge (0.722), command and application of pedagogical content knowledge (0.692), use of student assessment results and provide pastoral care (0.635), updating and sharing of pedagogical content knowledge (0.561), knowledge and application of teaching strategies and skills (0.551).

## 4. Summary

Based on analyzing the above five factors and their 34 indicators that are applicable to mainland China according to the Chinese respondents' feedback, we found four important issues in HK region's indicators for teacher evaluation. Firstly, student learning outcomes and student wholly development were regarded as the most crucial and dominant determiners to evaluate a teacher's work and quality. Secondly, the indicators of HK region required teachers not only to understand school's goals, vision, mission, beliefs, policies, culture, etc, but also to implement them and actualize them. Indeed, no matter how excellent the quality and ability the teachers have, if they don't accept and adapt to the school vision, mission, culture, then they will not strive ahead with their schools at the same speed towards the same direction (Sun, 2003). Thirdly, the highlights of indicators in HK region were teachers' awareness of servicing the society and their awareness of being "owners" of their nation and country. Teachers in HK region were required to make contributions to educational policy-making and participation in education-related community services. Fourthly, the indicators of HK region regarded a teacher as a "social person" who was embedded into the society. Therefore, he/she should be evaluated as a "social person". On the contrary, in mainland China a teacher has been regarded as a "single person", therefore, he/she was evaluated more as an individual by self-developing, self-reflection and self-perfection.

## References

[1] Sun, H. (2003). National contexts and effective school improvement: an exploratory study in eight European countries. Groningen, the Netherlands: GION.

[2] Table 1 was retrieved from http://www.edb.gov.hk/filemanager/tc/content_1323/cpd_chi.pdf

# A Study of the Inspectorate Systems in China and the Netherlands

Dan Zheng　Feifei Zong　Hechuan Sun

**Abstract**: The educational inspectorate is an important part of educational administration and evaluation. It monitors the quality of education and contributes to the provision of better education and care through effective inspection and regulation. This study attempts to compare the educational inspectorate systems in Mainland China and in the Netherlands from several different dimensions. First, it compares the historical development of the educational inspectorate systems in these two countries. Second, it compares their latest development, including the roles and responsibilities of the two inspectorates, their functions and evaluation contents, the strategies and methods used by the educational inspectors in China and in the Netherlands. Finally, the implications of this study for policy-makers, inspectors, educators and practitioners will be presented.

**Key words**: educational inspectorate system, educational quality, comparative study

## Introduction

The educational inspectorate (EI) is not only one of the most important responsibilities of the educational administration, but an important part in the system of the scientific educational administration. It is the powerful means to administrate and inspect the education effectively for the governments at all the levels. It is a symbol that the education stepped into a new era of scientific administration when the system of the educational inspectorate was set up (Huang & Zhang, 1990). Due to different countries have different political, economic, cultural and educational backgrounds; the educational inspectorate system (EIS) in each country has its own characteristics. This study attempts to compare the educational inspectorate in China and the Netherlands from several different dimensions. First, it compares the historical development of the educational inspectorate systems in these two countries. Second, it compares their latest development, including the responsible scopes of the two inspectorate systems, their organizations, the strategies and methods that they used. Finally, the suggestions for the policy-makers, inspectors, educators and practitioners will be presented.

1. The Historical Development of the EIS in the Netherlands and in Mainland China

1. 1. The Historical Development of the EIS in the Netherlands

The Dutch Inspectorate of Education was founded in 1801, not by Napoleon, but by a Dutch Republican Government, that was strongly influenced by the then current thinking in Paris about central regulations for education. In the first educational law, in the ensuing regulations and in practice, inspectors were seen as wise men (women appeared only some 130 years later) with a broad knowledge on schools, children and education; with a natural authority and with tasks regarding stimulating local authorities and teachers to provide education for all children and to ensure - by supervising and monitoring - that education was in good quality(Bruggen, 1998).

And then, the educational inspectorate organizations (EIOs) focused on providing the equal financial treatment for the public and private schools with the influence of "the pacification of 1917" and the perfection of the schools legislative work. The inspectorate for primary and secondary education developed rather quickly in the years between 1920 and 1940, and also had important tasks regarding the negotiation with local and/or central authorities about new schools for the free associations and about the permission they needed for building schools, buying furniture, textbooks and other materials, and hiring teachers (Bruggen, 1998). During the period of 1940s to 1970s, the EI responsibilities are to encourage, suggest and control that the school education system was consistent with the national system, and to respond to the changes of the educational power which was caused by central or local authorities. Compulsory Educational Act which was carried out in the Netherlands in 1969 emphasizes that all the 5-years old children in the Netherlands must accept 12-year and full time education which resulted in a series of changes: the range of EI and evaluation became larger and larger since 1970s; the aims, contents and strategies of the EIS made by the governments became more general; the Curriculum creation and the school innovation were based on the new legislation and policies; a series of evaluation programs at the national level were implemented. The EIS focused on deregulation, decentralization and autonomy for schools. Therefore, educational quality was its main focus in the 1980s. The system of integral school inspection was formed step by step in 1990s.

During the last 20 years, the EIS's autonomy was clearer, which called for the special laws to administrate and limit. Supervising Act was made by the Dutch government on June 5, 2001 and carried out at the beginning of 2002. This act becomes the legislative base when the quality of school is evaluated independently and professionally. With Supervising Act being implemented, the government attempts to make the EIOs more independent. Because the schools have more and more autonomy and responsibilities, moreover, the schools were expected to concern about their quality by the parents, employers and the governments (Liu, 2006).

1.2 The Historical Development of the EIS in mainland China

As a matter of fact, China has long tradition of "inspecting schools". Some inspecting activities in ancient China were recorded, for example, in the Era of Warring States; the top governors would supervise the schools at the regular time in summer every year (Liu, Wang,&Wang, 2004). With the development of the modern school system, the professional inspectorate organizations, as a kind of system, were set up (Zhong &Chen, 2001). After the Ministry of Education founded at the end of Qing Dynasty, the ideas of founding the EIOs, arranging the leaders and the staff, and identifying their responsibilities were suggested (Shu, 1961). In 1909, the Rules of Supervising School was made, which meant inspectorate system was born in China. From 1930s the Ministry of Education at that time made several acts and rules of "inspecting schools", which contributed to form the inspectorate organizations from top to bottom (Huang&Zhang, 1990).

After PRC's foundation, the independent inspectorate activities can be carried out frequently. A certain number of good inspectorate experience was kept, which encouraged the educational executive improvements and the school improvements. From the end of 1950s to the media of 1970s, the EIS was interrupt and stopped. The Ministry of Education restored the inspectors to go on an inspection tour in 1976. A special meeting about the EI was held by the national education committee in 1986. The meeting emphasized it was necessary to establish the junior and senior EIS in the educational executive departments. The professional inspectorate organizations were proposed to install and the independent inspectorate activities were taken until 1986, which led Chinese EIS to step into a new stage (Shen, 1996).

From comparing the historical development of the EIS in both countries, the following conclusions can be drawn. First, the formal EIS in China was born late, so it is still young, however, the EIS in the Netherlands is quite mature, which can provide valuable experience for us. The regulations of the EIS in China lack specifics, but the regulations in the Netherlands are detailed. For example, the inspectors in the Netherlands have responsibilities to give the lower effective schools all kinds of supports (Huang&Zhang, 1990). Second, the similarities: they are both authoritative; their ultimate purpose is to improve the quality of education; both focus on what extent that the educational policies are carried out; the educational resources are used at national level, and the schools, teachers, students and class at the school level.

2. The latest Development of the Educational Inspectorate Systems in the Netherlands and in Mainland China

2. 1. The Responsibilities of the Educational Inspectorate

Netherlands

The EIS in the Netherlands is in the process of constant transition as the same as that in other countries. The EI played a series of roles: to ensure compliance with statutory regulations; to evaluate and improve the educational quality; to provide the valuable information for the Ministry of Education. But these roles were temporary and lacked corresponding systematic organizations (Liu, 2006). So the EIOs are lack of consistency and systematic with their responsibilities as well. The roles of the EIOs fluctuated continuously between the intermediary which connected the state governments with the schools and the social intermediary which were inspected by the state governments, schools and parents. In short, the roles of the EI swayed between the educational system and the school entities.

The main duties of the EI are monitor and encourage the education to word well in order to provide the acceptable level of the educational quality according to the education's limit. The stakeholders need to make the operational rules based on their consultation to set up the quantitative standards for the acceptable education. Another duty of the EI is to provide the schools' and the training organizations' reliable information for the stakeholders at the national level. From the perspective of the social development, the EIOs are expected to focus on the trend of the educational quality. The public inspection and its conclusions at the school level can ensure the schools to pay more attention to the EI. As the results, the educational inspectors can't make mistakes; the results of the evaluation must be promulgated; to construct and limit the standards of the educational quality mean that the differences among the schools are reducing; the process of the EI includes preparation stage, implement stage, and investigation stage in the schools. All of these imply that the implementation of the EI's responsibilities became more and more departmentalized, and the alliance among the departments became more and more obvious (Liu, 2006).

Mainland China

The responsibilities of the EIOs in China are not only one but multi-aspects, including inspection, evaluation, guidance and feedback.

a. Inspection

Inspection is the superior to supervise and superintend the subordinates. Inspection is the nucleus responsibility in the EIOs. The organizations exercise their inspectorate duties based on the national education policies, laws, rules and regulations. This responsibility can't be affected by any individual's subjective wills. To some extent, the inspectorate agencies are the law enforcement agencies (Guo, 2000).

b. Guidance

The EI inspect the educational institutions at the lower levels in order to help them complete their aims and the tasks better and more concretely, and to improve the level of the teaching and the educational administration. When the executive inspection was carried out, not only executive power and statutory regulations should be strengthened but how to promote the subordinates' initiative should be paid more attention. Through active, enthusiastic and specific guidance to the subordinates, their initiative can be brought into full play (Huang&Zhang, 1990). At the same time, during the process of the inspectorate, the inspection should be combined with the guidance.

c. Evaluation

The educational evaluation which has its own series of complete theories and measurable methods is different from the assessment and identification done before to the educational activities. It evaluates and judges the educational administrators, the teachers and the students in order to know to what extent do the educational aims to be realized through the quantitative analysis and qualitative analysis. This evaluation is based on the educational objectives by using the scientific measurable targets under the unified system of dimensions (Huang&Zhang, 1990). In 1993, the Educational Committee of Nation decides to evaluate "the two basics" (popularizing 9-year compulsory education basically and reducing the illiterates among the young and middle-aged people).

d. Feedback

Through the feedback, the leaders of the EIOs can get true and first-hand information. Such activities help to make the right decisions, arrange the inspectorate work and improve the level of the educational inspectorate in China (Guo, 2000).

The following conclusions can be drawn through comparing the responsibilities of the EIOs in the Netherlands and in China. First, although the last purpose of the EI in both countries is to enhance the quality of education, however, the responsibilities of the EI in China focus on inspecting the implementation of the policies. As far as the school level is concerned, the responsibilities emphasize on the school leaders, the finance, the equipment and the extent of implementing the education policies. In other words, they emphasize on the executive contents, ignoring the contents at the classroom level (Li, 2004). Second, comparing the inspectorate details at the school level in the Netherlands, the EIS in China is still affected by the executive authority with the strong color of "official authority" instead of "the academic authority" that should be the system's main trend.

**Table 1: A Comparison of the Responsibilities of EI in China and Netherlands**

| | The responsibilities of EI |
|---|---|
| China | 1. to set up the guidelines, the policies, the statutory regulations and the purpose system of the EI;<br>2. to inspect, guide, evaluate and feedback what the extent that the educational policies were carried out by the local governments;<br>3. to direct the local governments to form the inspectorate systems from a macro perspective;<br>4. to direct the construction of the EIS in the whole country from a macro perspective. |
| The Netherlands | 1. the school accounts to the inspectorate for its policies;<br>2. basic secondary education has been evaluated by the educational inspectorate;<br>3. the related educational achievements are evaluated;<br>4. the educational learning process is evaluated. |

2.2 The Educational Inspectorate Organizations

Netherlands

The EIOs are semi-independent organizations in which the senior chief inspector controls the whole organizations directly, another four inspectors are responsible for the specific duties, including one of them in charge of the elementary education, and the central staff office is responsible for the public relationship, finance, personnel matter and ICT service. There are many co-operating inspectors who are responsible for the inspectorate projects and editing the reports in the organizations. Although the number of schools they take charge of is limited, the inspectors must keep the connection with the day-to-day education practice.

The headquarters of the EIOs are in Utrecht, whose aim is to coordinate and communicate among the colleagues. There are 12 local inspectors in charge of the basic EIOs of different areas in the country. To some extent, the EIOs in the Netherlands are the professional organizations in which the operational measurement is adopted by the professional inspectors to monitor the quality of education, in order to fasten the internal quality assurance construction.

The Ministry of Education, Science and Culture has the ultimate decision-making power to the EIOs, but the EIOs don't belong to the Ministry. At the same time, there are many organizations which support, maintain and improve the EIOs. The organizational network works autonomously under the framework of Dutch educational system. Sometimes the EIOs co-operate with them, but not really participate in (Jiang, 2002).

Mainland China

At present, the EIOs can be divided into 4 levels: the central level, the provincial level, the municipal level and the county level (Shen, 1996). The national EI team is formed at the central level which is responsible for guiding, supervising and evaluating to what extent the educational policies and guidelines have been implemented by the lower governments, and formulating the educational regulations and the regulations for the EIs.

The EI team is set up at the provincial level whose main duties are to inspect, evaluate and guide the educational work of each city, the work of the schools and the lower education executive branches, and which is responsible for making the plans. The focuses of the provincial inspectorate are to train the inspectors at the county level.

The EIOs at the municipal and the county levels are installed in the governments and the Departments of Education at the same level. Their duties are to inspect, evaluate and guide the teaching and the education executive work at schools (Tao, 2004).

**Table 2: The Comparison of the Organizations of EI in Mainland China and Netherlands**

| | Mainland China | Netherlands |
|---|---|---|
| The EIO | 1. the educational inspectorate group at national level;<br>2. the educational inspectorate group at provincial level;<br>3. the educational inspectorate group at county /city or district level. | 1. the Ministry of education, culture and science;<br>2. the Dutch Accreditation Council;<br>3. the Ministry of educational inspectorate. |
| The number of the inspectors in the EIOs | 1. at present, 46245 inspectorate staffs, 19984 are full-time inspectors;<br>2. 26261 part-time inspectors;<br>3. 99 national inspectors. | 1. 1 general inspector;<br>2. 3 chief inspectors;<br>3. About 550 school inspectors, of which 250 are full-time inspectors. |

Although there are many political, economic, cultural and educational differences in the Netherlands and in China, the structures of the EIOs are more or less similar: the EIOs are constructed from top to bottom; the general work of the EIOs is directed by the central governments, and the details are carried out by the local EIOs or the inspectors. However, the EIOs are quite different in both countries. First, because the EIOs are too much affected by the executive power, attaching themselves to the executive agencies, the EIOs in China are rather dependent. The strong dependence results in that the EIOs in China can't make solutions or support in the aspects of manpower, material and finance to the non-effective schools as what the EIOs do in the Netherlands. Second, in the Netherlands, there are clear legal requirements that the EIOs can co-operate with other organizations and get the support from these organizations. But the EIOs have no corresponding organizations to support unless the executive power has been handed in. Finally, the structures of the EIOs at the same level differ in China, for example, the EIOs are called the People's EI Team in 17 provinces, while they are called the EI Office or the Bureau of Education in 14 Provinces. At the same time, the EIS which inspects policy-implementation should be set up at different levels, meanwhile, school inspections should be more carefully classified.

2. 3 The inspectors of Netherlands and Mainland China

The standards of the selection and appointment of inspectors

Netherlands

The personnel department of Dutch Educational Ministry has published some professional documents about EI. They declare that the educational knowledge is very important for inspectors to fulfill their supervision and monitoring tasks. The basic knowledge of inspectors; and social interaction and communication skills are also necessary for inspectors. The educational standards, professional ethics and moral standards, personal self-awareness, stimulate motivation, effort are all the main characters of the authority of inspectors. Therefore, the qualification system of the Dutch inspectors consists of three parts: the professional knowledge, the social interactive skills and the authority.

In the past, the selection and appointment of Dutch inspectors, must consider the length of their educational service and the leadership experiences. Professional knowledge was particularly emphasized, it meant that only the men with older age and long experiences could be appointed as the inspectors. Nowadays, with more and more young people have joined in the rank, those two conditions seem not so important, but the social interactive ability has been emphasized, the selection of inspectors must pay more attention to the flexibility and richness of professional standards. Here, it is worth mentioning that the appearance of the provisional inspectors. They generally work for a two-year period, mainly based on their own professional knowledge and ethics training, in order to meet the needs that EI combine with school development more closely. On one hand, these inspectors can provide a modern vision for the development of education; on the other hand, they also can share the valuable experiences for school quality management. Most importantly, they provide the preconditions for the form of introspective cultural atmosphere (Liu, 2006).

Mainland China

In Mainland China, the educational inspectors including three types: the full-time inspectors, part-time inspectors and working staff. According to "Comments on Strengthening the Organizations of Educational Inspectorate" issued by the State Education Commission on May 29, 1996, the standards for inspectors were as following (Lou&Shi, 2004):

f. Comply the Party's basic rules, and be enthusiastic to the socialist education.

g. Be familiar with the country's educational laws, regulations, rules, principles and policies, owing a higher policy level.

h. With a bachelor degree (the county's inspectors may lower than this) or above and equivalent, more than seven years' working experiences, familiar with educational cases, having writing skills and working alone.

i. Comply laws and principles, fair-minded, be justice.

j. Be healthy.

The training of inspectors

Netherlands

The professional development and training activities are very important factors to promote the formation of a new EIS. The inspectorate training system established in the inspectorate system of Dutch, providing all the inspectors a professional-oriented development and learning environment. It works on to ensure the training contents are reasonable, to improve the knowledge, skills and authorities of inspectors, including the following four aspects: the inspectors should know the present conditions of education and related educational policies, the present conditions of inspectorate attitude and quality assurance, the present conditions of EISs and methods of inspectorate, the present conditions of the communication skills of inspectorate (Liu, 2006).

It's worth to mention that the Netherlands, from the aspect of professional development of inspectors, has established a moving mechanism to provide more career development opportunities for those who are unsuitable to work in their present positions. Including the following four types of mechanism, namely the vertical movement, aiming at promoting the inspectors to achieve the professional development in a higher position; radioactive movement, aiming at diversifying and the working environment; horizontal movement, aiming at exchanging the working positions at the same level in the inspectorate system; non-centralized movement, aiming at arranging the personnel exchanges with other organizations.

Mainland China

The full-time inspectors should have some professional courses before they performance their duties. The training of provincial and local inspectors is organized by the State Educational Commission; the training of inspectors from counties and cities is organized by the educational administrate department of each province and municipality. During their term, the inspectors should be arranged to taking part in the training regularly to improve their professional abilities. For the present conditions that more than half of inspectors in China have not been trained, the State Educational Commission requires the educational administrate department to arrange the professional training for the inspectors under 55 years old (SEC, 1996).

The educational administration department has the duties to assure the training base, to formulate the educational programs, to select the training materials, to train the professional teachers, to provide funds for training and to improve the quality of training. The training organizations can be stetted up alone, or can commission the normal colleges or universities to do the training work (Shen, 1996).

2.4 The inspectorate methods used by educational inspectorate

Netherlands

a. Risk analysis

Depending on the situation at each individual school, the Dutch inspectorate basestheir supervision on a risk analysis. From earlier inspections, they now have information from and about schools. They have recorded that information in a quality profile of the school, to which they have linked a supervision arrangement. This quality profile is included in their electronic school dossier. On the basis of their knowledge of the school, they determine the types of inspection and the frequency of their supervision. On the basis of up-to-date data, they regularly analyze whether there are new risks related to the quality of education. If such a risk analysis shows that their supervision arrangement is no longer adequate, they would adjust the arrangement and, if necessary, visit a school earlier than anticipated.

b. The data supervision

It is very important that the information is correct and up to date-both because of its importance for supervision and because of its public nature. The school dossier is therefore constantly updated. In order to determine the most suitable type of supervision for every school every year and to customize it, each year the Dutch inspectorate sends its schools an electronic questionnaire. To limit the burden of information for the schools as much as possible, after filling in the initial questionnaire the schools only have to update that data in the following year.

c. The school self-evaluation

The Inspectorate must base its inspection on the results of the quality assessment by or on behalf of the school. This primarily involves the results of the self-evaluation carried out by the school itself. To this self-evaluation the Dutch inspectorate can then add results from external assessments, such as visitation and inspection reports and the like. The results of self-evaluation include the school's conclusions as well as the data underlying those conclusions. If a school itself makes reliable data available, they do not repeat the inspection for that information. The more relevant data a schoolman wants to make available, the less intensive our actual inspection at the school may be.

d. The annual inspection

There are two types of annual inspection, one where the school is visited and one where desk research is sufficient. For the latter type, the Dutch inspectorate evaluates the achievements of the school on the basis of an annual questionnaire filed in by the school. During an annual inspection that involves a visit to the school, they discuss with the school the development taking place in the school itself and its surroundings.

e. The periodical quality inspection (PQI)

In a PQI, at least once every four years the Dutch inspectorate always evaluates the basic set of indicators on the basis of the PQI assessment framework. The nature of the PQI further inspection depends on the problems that were identified, and the inspection can range from an interview with the school board and competent authority to a vigorous expansion and extension of the inspection.

f. The quality improvement inspection (QII)

QII is designated as a supervision arrangement and the Dutch inspectorate requests the competent authority of the school to send the inspectorate an administrative reaction to the situation that was identified and the need for improvement. It stated that a school is given a period of a maximum of two years to raise the quality to an acceptable level, after which a QII is conducted.

g. The incidental inspection

The Dutch inspectorate can conduct an incidental inspection as a result of complaints of a serious nature, signals from "whistle-blowers", requests from the Minister, or reports in the media. If the complaints, reports, requests and questions relate to the quality of education, they will generally use the data in the electronic school dossier to conduct an inspection in the short term.

h. The further inspection

If a PQI leads them to suspect a quality deficiency, they carry out a further inspection. The nature of this further inspection depends on the problems that were identified, and the inspection can range from an interview with the school board and competent authority to a vigorous expansion and extension of the inspection.

Mainland China

a. The comprehensive inspection

Comprehensive inspection refers to that inspectorate supervises all works in order to know about overall situation in order to evaluate and analyze them carefully. The inspectorate agency implements the comprehensive supervision, inspection, evaluation and guidance to the lower level government, educational administrative department and schools. It was characterized by a wide range of inspectorate contents, specific and comprehensive indicators, long period of inspection and wide inspectorate space.

b. The specialized inspection

The specialized inspection means that inspectorate supervises schools in some aspects in order to investigate and resolve some problems. It always works on a special aspect of education, such as moral education, direction of education, school management, and teachers' organization and so on. This method has a single aim, focused problems and easy to grasp the situation.

c. The one-person inspection

It refers to that one inspector goes to the target agencies to work alone, not notice the school before. The information gets through this way are always more truthful and objective.

d. The periodical quality inspection

The inspection is arranged at least once every two or three years to evaluate the educational work of school on the basis of the assessment framework.

e. The incidental inspection

The inspectors can visit and supervise schools at any moment. This kind of inspection always last one or two days, the inspectorate needn't inform schools every time and also needn't plan out thorough programs and write reports. It always conducted under the temporary needs of the schools.

f. The combination of comprehensive, specialized and incidental inspection.

Only the combination can make educational inspectorate become more effective, which provides education the guidance from the macro level, and also can promote the advanced experiences of education, feedback problems and correct it promptly, improve the quality of education and raise the quality of schools.

g. The combination of centralized and divided inspection

This combination is not only helpful to solve some common problems in the process of inspectorate, but also make it purposeful for inspectors to work in practice.

h. The combination of qualitative and quantitative approaches

Quantitative study is one of the main means for inspectorate, but educational activities are very complicated. For example, it's hard to quantitative the relationships between all the educational factors, so the qualitative methods must be used. Including the questionnaire, the forum analysis, expert judgment, observation and sampling method (Lou&Shi, 2004).

**Table 3: The Comparison of the Methods used by EIs in Mainland China and the Netherlands**

| | Netherlands | China |
|---|---|---|
| The methods used by EIs | 1. Risk analysis;<br>2. The data supervision;<br>3. The school self-evaluation;<br>4. The annual inspection;<br>5. The periodical quality inspection (PQI);<br>6. The quality improvement inspection (QII);<br>7. The incidental inspection;<br>8. The further inspection. | 1. The comprehensive inspection;<br>2. The specialized inspection;<br>3. The periodical quality inspection;<br>4. The one-people inspection;<br>5. The incidental inspection;<br>6. The combination of qualitative and quantitative approaches;<br>7. The combination of centralized and divided inspection;<br>8. The combination of comprehensive, specialized and incidental inspection. |

The following conclusions can be drawn through comparing the methods of the EI in the Netherlands and in China. Despite the methods used by the inspectorate in China and Netherlands differ from forms, however, they still have many similarities. They all have taken note of the combination of comprehensive inspection and specialized inspection, the combination of regular supervision and incidental inspection, the association of inspectorate have also been concerned. In addition, the inspectorate methods in China have paid more attention to "administrative inspectorate" and also give consideration to "school inspectorate" which is tantamount to the neglect of "school inspectorate". With the promulgation and implementation of the new law about compulsory education, new requirements were put forward to inspectorate. The inspectorate of instructions must be the basic aim of inspectorate.

Summary

Through comparison of the historical development of EI, the responsibilities of EI, the organizations of EI, the methods used by EI, and the inspectors of EI, we may find that the inspectorate systems in the Netherlands have more than 200 years' history, with rich experiences and a fairly advanced inspectorate system. It has given us some useful advice in the aspects of the responsibilities, organizations, the methods used by the inspectorate, etc.

First, in the aspect of transforming the responsibilities of EI, since 1980s, "administrative inspectorates" has always been the aim of EI. For schools, it stresses on the school leadership and management as well as whether the government's policy has been executed well or not. China's economics and politics have changed a lot, the educational transformation becomes inevitable. The focus of inspectorate also should change from the extension to the connotation. In another word, change from the "policy-implementation inspectorate" to "instructional inspectorate". This change inevitably requests the transformation of inspector functions; more attention should be paid to the "guide" function. This doesn't mean that we must give up its "supervise" function, but rather to take supervises as the premise to develop the "guide" function. The aims of inspectorate should not be "control" but also to serve educational objectives. The responsibilities of educational inspectorate should promote the school's organizations, improve the quality and effectiveness of schools.

Second, it is important to further improve the EIOs and to make its responsibilities clear. With the change of educational inspectorate functions, it is necessary to establish compatible EIOs. Classified EIOs should be established and the responsibilities of each level should be clarified to better accomplish its tasks. The established EIOs should fully play their role and make sure that not treat educational inspectorate institutions as the place to resettle retired cadres. Compared with the Netherlands, China seriously lacks of the development of educational assessment intermediary organizations in the settlement of EIOs. Although it has developed in recent years, but many problems remain, such as simple subject, weak independence, lack of regulations, mainly concentrated on higher education, and no specific assessment intermediary organizations for basic education. So, educational assessment intermediary organizations should be vigorously developed to provide reliable information for the development of China's EI. In addition, emphasis should also be given to other organizations' support, harmonize the relationship between the organizations.

Third, we should strengthen the regulations of the selection and appointment of inspectors, the training of inspectors, and the building of organizations. We must attach great importance to training inspectors, to formulate the selection and appointment standards of inspectors at all levels, to upgrade the required qualifications. Doctorate or master's degree holders, university professors, secondary school teachers and other special conditions should be included in the national, provincial educational inspectors' qualifications, to change the knowledge and ability structures of the inspectors. Specialists of teaching, management and curriculum should be added into the personnel of inspectors, employ them as full-time or part-time inspectors. Scientific and standardized procedures should be established for the selection and appointment of inspectors at all levels. Creating a mechanism that is helpful for high-level specialists to engage in their work of inspectorate, in accordance with the law of selection and appointment procedures, and change the situation that most inspectors were from educational administrate department or designated by it. Implementing the appointment system or the recruitment system to inspectors of different positions, the inspectors belonging to the leadership position of the country or local level can implement the appointment system. For the other inspectors, recruitment system should be implemented. The candidates should pass the national examinations and then attend special training for an inspector. After training, those who received the certificates are eligible to be an inspector.

## References

[1] Bruggen, J. C. van (1998). The Netherlands Inspectorate of Education: Old But Young. Presentation for the 1st National Conference of the Educational Inspectorate of Portugal, Coimbra.

[2] Huang, C. M., and Wang, J. M. (1990). A Brief Study of the Educational Inspection. Jinan: Shandong Education Press.

[3] Jiang, M. L. (2002). The Netherlands Inspectorate System of Education and its Inspirations. The Prospect on Global Education.

[4] Kou, D. X. (2000). A Comparative Study on Educational Inspectorate System of China, Japan and America. Learned Journal of North-West Normal University Social Sciences Edition.

[5] Li, D. L. (2004). Reflection on Educational Inspectorate System in our Country. Contemporary Educational Science, 16(11).

[6] Liu, P. (2006). The Development and Enlighten of the Educational Inspectorate's Responsibilities in Netherlands. Education of the Primary and Middle school Abroad.

[7] Liu, Z. W., Wang, L., and Wang, Z. Y. (2004). The History of Chinese Education. China: Chinese Science and Culture Press.

[8] Lou, C. W., Shi, W. B. (2004). Educational Economics and Administration. Beijing: Chinese People's University Press.

[9]Shen, W. L. (1996). A Brief Study of the Educational Inspectorate. Dalian: Liaoning Normal University Press.

[10]Shu, X. C. (1961). The Data about Modern Chinese Educational History (the 1st version). China: People's Education Press.

[11]State Educational Committee. (1996). Comments on Strengthening the Build of Educational Inspectorate. Beijing: State Educational Committee.

[12]Tao, X. W. (2004). Comparative Study of Sino-French Educational Supervising System. Journal of Shenyang Normal University (Social Sciences Edition), 2004(04).

[13]Zhong, H. Q. and Chen, S. J. (2001). A Comparative Study on Educational Administration. Beijing: People's Education Press.

# Evaluating Dutch School Improvement Programs

Hechuan Sun

**Abstract**: This article aims to find out what kind of contextual level factors that influence effective school improvement (ESI) in the Netherlands. It evaluates three Dutch ESI programs with Sun's contextual level model. It introduces Sun's contextual level model for ESI, briefly describes the background information of the three Dutch school improvement programs and carefully evaluates the three Dutch programs with Sun's contextual goal-pressure-support model.

**Keywords**: school improvement, evaluation, inspection, the Netherlands

1. Sun's contextual model for effective school improvement (ESI)

Sun's contextual level model for ESI was published in 2003. It is a model with ten contextual factors and their main indicators (Sun, et al., 2007). The ten contextual factors are grouped under the concepts of "goals-pressure-support" respectively. This model indicates that ESI is firmly embedded in its national context. A triangle was chosen to symbolize the relationship between the three groups: goals, pressure and support. Around the goal-pressure-support triangle, the cycle "planning → implementation → evaluation → feedback → rewards & sanctions" adds a continuous dynamic process element to the model. The study of ESI can never be separated from its educational context. The national context provides goals, pressure and support (Sun, 2004). Successful implementation of any given policy requires those implementing it to be simultaneously provided with support and put under pressure (Fullan, 1999). Pressure without support creates alienation and resistance, while support without pressure, tends to be a waste of resources. The existence of pressure is therefore a very important feature of successful change, as long as it is combined with support (Miles, 1986). This pressure-support paradox has been increasingly recognized as a profound insight. In Sun's model, national goals include two types:

· goals for student outcomes

· goals for school improvement.

Pressure includes:

· strong central steering and empowering ESI,

· external evaluations and external agents,

· market mechanism,

· school accountability.

Support includes:

· adequate time, financial and human resource support,

· the local/district support,

· offering schools some autonomy

· engendering a culture in support of ESI.

Within these ten factors, several indicators are included in each factor. For instance, the factor "national goal setting for student outcomes" includes: the national goals and objectives reflected in national curriculum; the national specified increased academic points for each subject; the numbers of national tests during the entire period of schooling; the existence of National Inspections; the national assessment, feedback and reinforcement system. Although pressure and support are readily reconciled, they are also closely related. For instance, strong centrally steering and empowering ESI, external evaluation and external agents can contain elements of pressure as well as forms of support. The same is true for local support and engendering a culture in support of ESI. Below is the table which contains the ten contextual level factors and their indicators that influence ESI.

**Table 1. The ten contextual level factors and their major indicators**

| Goals |
| --- |
| 1. National goal-setting in terms of student outcomes<br>· The national goals and objectives reflected in national curriculum<br>· The national specified increased academic points for each subject<br>· The numbers of national tests during the entire period of schooling<br>· The existence of National Inspections<br>· The national assessment, feedback and reinforcement system. |

2. National goal-setting in terms of school improvement
- The new laws or national curriculum reforms
- School Improvement Plan or school self-evaluation
- School improvement programs focusing on Literacy or Mathematics or Sciences instructions
- Focusing on improving the learning environment
- Encouraging schools to take part in school improvement programs at home and abroad.

Pressure

3. Strong central steering and empowering ESI
- Giving directions and putting pressures on schools to improve through central intervention
- Directly or indirectly initiating school improvement programs
- Providing time, financial and human resource support
- Spiritual empowerment for school improvement programs.

4. External evaluation and external agents
- The time spent by the external agents on school improvement programs
- The role of the external agents in the school improvement programs
- The influence of the National Inspections
- The quality of the external agents.

5. Market mechanism
- The freedom in school choice (in the public school section)
- The positive influence of school choice
- The negative influence of school choice
- The information provided for school choice (published or not).

6. School accountability
- The School Year Report to parents
- The published National Inspection reports
- Responsibility targets setting for student outcomes at all the levels
- League Tables (added value comparison)
- Feedback of national assessment results
- Positive and negative reinforcement for the national assessment
- Measures taken for failing schools.

Support

7. Adequate time, financial and human resource support for ESI
- Adequate time allocated for school improvement programs
- Financial support for school improvement programs
- Financial support for schools and students (materials, network, information, data)
- Human resource support for school improvement programs
- Spiritual support for school improvement programs.

8. The local/district support for ESI
- Additional financial support
- Supervision and expertise for school improvement programs
- Access provided for schools to participate in ESI programs
- Information (evaluation data and network provided for schools).

9. Offering schools some autonomy
- Autonomy in personnel (in recruiting/dismissing teachers and staff members, improving their quality, etc.)
- Autonomy in financial management
- Autonomy in school curriculum and textbooks-chosen
- Autonomy in classroom instruction
- The ownership of SI programs

10. Engendering a culture in support of ESI
- New laws, concepts or systems introduced into the national culture (new laws, new curriculum, data information, new evaluation system, etc.)
- Shared vision and goals at all levels (accountability at all levels, etc)
- Using both soft and hard measures to engender cultural change
- A collaborative and supportive climate
- The changed attitudes, beliefs, behaviors and practice in schools.

2. Introduction to the background information of the three Dutch SI programs

Bordering on the North Sea, the Netherlands is a lowland country in Western Europe. People living in the Netherlands have the right to establish schools on the basis of their own religious, ideological or educational beliefs. Surprisingly, all schools whether public or private, are funded by the government. "70% of primary schools and 80% of secondary schools are private" (Mackinnon, et al., 1997: 160). Around 65% of all school children attend privately run schools. Education is compulsory between the ages of five and sixteen (ib: 160). "The affluent status of the country created a well-resourced educational system, which currently takes about 15 per cent of the annual government budget" (Swint and Creemers, 2002). The freedom to organize teaching means that schools are free to determine what is taught and how. The Ministry of Education, Culture and Science does, however, impose a number of statutory standards in relation to the quality of education. These standards prescribe the subjects to be studied, the attainment targets and the content of national examinations. There are also rules about the number of teaching periods per year, teacher training and teaching qualifications, the rights of parents and pupils to have a say in school matters, and the planning and reporting obligations of schools. "In all types of secondary school, there is a final examination with two components: a national examination for all schools of each type; and an examination set by each school. Those who pass receive a national diploma in the appropriate type of education" (Mackinnon, et al., 1997: 165). Teacher in-service training is available for all teachers, but not compulsory. All teachers, in private as well as in public schools, are classified as civil servants. The Education Inspectorate is responsible to the Ministry of Education for the Inspection of all primary and secondary schools (ib: 173).

In recent years, many central government powers have been transferred to schools or to the local municipality. Government control is increasingly confined to policy-making and providing funding. Owing to the fact that "almost 4 per cent of the pupils between 4 and 19 years old studied in special education schools in 1995" (Peschar and Meijer, 1997), the official policy of the Dutch government aimed to decrease the number of pupils moving from primary to special education (de Jong, et al., 2000c). In order to reduce the number of pupils slipping into special education, two measures have been taken: changing the organizational and financial structure and using adaptive instruction in primary schools. Meanwhile, the government stimulated school choice by making school outcomes publicly known and developing accountability by publishing examination results and efficiency measures for each school on the Internet since 1998. Economic growth and information technology created higher demands on the schools as well. Since the late 1990s schools were forced to implement the Common Core Curriculum formulated in legal requirements. The three Dutch case studies are embedded into such a national context. The first and the second case studies concern enhancing students' outcomes with effective teaching strategies, particularly by using an adaptive teaching approach, frequent external evaluations and feedback. The third case study describes the implementation of the national Common Core Curriculum in lower secondary education. The following are the brief descriptions of the three case studies.

3. Brief description of the three Dutch SI programs

a. The effectiveness of using "Phonics instruction" to teach reading (LPS)

The aim of these programs was to enhance student outcomes with effective teaching strategies, particularly by using "adaptive teaching" and the "phonics instruction" to teach reading. The project lasted three years (1991-1994), and involved 11 schools, 5 counseling institutes and two universities. Pre-and-post-tests with a control group were used. Data were collected in Group 3 (pupils of 6 years old) regarding achievement and implementation (of adaptive instruction) measures. The pupils' characteristics such as IQ, SES, reading pleasure and an additive synthesis (pre)-test were used as co-variables. One year after the project, the achievement of the experimental group was measured again and compared with the national average. The project showed the improved school outcomes in reading in comparison to control group and to the national average. The conclusion was "the improvement factors were related to goal formulation, frequent diagnosis of achievement and direct instruction" (De Jong, et al., 2000:307) . However, the experiment effect disappeared when the treatment (specific goals, external support, monitoring of the behavior of both counselors and teachers) was not continued.

b. Raising the students' outcomes of language and arithmetic (KEA)

The KEA program aimed to enhance ethnic minority pupils' achievement in Dutch language and arithmetic up to the national average level. It started in 1991 in Grade 1 when pupils were 4 years old and continued until 1999 when the same groups of pupils were in Grade 8. 1206 students (more than 80% ethnic pupils) of 4 inner city schools were involved. Pupils' achievement was assessed by means of eight different standardized tests (which were part of the national pupil monitoring system). The test scores at the end of grade 3 of the KEA-cohort were compared to the test scores of "pre-and-post-KEA". The student outcomes showed that in 7 out of 8 tests the "post-KEA" cohorts score nearly equal to or even higher than the national average score (ib: 326). The project showed moderate effects and had a striking added value to the low SES pupils. It concluded that an evaluation culture had been developed in schools. In addition to the clear goals, intensive external monitoring, evaluation and feedback, the improved pupil caring system, class observations and a more coherent team vision were the main effective factors (ib: 327).

c. The Common Core Curriculum (The CCC)

This case study was about the Dutch national reforms in changing the national curriculum and school structures of the lower secondary education (1993/1994 school year). It aimed to apply "the CCC" for all students at the lower secondary education. Two new subjects and two more teaching periods were added to the new curriculum. The student track selection was postponed until 15 years old and four different tracks were combined into three. The CCC reform was positively valued by most of the teachers, especially the new mathematics textbooks. The CCC reform has brought in organizational changes in Dutch secondary schools. The newly added teaching periods and subjects brought forth the changes in subject departments and the school organizational structure, introducing new textbooks, new teaching approaches, testing and an extra time investment into schools. It was a typical example of using a top-down model to implement overall reform in lower secondary education.

4. Evaluating the three Dutch programs with the ten contextual level factors in Sun's model

Regarding the factor national goal setting in terms of student outcomes, in the Netherlands the central government set out the main goals which were specified into more detailed goals by the SLO for each subject (around 60) and for schools to achieve them. The publishers developed textbooks based on these detailed goals (or national guidelines). The CITO Institute developed different kinds of tests in line with these goals to measure the attainment of the national goals, including tests for monitoring, for periodical evaluation, for national assessment at the end of primary (not obligatory) and secondary education (obligatory). The four different organizations (the SLO, the CITO, the Inspection and the publishers) performed different roles in the process of detailing and controlling the accomplishment of the national goals. It made the assessment of the national goals more objective compared with those countries which had only one organization carrying out all the functions. However, the Dutch national goals were not totally prescriptive, they were not obliged to accomplish the goals at a given period of time (by a certain age, for instance). An interesting phenomenon mentioned in the case studies was that the Common Curriculum Core was originally defined (1986) and documented in highly specific achievement targets which were a part of the law and schools were obliged to conform to these rules. The then government (the third cabinet of Prime Minister Lubbers) did not attain sufficient political support for these kinds of targets. They had to be transformed to more globally formulated core curriculum goals (De Jong, et al., 2000: 334). This begs the question: what is the relationship between the desire of a society and its national goals or targets? What are the relationships between national culture (especially its values), the readiness for change, and the national goals?

With respect to national goal setting in terms of school improvement, the three case studies have provided the following information: implementing the CCC reform, reforming senior secondary schools, decreasing the number of pupils moving from primary education into special education by offering remedial help for learning problems at an early stage, encouraging school accountability by publishing examination results on the Internet since 1998, fusing schools, increasing school autonomy, introducing information and computer technology and so on. The three Dutch case studies resulted directly (the 3rd) or indirectly (the 1st and the 2nd), from such national initiatives. The involved schools were steered by these school improvement goals with the direct influence and assistance from external agents.

Regarding to strong central steering and empowering ESI, three strategies to steer and to empower ESI showed some positive influence on the three case studies. Legalization of the reforms (e. g. the CCC) made the change and implementation of the CCC reform across the country possible; internationalization of the educational system brought a new vision into the Dutch culture and educational system which was a harbinger of more openness towards change; the financial support which was offered to the involved schools and the external agents enabled the reform and the programs to be carried out. "In international studies (TIMMS) Dutch pupils perform well in the beta sciences. The efficiency of secondary education is improved. Schools with different tracks have been integrated. Pupils lose less time (grade retention has decreased) and the amount of pupils in the highest two tracks (HAVO/VWO) has increased. The Inspection is satisfied with these outcomes" (ib: 338). The case studies clearly discovered that it was almost impossible for all the schools to manage the changes caused by the CCC reforms without centrally steering and empowering the reforms at the national contextual level and without its formulations in legal requirements. This couldn't be done by any external agents or Inspectors. However, we could not find any reinforcement at the national level in the Dutch case studies, the authors of the case studies argue: "although the Dutch government aims to stimulate schools in achieving the targets, because of the tendency to increase the autonomy of schools the educational system does not have many reinforcement possibilities" (ib: 336).

Relatively speaking, the contextual level factor "external evaluation and external agents" was quite an apparent factor in all three Dutch case studies. As the case studies showed, the external agents had played a rather important role in initiating, implementing, monitoring, and evaluating the LPS and the KEA programs in schools. The major external agents mentioned in the Dutch case studies were the different counseling institutes and researchers. The total time the counselors spent on the LPS program (the 1st case study) for improvement was on average 138 hours, which resulted in considerable pressure for improvement. Moreover, the university researchers monitored both the teachers' and the counselors' time and activities in the program. This was a rare phenomenon (monitors being monitored) in most SI programs. The contribution from the external agents to the success of the KEA-project consisted of frequently diagnosing, testing and giving feedback to teachers about their pupils' performance, frequent observing classroom instruction (per group 30 times), offering additional care for students-at-risk. However, one crucial problem associated with the impact of the external agents was the ownership of ESI. In the 1st case study, the ownership of the ESI program was always in the hands of the external agents as was the case in Belgium (Fr). Without their control, monitoring and intense treatment, the effectiveness disappeared. As the first case study stated: "many counselors took over the function of the head teacher. The head teacher was not explicitly trained in keeping the project on track in his/her school at the moment the work of the school counselors was finished" (De Jong, et al., 2000: 320). In the 2nd case study, the ownership of the ESI program has gradually turned from the external agents into the hands of the participating schools and teachers because "after 8 years all teachers have received an intensive and direct support in the classroom and a strong educational leadership is fostered as well as a safe and orderly climate. The principal stimulates, checks progress and creates conditions for improvement" (ibid: 331-332). Thus, the stability of the program's effectiveness (for 8 years) lasts much longer than that of the 1st case study. The authors of the Dutch case studies argued that "improvement is not something that can be forced upon schools. If schools cannot envision the benefits of SI, they will not continue to be involved in a long run" (ibid: 319). This has partially explained the disappearance of the effectiveness of the 1st case study. Strong pressure from the external agents had led to some short-term effectiveness however such effectiveness was not stable. "If the intensity of the (external) treatment is not maintained, the results decrease" (ibid: 319). Thus to help schools gradually hold the ownership of ESI would be a real empowerment. In addition, the different qualities of the counseling institutes had different impacts on the SE programs. This point of view has been mentioned in the 1st and the 2nd case studies as well (ibid: 332). For instance, the Institute in the 2nd case study had a reputation for good performance in improvement programs for low SES schools. Based on its experience of what worked and what didn't work, it was much easier to develop a coherent strategy for improvement and to implement such a plan in a consistent way.

With respect to market mechanism, conflicting opinions emerged. On the one hand, market mechanisms did exist in the Netherlands in the form of the total freedom for parents to choose schools for their children and to change from one to another, in the form of making the schools' results publicly known. However, the issue of equality rises in the form of "black" (with almost all pupils coming from immigrant minority families) versus "white" schools in some big cities.

Regarding school accountability, the case studies showed that school accountability was an increasing tendency in the Netherlands, with the publication of the student outcomes of each school (with mean comparisons) on the Internet and the School Year Report informing parents about the curriculum they offered and the results they achieved. However, there was no information about the reinforcement (rewards or sanctions) in the case studies.

The three case studies have showed the influence of the factor adequate time, financial and human resource support. The financial support has been stated in the three case studies, typical example being the average of 200,000 $ (US) which the central government allocated to each secondary school during 1990-1996 for implementing the CCC reform. Meanwhile, the SLO, the CITO, Inspections and research institutions were financed as well by the central government to design and to monitor the process and the results of the implementation (ibid: 336). Human resource support was treated in the external agents' section above. Regarding the "time" issue, the schools involved in the 1st and the 2nd case studies had adequate time for implementing the programs (three years and eight years respectively). Lack of time was mentioned in the 3rd case study "for the implementation of the CCC reform" (ibid: 345). In addition, the instability of the school staff and the school counselors had negative influence on ESI in the 1st case study.

With respect to local support, it was not the major concern of the three selected Dutch case studies. Nevertheless, from interviews with Dutch teachers and researchers, we discovered that the Dutch municipal authorities were responsible for the maintenance and quality of the school advisory services. They had a specific duty for the publicly run educational institutions in their areas.

With respect to offering school some autonomy, the 3 Dutch case studies clearly showed that schools in the Netherlands had sufficient autonomy to decide what to teach, how to teach, when and what kind of tests the students were going to use (but students at the end of the secondary education are obliged to participate in the examinations organized at the national level). Schools also had autonomy in the aspect of finance. Teachers experienced autonomy over their classroom: regarded as their domain with head teachers feeling "embarrassed to interfere" (De Jong, et al., 2000). Although there was a tendency of increasing school accountability in the Netherlands, schools and teachers seemed to have no expected increased points of their student outcomes per year at the time when the case studies were written.

In the respect of engendering a culture in support of ESI, in recent 10 years, at the national level efforts have been made in the perspectives of clarion calls, establishing new laws for reforms, introducing new vision, concepts, norms, new practice into Dutch schools and educational system (e. g. the CCC reform). Extra money (NLG 12 million per year from 1997-2000 plus additional 1 million in 1997-1998) was allocated to the "Culture and Schools" program (ibid: 354). Concerning engendering a school culture in support of ESI, the 2nd case study argued that before the KEA project there was no evaluation culture in the schools. It was the KEA program, which introduced the internal counseling system and the evaluation culture into the participating schools (ibid: 329). The 3rd case study showed that it was the CCC reform which not only changed the subject departments, school organizations, textbooks and teaching approaches but also brought in new ideas and new concepts to students, teachers and schools (through new textbooks for mathematics, languages, and other subjects).

Finally, we are going to use Table 2 to summarize the contextual level factors, which have fostered or hindered ESI in the three Dutch programs. Table 3 is used to summarize the findings of our evaluation of the influence of the ten contextual level factors and their indicators on the three Dutch programs. It should be noted that the findings in Table 3 includes information from other sources as well.

**Table 2. The contextual level factors which influence ESI in the three Dutch programs (foster or hinder or no information)**

| | |
|---|---|
| The factors fostering ESI at the contextual level | · External evaluation and external agents<br>· National goal setting in terms of student outcomes<br>· Adequate time, financial and human resource support<br>· Strong centrally steering and empowering ESI<br>· National goal setting in terms of school improvement<br>· Engendering a culture in support of ESI<br>· School accountability<br>· Offering school some autonomy |
| The factors hindering ESI at the contextual level | · Market mechanisms (both positive and negative)<br>· Too much school/teacher autonomy in test-taking<br>· Instability of school staff and school counselors |
| The factors without information in the three programs | · Local support |

**Table 3. The influence of the 10 contextual level factors & their indicators on the 3 Dutch programs**

| Factors | The Indicators | Dutch ESI programs |
|---|---|---|
| National goal setting in terms of student outcomes | The national goals & objectives reflected in national curriculum or guidelines | + |
| | The national specified increased academic points for each subject | 0 |
| | The numbers of national tests during the whole schooling | 1-2 |
| | The existence of National Inspectors | + |
| | The national assessment, feedback and reinforcement system | +/- |

续表

| Factors | The Indicators | Dutch ESI programs |
|---|---|---|
| National goal setting in terms of school improvement | The new laws or national curriculum reforms | + |
| | School Improvement Plan or school self-evaluation | YA |
| | Focusing on Literacy or Mathematics or Sciences instructions | + |
| | Focusing on improving the learning environment | + |
| | Encouraging schools to take part in school improvement programs at home and abroad | + |
| Strong centrally steering & empowering ESI | Giving directions and putting pressures on schools to improve through central intervention | +/- |
| | Directly or indirectly initiating school improvement programs | + |
| | Providing time, financial and human resource support | + |
| | Spiritual empowerment to school improvement programs | +/- |
| External evaluation & external agents | The time spent by the external agents on SI programs | + |
| | The role of the external agents in the SI programs | + |
| | The influence of the National Inspections | + |
| | The quality of the external agents | + |
| Market mechanism | The freedom in school choice | + |
| | The positive influence of school choice | +/- |
| | The negative influence of school choice | + |
| | The information provided for school choice (published or not) | + |
| School accountability | The School Year Report to parents | + |
| | The published National Inspection reports | + |
| | Responsibility targets setting for student outcomes at all levels | |
| | League Tables (added value comparison) | +/- |
| | Feedback of national assessment results | +/- |
| | Positive and negative reinforcement for the national assessment | |
| | Measures taken at failing schools | + |

续表

| Factors | The Indicators | Dutch ESI programs |
|---|---|---|
| Adequate time, financial & human resource support for ESI | Financial support for ESI programs | + |
| | Financial support for schools and students | + |
| | Adequate time allocated for ESI programs | +/ - |
| | Human resource support for ESI | + |
| | Spiritual support | +/ - |
| Offering school some autonomy | Autonomy in personnel policy (in recruiting/dismissing teachers & staff members, improving their quality) in the public school section | +/ - |
| | Autonomy in financial management | + |
| | Autonomy in school curriculum & textbooks-chosen | + |
| | Autonomy in classroom instruction | + |
| | The ownership of SI programs | +/ - |
| The local support | Additional financial support | |
| | Supervision and expertise for school improvement programs | +/ - |
| | Access provided for schools to participate in SI programs | YA |
| | Information (evaluation data, network provided for schools) | YA |
| Engendering a culture in support of ESI | New vision, concepts & systems introduced into the national culture (new laws, new curriculum, data information, new evaluation system, etc.) | + |
| | Shared vision & goals at all levels (accountability at all levels, etc) | |
| | Using both soft & hard measures to engender cultural change | |
| | A collaborative and a supportive school climate | +/ - |
| | Changed attitudes, beliefs, behaviors and practice in schools | + |

Notes:

\+ means a positive answer

-means a negative answer

0means nonexistent

+/ - means controversial answers, both positive and negative answers can be gathered from the case studies or from other sources within the same country.

Blank means no information available in the case studies.

YA means information available from other sources.

## References

[1]De Jong, R., (Ed.). (2000). Effective school improvement programs: a description and evaluation of ESI programs in eight European countries. Groningen, the Netherlands: GION.

[2]De Jong, R., Houtveen, T., Westerhof, K. (2000). Effective School Improvement: Dutch Case Studies. In: R. de Jong. (Ed.). Effective school improvement programs: a description and evaluation of ESI programs in eight European countries (pp. 297-354). Groningen, the Netherlands: GION.

[3]Fullan, M.(1999). Change Forces: The sequel. London: Falmer Press.

[4]Mackinnon, D., Newbould, D., Zeldin, D., with Hales, M. (1997). Education in Western Europe-facts & figures. London: The Open University.

[5]Peschar, J. L., and Meijer, C. J. W. (1997). The evaluation of the "Together-to-School-Again" policy. In Dutch), Groningen, the Netherlands: Wolters-Noordhoff.

[6]Sun, H. (2003). National contexts and effective school improvement—an exploratory study in eight European countries, Groningen, the Netherlands: GION.

[7]Sun, H. (2004). The Educational Systems and Successful School Improvement in Five European Countries. Liaoning People's Publishing House.

[8]Swint, F., and Creemers, B. (2002). Europe-the Netherlands. In: D. Reynolds, B. Creemers., S. Stringfield., C. Teddlie., and G. Schaffer. (Eds.). World class schools - international perspectives on school effectiveness (pp. 156-177). London: Routledge Falmer.

[9]孙河川、时勘.《欧洲八国学校效能与改进研究—— 国家层要素对教育改进的影响》[J]《教育研究》, 2004,12(增刊): 33 - 41.